Hans-Dieter Schütt

Friedrich Schorlemmer
Zorn und Zuwendung

Das Neue Berlin

Die Bezeichnungen Freund und Feind bitte stets mit dem Datum versehen!
ALEXANDER DEMANDT

Ohne die Abwesenden wäre nichts da.
Ohne die Flüchtigen wäre nichts fest.
Ohne die Vergessenen nichts gewiss.
HANS MAGNUS ENZENSBERGER

Wenn ich mich freue, auf der Welt zu sein, freut sich etwas mit.
ILSE AICHINGER

Im Eingangsvers der »Ilias« taucht das Wort »Zorn« auf, fatal und feierlich wie ein Appell, der keinen Widerspruch duldet. Am Anfang war das Wort »Zorn«, und das Wort war erfolgreich.
PETER SLOTERDIJK

Friedrich Schorlemmer

GEIER UND TAUBE

Jeden Morgen beim Aufwachen lässt sich der Morgengeier auf mir nieder. Er setzt sich auf mein Sonnengeflecht. Er krallt sich ein, als Zweifel am Sinn meines Tuns, als meine Angst, zu versagen. Er wird übermächtig. Morgenlähmung zwischen Wachsein und Wegdämmern. Statt ein Morgengebet zu sprechen, schalte ich die Nachrichten ein. Ich horche. Nichts weiter passiert. Ein Glück: keine neue Unheilsbotschaft. Es gibt so viele Gründe, einfach froh und dankbar zu sein.
Morgens aber kommt nicht die Hoffnungstaube, sondern der Morgengeier. Er kommt als der grundstürzende Zweifel, ob wir nicht längst verloren haben, ob nicht alles nur noch eine Frage der Fristverlängerung ist, ob es nicht das Beste wäre, so zu leben wie die Zeitgenossen des Noah: sein Leben in vollen Zügen genießen, da die Zeit für die weiter »explodierende«, parasitär wirkende Homo-sapiens-Population an ihre Grenze gekommen ist, weil wir sie sehenden Auges und doch machtlos an ihre Grenze bringen.
Was erwartet mich heute? Was erwarte ich von mir heute, was erwarten an diesem Tag andere von mir? Ich hätte so viel zu tun, dass ich doch lieber gleich im Bett bliebe. Das ganz Individuelle vermischt sich unentwirrbar mit dem großen Ganzen. Zur Selbst-Überschätzung kommt Übererwartung.
Wer anfängt zu handeln, stößt zugleich an die Grenzen des Machbaren. Wer sich nicht bescheidet, wird bald resignieren oder fängt an zu diktieren. Wer Unmögliches will, wird das Mögliche verfehlen; wer sich auf das Mögliche beschränkt, verfehlt das Notwendige. Also gehe ich jeden Tag an mein kleines Tagwerk mit einer Liedzeile von Paul Gerhardt: »Tritt du zu mir und mache leicht, / was mir sonst fast unmöglich deucht/ und bring's zum guten Stande.«

EINLEITEND

Gott und die Welt, Tod und Teufel. Alles Besprechbare in vier Begriffen, die zugleich auch Bild sind, Gleichnis. Vier Worte, und schon ist benannt, was niemand so ohne weiteres in Worte fassen kann. Gott zu hoch, zu weit die Welt, zu groß der Tod, zu vielgesichtig der Teufel – und just Gott vielleicht am ähnlichsten.

Gespräche mit Friedrich Schorlemmer sind Erlebnisse mit einem Pfarrer und Publizisten, der nicht umhin kann, den Menschen philosophisch zu begreifen. Dieses Nicht-umhin-Können, etwas zu tun – das ist wie ein organischer Reflex, das ist wie Essen und Trinken; was der Körper braucht, liefert auch der Geist in guter Menge zu.

Schorlemmer rief »Herein!«, die Tür stand offen, er schon immer in der Küche, Tee kochend, der Gast warf einen ersten Blick in die so umfassend bebücherte Wohnung, und man sah den Büchern das Glück an, dringlich gebraucht zu sein. Seltsam, dass Sprache uns nötigt, ausgerechnet Bücher zu schlagen: Wir schlagen sie auf, wir schlagen nach, manche noch eingeschlagen in Folie. Geöffnete Bücher sehen aus, als schlügen auch sie, mit Seiten, aber ähnlich Flügeln. Schorlemmers Wohnung ist kein Taubenschlag, doch erweckt dies schöne Refugium in der Lutherstadt Wittenberg, dazu noch in der Lutherstraße, den Eindruck einer bis in den heimischen Rückzug verinnerlichten Menschenoffenheit; hier geschieht Ein und Aus, in den an Tisch oder Stehpult werdenden Texten, die den Dialog wollen, in Büchern also und Predigten, oder im direkten Gespräch. Hier betreibt einer mit allem, was ihm an Arbeit möglich ist, das Durchstoßen von Wänden, will Begegnung, Austausch, Bereicherung durch Gegenseitigkeit.

In Fjodor Dostojewskis Roman »Die Brüder Karamasow« kehrt ein Satz immer wieder: Wenn es Gott nicht gäbe, sei alles erlaubt – dann wäre unser gesamtes Menschsein also nicht mehr bestimmbar. Ein Entgrenzungsangebot – mit Begrenzungsgebot. Der Satz ist Schlüssel, um einen theologischen, religiösen Großbegriff, von dem viele meinen, sie hätten nichts mit ihm zu tun, doch näher heranzulassen. Gott. Eine Metapher. Kennung dessen, was uns in Schranken weist, sie aber auch öffnet. Denn bei all dem, womit wir unsere banale, jederzeit gefährdete, im Grunde zufällige und nichtige Existenz mit einem tragfähigen Sinn bereichern, geht es doch um das rettend Höhere, es geht um jenes über uns Hinausweisende, das uns freilich nicht ins haltlose Universum hinausweisen, sondern uns den hauchdünnen Trost von Halt und Bestimmung geben möge. Gott? Goethes Faust redet von »ewigem Geheimnis«. Und: »Nenn es dann, wie du willst,/ Nenn's Glück! Herz! Liebe! Gott!/ Ich habe keinen Namen/ Dafür«, antwortet er auf Gretchens Frage, wie er es mit der Religion habe. Und keinen Namen dafür zu haben, ist die Einladung, ihn für sich selbst zu suchen: einen Namen für die Kraft, die unser Leben trägt. Den möchte ich sehen, der in der Behauptung überzeugt, er trage sich selber. Glauben füllt den Unterschied auf zwischen Zufall und Fügung einer Existenz.

Reden mit Schorlemmer, das ergibt die Biografie eines aktiven, anspruchsvollen, sinnlichen und stets fragenden Denkens, das sich aussetzt. Dem Streit, dem Missverständnis, der Empörung, allen Vertrauensmöglichkeiten, die ein Gespräch hat, aber allen Gefährdungen und Verletzungen, ohne die eine grundlegende Offenheit nicht zu haben ist. Weswegen sie eine Seltenheit bleibt.

Er wurde 1944 im Osten Deutschlands geboren. Pfarrerskind. Abitur auf der Volkshochschule. Theologiestudium in Halle. Vikar. Studieninspektor in den Franckeschen Stiftungen. Jugend- und Studentenpfarrer in Merseburg. Dozent am Evangelischen Predigerseminar in Wittenberg. Prediger an der Schlosskirche, dem nahezu mythischen Ort des Protestantismus. Er lebte in der DDR. Ihm schrie das Land nach Veränderung. Er antwortete mit fortdauernder gesellschaftlicher Kritik, von unten auf, ein Basismensch noch auf der Kanzel. Aber der Staat schrie nur zurück, schrie ihn an, das System schrie nieder, was ihm auf die Machtnerven ging. Vor allem die regimeunabhängige Friedensbewegung. Schorlemmer, der Protestant und der Protest. Protest, der immer auch ein Pro-Test war, es bis heute geblieben ist. Der Test, Gegenkräfte in einem gemeinsamen Für zu vereinen. Ein Contra ins Pro umzupolen. Das funktionierte in der DDR nur um den Preis des Regimesturzes, man kann eine Diktatur nicht reformieren; es funktioniert heute nur um den Preis einer neuerlich gewachsenen Außenseiterschaft in zugiger Gegend Freiheit. Schorlemmer lebt diese Außenseiterschaft. Der langjährige Studienleiter an der Evangelischen Akademie Sachsen-Anhalt in Lutherstadt Wittenberg gerät regelmäßig zwischen Fronten, weil er Fronten nicht mag, sie aber mit einer kritisch gebliebenen Haltung doch unweigerlich eröffnen und aufmachen muss. Aber ein Prediger und Essayist, der einen zentralen Platz in Anspruch nähme, der hätte wohl seinen Beruf verfehlt. So wie die Kirche im Dorf bleiben muss, so währt der Ehrenplatz des wahrhaft Bedenkenden immer im Ex-Zentrischen. Er liegt am Rande, am Rande des Erlaubten, am Rande der Macht und der Ohnmacht.

Wenn Schorlemmer über die Bibel redet, über die Passionsgeschichte – und wer mit einem Pastor redet, will schließlich in dessen Welt –, dann redet er nicht, er erzählt. Er theologisiert nicht, er fabuliert. Er lebt in Epen, Romanen, Novellen, Gedichten, Märchen, Sagen, wahrlich in: Gesang-Büchern, lebt ganz in dem, was der österreichische Schriftsteller Christoph Ransmayr die »dritte Luft« nennt, es ist neben der Atemluft und der Heimatluft jene Luft, die uns aus Überliefertem, Weitergegebenem anweht. Es gibt Rationalisten, die gern das Gegengewicht zum, sagen wir: Bibelwort bilden. Und wenn schon Bibel, dann bestehen sie auf den relativierenden Zusatz, es obwalte da ein rein kulturhistorisches Interesse. Als müsse man explizit betonen, sich nicht berühren, anders gesagt: sich nicht täuschen zu lassen. Man nehme doch aber, als Beispiel, Weihnachten. In Gesprächen mit Schorlemmer erfährst du das Adventische, wie alle biblischen Ereignisse, nicht als Lektion, sondern zuallererst als pure Geschichte. Wir haben den Zugang zu solchen Geschichten verloren, weil sie verstellt sind von Kommentar, also von Bedeutung. Gute, ergreifende Geschichten der Weltliteratur erklären uns nicht die Welt, deshalb überlebten sie die Zeitläufte; sie erzählen von einer Erfahrung, ohne andere Erfahrungen zu leugnen, zu missachten. Was also Maria und Joseph geschieht, ist eine solche ungeheuerliche Geschichte; nur die allein ist beim Wort zu nehmen, und schon sind wir in der Weihnacht wie in einem Balzac oder Dostojewski oder Thomas Mann. Offenbarung geschieht lediglich den Menschen in dieser einen Geschichte, aber wir sind es, die auf Wirkung warten dürfen. Es geht darum, die unerhörte Geschichte in sich aufzunehmen. Punkt. Mal sehen, was sie mit dir anstellt!

Geschichten wie das Leben selbst. Alles ineinander verflochten; so hat es sich zugetragen, so wird es immer sein. Geburt und Tod. Dazwischen Erfahrungen – tiefster Erzählgrund, den jeder anders ausschreitet. Nur selten gehen dabei Wahrheit und Freude zusammen. Das wissen wir vom Leben. Es auszuhalten, deshalb lesen wir. Die unglaublichsten Geschichten sind uns gerade gut genug. Sie müssen nicht wahr sein, wahrhaftig schon. Dann kann auch jener der Passionsgeschichte zuhören, der täglich bittere Erfahrungen mit der Welt macht. Dem nie eine Offenbarung zuteil wird. Am liebsten gehen doch die Unglücklichen in Liebesfilme, und sie wissen, dass sie als Unglückliche herauskommen werden. Sie gehen trotzdem ins Kino. So kann das mit biblischen Erzählungen sein, den Tragödien und Komödien, und wäre schon gut. Was in religiösen Tönen stört, wie es im Kino stören würde, das sind freilich die Beschwichtigungen, die mir einreden wollen, das Gute, das ich träume, sei schon die Welt, die ich lebe. Sie jedoch für möglich zu halten, das ist die Verführung. Wie nur soll's gehen? Aber das ist schon wieder eine ganz andere Geschichte. Die den Pastor aus Wittenberge aber vor allem umtreibt.

Werden Linke gefragt, woran der Sozialismus wohl gescheitert sei, hört man des Öfteren: auch daran, dass wir Marx wie eine Bibel handhabten. Leider eben nicht! Die Bibel ist im Wenigsten ein Buch der Heiligsprechung. Weil sie vom lebendigen Menschen handelt. Der ist keine genau fixierbare, verlässlich-fortschrittliche Kraft, die sich unumkehrbar und glücklich von Vernunft besiegen lässt. Nein, er bleibt ein Schwacher, ein Irrender, ein Gewalttätiger. Aber es gibt etwas, das ihn doch groß macht: Wider alle Erfahrung will er unbedingt etwas erhoffen (oder glauben). Dieser Glaube versetzt selten Berge, aber manche Talsohle. Und was die einen Fortschritt nennen, nennen die anderen ein Werk der Nächstenliebe, das unsere Schwäche, unsere Irrtümer und unsere Gewalt – staunenswertes Wunder! – immer wieder überlebt. Genau davon berichtet die Bibel – aus jener Zeit, da noch Frühe war. Seltsam: Dies Buch vermochte es, fortan allem guten Geschehen ein Gleichnis zu sein – und zugleich allem Furchtbaren ein visionärer Widerstand. Ganz selbstverständlich lieben wir zum Beispiel die Musik Bachs. Was uns da tröstet, aufrichtet, erschüttert – in ihm lebt das Evangelium. Ist es nicht spannend, solchen Zusammenhängen einmal bewusster entgegen zu denken? Wir Gegenwärtigen – wir sind in weit größerem Maße in Unvergänglichem verwurzelt, sind tiefer in Überliefertes und scheinbar Vergangenes verwickelt, als wir mithin annehmen.

In Gesprächen mit Friedrich Schorlemmer wächst solche Gewissheit. Er spricht vor anderen, als spräche er zu sich selbst. Aufklärung nicht als Gütesiegel für die eigene Äußerungsart, nicht als Belehrung, sondern als Selbstforschung. Die Bruchstücke in uns, die Größe und auch die Feigheit, das Anpassungstalent und auch die Gabe zur Verweigerung – Schorlemmer erzählt sie als Einheit, aber er erzählt immer auch vom Kampf in uns, denn meistens drängen wir uns zur Ruhe, zur Befriedung von Konflikten, zur Dämpfung des Widersprüchlichen. Er aber hält sich fragend in den Vorräumen des standpunktverhärteten Bewusstseins auf, dort, wo sich Dunkles und Hellesüchtiges noch kräftig um Herrschaft balgen. Die geistige Dehnübung besteht darin, mit der eigenen Meinung immer auch das »Dasein und Sosein« des jeweils anderen zu meinen. Im Grunde schreibt und spricht Schorlemmer, damit dem Zuhörer, dem Leser bewusst werde und ihm bewusst bleibe, dass den Entscheidungsfeldern politischen, kulturellen, sozialen Geschehens nichts mehr und nichts weniger als ein begrenztes Menschenmaß zugrunde liegt. Er macht Mut für eine Teilnahme an Politik, wie sie Hannah Arendt emphatisch definierte: »Der Sinn von Politik ist Freiheit.« Freiheit in solcher Perspektive ist keine Fähigkeit des einzelnen Subjekts, sondern eine Form des Miteinander-Seins, eine Wirklichkeit, die nur stattfindet, wo mehrere sich treffen. Freiheit nicht als Eigenschaft des isolierten Ichs, sondern als Chance des kommunikativen Ja-und-nein-sagen-Könnens, die sich einzig und allein im Miteinander-Reden vieler vollziehen lässt.

Jene Freiheit der Kommunikation, die den Ursprung und den lebendigen Grund einer öffentlich-gemeinsamen Welt bildet, ist freilich davon abhängig, dass sich dieser Raum der Öffentlichkeit stabilisiert und erneuert – in steter Selbstgestaltung durch Traditionen, Kritik und Institutionen. Dass dies, historisch betrachtet, ein extremer Ausnahmezustand bleibt, ist klar. Ein Blick rundum bestätigt den Verdacht, dass politische Macht und Interessengruppierungen die Freiheit kommunikativen Handelns beträchtlich ausgehöhlt und der Gesellschaft ihren Willen aufgedrückt haben. Beträchtliche Teile jener Politik, die geschieht, sind kontrollierenden, ausformenden Zugriffen entzogen. »Fugenlos«, so der Publizist Günter Gaus, »werden die Bedürfnisse des Kapitals inzwischen gleichgesetzt mit den Idealen der Demokratie.« Es grassiert Fern(bedienungs)steuerung, die letztlich anfällig macht für Verhaltensweisen, die einen wie Schorlemmer – in den Gesprächen ablesbar – äußerst bestürzen: Rückzüge in selbstgefällige Privatheit, auftrumpfend zynisches Bewusstsein oder anmaßendes Welturteil, das instinktsicher nur eigener Unbildung vertraut, unbehelligt vom Bedürfnis nach differenzierter Argumentation.

So empfand ich die Begegnung mit diesem Theologen als Gegenentwurf zum weltzerstückelnden Schalten und Walten großmächtiger Medien, durch deren Konsum wir – wie Botho Strauß es formuliert – Ideenflucht und leichten Wahn für das Normale halten. Vor diesem dauernd aktiven Hintergrund der Gesellschaft, unter diesem Aspekt einer fortwährend erfahrbaren Kombination aus Unterhaltung und der Selbsttäuschung, es werde Öffentlichkeit hergestellt, wo doch nur Oberfläche sichtbar gemacht wird, wirken die Ein- und Auslassungen eines Friedrich Schorlemmer wie ein Organismus, der sich unterm Rauschen der Zeit in ein (noch) sicheres Eckchen duckt. Die Nischengesellschaft lebt und übersteht und – widersteht.

Es waren Gespräche über beträchtliche Zeit. Vielleicht so etwas wie ein Essay zu zweit. Schorlemmer erzählt leidenschaftlich, zugespitzt, er verfügt nicht über Wort-Spiele, sie stoßen ihm zu, ganz aus Gedanken-Ernst heraus, und so kann man ihm zusehen, wie er den Formulierungen vergnüglich nachschmeckt, die treffen, von deren Witz oder Wahrheit er selber unerwartet getroffen wurde. Trotz aller Bindungen an Bestände: ein quasi selbstgeburtliches Denken, immer wieder von Wirklichkeit zu neuer Höhe und Eindringlichkeit gebracht. Seine Sprache ist nicht Magerstufe, es darf mitunter ganz schön fett sein. Wenn ich ihn höre, ihm zuhöre, weiß ich, dass die Ausdruckskraft eine ekstatische Mitgift des Menschen ist. Und ich weiß im Bannkreis dieses kritischen Geistes um die Strahlungen eines kulturellen Gleich-Gewichtes von Zorn und Zuwendung. Da verwirklicht sich die Identität eines Menschen mit seinen treibenden Kräften; wir könnten dieses stets aufs Neue sich ausprobierende Einswerden mit dem puren Antrieb, eine Wendung Robert Musils aufnehmend, die Utopie des motivierten Lebens nennen.

Ich danke Friedrich Schorlemmer. Ich danke der Lektorin Franziska Kleiner. Ich danke Gerda Jirschik, Anne Luft, Gabriele Roth, Margit Stupka und Angela Wichmann von der Redaktion »Neues Deutschland«.

Hans-Dieter Schütt

DAS ERSTE GESPRÄCH

über

Jesus, wurmstichig
Zwerge gegen Luther
Wandern am Meer
Ernst Barlachs »Gottvater«
Bushaltestellen und Fußballplätze
Eichmann-Söhne, Christus-Brüder
Ideen, die wie Maulwürfe sind
Marxistische Hauptfehler
Schüsse auf dem Pfarrgelände

Durch die risse des glaubens schimmert
das nichts

Doch schon der kiesel
nimmt die wärme an
der hand

REINER KUNZE

HANS-DIETER SCHÜTT: *Friedrich Schorlemmer, wer ist das – Ihr Jesus Christus?*

FRIEDRICH SCHORLEMMER: Er zeigt mir die Welt. Er zeigt, was ich übersehe, nicht sehen kann, nicht sehen will. Viele Gesichter hat er für mich, schon in der Bibel; dann übermalt und übertüncht von den Jahrhunderten. Viele Schichten auf einem Bild, Interpretationen, auch mit Missverständnissen, mit gewollten, damit er sich besser einfügen lasse ins jeweils Herrschende.

Was heißt: ihn zu verstehen?

Die Welt nicht so zu lassen, wie sie ist.

Ist Ihnen Jesus manchmal auch egal?

Ja. Ist er. Aber er bleibt mir unentbehrlich. Es wäre schlimm um uns, wenn es ruhig um ihn würde.

Wer ist er?

Der Lehrer, der Wundertäter, der Sozialtherapeut, der große Menschenliebende, der Hohepriester, der Versöhner, der enttäuschende König, der zurechtweisende Freund, der unverstandene Bruder, der sanfte Revolutionär, der fremde Weggefährte, Titel um Titel fände ich für ihn – viele Hoheitstitel für seine Erniedrigung –, für ihn, der keinen Titel braucht, um wer zu sein. Er hat eine Größe, die mich aber nicht klein macht.

Es gibt unzählige Jesus-Darstellungen. Welche ist Ihre?

Mein Jesus hängt hier in Wittenberg, als hölzerner Torso an einer Wand. Ohne Arme, nur Beinstummel, rechtsseitig wurmzerfressen bis zur Hüfte, klaffende Wunde, den Kopf zur Seite geneigt, halboffener Mund, abgebrochene Nase, geschlossene Augen.

Keine Schönheit.

Ehrlich gesagt, selbst ich habe mich nie so richtig an diesen Torso gewöhnt, und das ist gut. Sein Körper ragt als Schrei in die Welt. Ecce homo! Sehet *den* Menschen, wie er zugerichtet wurde in den Jahrhunderten danach. Die Spuren unserer Achtlosigkeit, unserer Lieblosigkeit, unserer Zerstörungswut. »… nach Christus«, so zählen wir, als ob er die vollzogene Wende der Zeit sei. Und da hängt er als der vermoderte, aufgerissene, abgerissene, abgehackte Holzkörper. Ich muss anders zählen, wenn ich ihn ansehe: x n. A, x nach Auschwitz, x nach Hiroshima. Der geschundene, verbrannte, verstümmelte Menschensohn. Es ist abschreckend, wie er zugerichtet ist. Die Folgen unserer Abschreckung sehe ich an ihm voraus. Geschichte? Vorweggenommne Apokalypse. Ich sehe den Unansehnlichen an. Dieses wurmstichige Stück Holz spricht mich an. Viele sehen hin und sagen: Das geht nicht, das ist unerträglich, das ist eine Zumutung, und ich kann sie verstehen. In der Tat: ein Skandal, keine gute Lösung. Deshalb: Ein Eichenkreuz, neu und unversehrt und glatt, trägt den Torso. Es macht ihn erträglicher, jedenfalls optisch. Ich sehe an ihm etwas, das mich ganz tief berührt: Der geneigte Kopf ist uns zugeneigt. Jesus ist für mich Zuneigung, letzte Zuneigung, Zuneigung noch im Letzten. Der Erbarmungswürdige, der sich erbarmt.

Welche Geschichte um ihn bewegt Sie besonders?

Die Geschichte, die mich am meisten bewegt, ist »unecht«. Sie hat ein Sternchen in meiner Bibel. Sie steht in eckigen Klammern. Sie ist von anderer Hand. Schon sehr früh wurde sie verschieden eingeordnet. Nirgends passt sie richtig hin. Sie passt nicht in unsere Ordnungen. So kann diese Geschichte nur unecht sein, historisch wie ideologisch. Eine Frau, eine Ehebrecherin, wird ihm angeschleppt. Sie hat sowieso keine Chance mehr. Wo kämen wir hin mit einer Liebe ohne Ordnung! Jesus ist in dieser Geschichte zum Richter bestellt, zum Vollstrecker längst festgeschriebener und nicht zu korrigierender Gesetze, er schweigt, bückt sich, schreibt in den Sand. Er gibt Bedenkzeit. Die anderen denken, er selber brauche Bedenkzeit. Sie begreifen nicht: Es ist ihre Bedenkzeit. Sie fragen ihn nochmals nach seinem Urteil. Sie bedrängen ihn. Wird er es etwa wagen, gegen die Autorität des Gesetzes anzutreten? Kraft welcher Autorität? Der Fall liegt klar. Es gilt für ihn, nur das zu bestätigen, was ohnehin geschehen wird: Steinigung. Da richtet er sich auf, richtet seinen Blick nicht auf die Beschuldigte, sondern auf die Beschuldiger: Es soll Recht sprechen, wer selbst gerecht ist. Es soll Schuld sühnen, wer selber ohne Schuld ist. Und dann bückt er sich wieder, schreibt wieder in den Sand. Er prüft nicht, er überprüft nicht, er richtet nicht. Jeder soll sich selber prüfen – ohne überprüft zu werden. Jeder soll in sich gehen können – ohne Angst vor Entblößung haben zu müssen. Und alle gehen sie in sich – und gehen weg, beschämt und erleichtert. Es fällt kein Stein, auch nicht auf sie selbst. Dieser Jesus beschämt mich. Dieser Jesus erleichtert mich. Er macht mich frei davon, andere zu verurteilen. Selten genug. Er lässt mich meine Schatten annehmen. Selten genug. Mein Jesus malt in den Sand, das heißt: Immer wieder ist in mir verweht, verwischt, vergessen, was er mir sagen will. In den Sand geschrieben, in den Wind geredet. Durchzugsgewissen. Mein Jesus – unbeachtet noch immer.

In einem Ihrer Texte haben Sie bei Jesus Solshenizyn assoziiert.

»Diese fleißige Pflegerin mit ihrem klugen Gesicht«, die unter die Betten kriecht, um den Boden aufzuwischen, die die Spucknäpfe ausleert und blitzend sauberputzt, die nicht schimpft, die alles, was einer Schwester zu schwer, zu unhandlich oder zu unsauber ist, herbei- und wieder fortträgt«: Jelisaweta Anatoljewa, eine verbannte Frau auf der »Krebsstation«. »Und je selbstverständlicher sie ihre Arbeit erledigte, desto weniger wurde sie auf der Station beachtet. Schon zweitausend Jahre lang Augen haben bedeutet noch nicht, sehen zu können. Aber ein schweres Leben schärft das Auge.« So steht es bei Alexander Solshenizyn. Je selbstverständlicher, desto weniger beachtet: So begreife ich Jesus.

Im Sinne von Brecht: Die für Freundlichkeit kämpften, konnten selber nicht freundlich sein?

Es geht darum, sich nicht anstecken zu lassen, im Kampf gegen das Böse nicht selber böse zu werden. Lass dich nicht niederreißen!

Es gibt das Böse?

Wenn es zum Beispiel Gott gibt, gibt es auch das Böse. Wenn es das Böse nicht gibt, gibt es auch Gott nicht. Diese Pole sind aneinander gebunden. Du musst wissen, was Gott und was Abgott ist, du musst wissen, was Gott und was Mammon ist, und du musst wissen, dass Mammon nicht Gott ist, und dass es einen Kampf gibt zwischen Gott und Mammon und außerdem noch einen Kampf zwischen Gott und Abgott – und auch zwischen Abgott und Abgott. Die größten, weitesten Räume, die der Mensch hat, sind seine Untiefen. Ich kann von mir immer nur wieder sagen: Welch ein Glück, dass ich von meinen genetischen Verwurzelungen in der furchtbaren Gattungsgeschichte nicht eingeholt werde. Wir sind an alles angeschlossen, was dem Menschen an Größe und Grauen innewohnt. Neulich sah ich im Fernsehen abends, drei oder vier Minuten lang, eine dieser brutalen Kampfsportarten, bei denen die sich genussvoll die Fressen breit klopfen oder nur so tun, egal. Statt gleich wegzuschalten, merkte ich, wie ich in eine Spannung kam zwischen: »Hau zu!« und »Wehr dich!« Das heißt: Ich war drin im beabsichtigten Sog. Ich empfand für den, der unten lag, ganz und gar, aber gleichzeitig faszinierte mich derjenige, der den anderen so beherrschte. Die Identifikation mit dem Verlierer war zunächst stärker, aber zugleich entwickelte sich eine Identifikation mit dem Angreifer. Als der Niedergeworfene sich erholte, freute ich mich – aber woran freute ich mich denn wirklich? Daran, dass der jetzt das Gleiche mit seinem Gegner machen würde, was ihm eben widerfahren war. Die Spirale der Rache. Jetzt erst wachte mein Verstand wieder auf: Drei, vier Fernsehminuten war ich von meinen niederen Instinkten besiegt worden – getarnt als Sport und Unterhaltung.

Sie sind Altmärker, Sie leben seit langem in Lutherstadt Wittenberg – wie viel Provinz ist in Ihnen?

Wahrscheinlich furchtbar viel. Ich bin vom Dorf, kam dann in eine Kleinstadt mit tausend Einwohnern, nach Werben – ich fühle mich wohl in überschaubaren Verhältnissen. Ich habe von Heinrich Böll, es war wohl im »Irischen Tagebuch«, einen Satz gelesen, der meinem Empfinden sehr entspricht: Dublin sei überall; wer Dublin kenne, kenne die Welt. Ich merke an Großstädten, dass sie nicht groß sind, sondern oft nur groß tun. Berlin besteht letztlich auch nur aus Kiezen, und die Empfänge der Eliten dort bestehen auch nur aus Klatsch, bloß mit besserer Garderobe.

Ein Plädoyer für Wittenberg.

Nein, für die Provinz! Denn auch wenn ich mich jetzt in die Nesseln setze: Wittenberg ist ein elend geistloses Nest, da hilft der Zuspruch »Lutherstadt« gar nichts. Hier habe ich immer die hässlichsten Kirchtürme Deutschlands vor Augen – gerade ich, der ich Kirchtürme so liebe. Also: Wenn ich nicht meine Freunde hier hätte, wäre ich längst weg. Ich bliebe aber Provinzler.

Im Jahre 2010 wurden in Lutherstadt Wittenberg achthundert Luther-Figuren des Künstlers Ottmar Hörl aufgestellt, unterschiedlich farbig, je einen Meter hoch – Abbilder des Luther-Denkmals auf dem Marktplatz, das sich zur Restaurierung befand. Sie sprachen erzürnt von »Lutherzwergen« und sorgten wieder mal für überregionalen Wirbel. Kann es sein, dass Sie ein wenig humorlos sind?

Nein. Wer sich mit Luther befasst und keinen Humor hat, wäre schlecht dran. Es gibt wunderbare Zeugnisse von Luthers Freiheit zur Selbstironie. Aber: Sich mit Flachheit über die Welt hinwegzuhelfen, war nie meine Art, mit den Dingen fertig zu werden. Deshalb wirke ich mitunter, selbst auf Freunde, ziemlich belastend: Ich strahle Ungeduld aus und ein anstrengendes Bedürfnis nach Sinn. Man vermutet, ich könne nicht abschalten, nicht entspannen, mir gelänge keine Bedenkenlosigkeit und keine Belanglosigkeit …

Stimmt's denn?

Ich möchte meine Lebenszeit nicht versäumen, ich möchte mich nicht an die Banalität verlieren.

Sie haben mal gesagt: »Selbst wenn man an der tristesten Bushaltestelle steht, ist Erlebnis möglich, Erlebnis und Philosophie.«

Ich habe östliche Ödnis erlebt, aber ihr beugen wollte ich mich nie. Wenn man regelmäßig morgens, in einem völlig überheizten, dann wieder kalten Warteraum in Goldbeck saß, einer Bahnstation zwischen Stendal und Wittenberge, eng zusammengedrängt mit anderen, und das zwei lange Stunden, konnte man sich trotzdem wunderbar behelfen. Ein Reclam-Band kostete in der DDR ein paar Groschen, also las ich. Lesen ist Leben, ist gesteigerte Wahrnehmung. Die Tristesse einer Bahnhofswartehalle hatte keine Chance, mich mit ihrem Grau zu überwältigen. Aber: Abende mit uninspirierten Menschen machen mich fertig, jede reglose Seele ist für mich eine tote Seele, die auch mich tötet. Wenn man mich zwänge, mir am Fernseher einen ganzen Abend Frau Carmen Nebel anzusehen, ich würde verrückt. Oder Silvester im Fernsehen, dieses Zucken und Zappeln, dieses törichte Gehampel und epileptische Herumhopsen. Der Tanz war immer eine Zeremonie, längst ist er der letzte Schüttelkrampf einer verwirrten Kultur.

Waren Sie schon mal auf einem Fußballplatz?

Nein, war ich noch nicht. Aber bei Reiterfesten bei uns daheim in Werben. Nicht, dass ich mich über denjenigen erhebe, der zum Fußball geht und stundenlang da rumsteht – aber mir ist die Zeit zu schade. Ich entwickelte sehr frühzeitig eine Lust an der Ernsthaftigkeit des Daseins. Ich war nur dann befriedigt, wenn etwas ernsthaft war.

Ist es möglich, dass jetzt aus manchem, was Sie sagen, entschuldigen Sie bitte, doch der alternde Mann spricht, der nicht mit der Zeit gehen kann, nicht gehen will?

Natürlich! Und gleichzeitig ein entschiedenes Nein! Ich habe einfach, das muss ich gestehen, eine unverschämte Erwartung an das Leben, und das meint am wenigsten eine Ausschmückung der äußeren Umstände. Ganz beglückt war ich, als ich 1997 in Prag Jiri Stransky kennenlernte, den Dissidenten, der mir vom Reichtum seines Lebens erzählte: nämlich den zehn Jahren, die er zu staatssozialistischen Zeiten im Gefängnis war. Er sagte den hohen Satz: Wenn du im Gefängnis nicht frei bist, dann bist du auch außerhalb des Gefängnisses nicht frei. Ich hörte das und dachte geradezu erweckt: Ja, erstaunlich, er sagt genau das, was auch ich gern leben möchte.

Und was Sie leben mussten? Zu Mauerzeiten?

Ja. Du hast doch, wo immer du bist, die Freiheit der Augen, die Freiheit der Ohren, und es geht dabei nicht darum, das Gefängnis oder den Mangel jeder Art schönzureden, aber in jedem Grau ist farbiges Leben. Die Welt war mir stets zu bedeutsam, als dass ich sie mit irgendwelcher seichter Ablenkung zuschütten oder scheinbar aufhellen wollte.

Noch mal zur Zwerge-Aktion »Martin Luther – Hier stehe ich …«. Die ging auf eine Anregung der Geschäftsstelle »Luther 2017« der Evangelischen Kirche in Deutschland (EKD) zurück.

So was ist nichts weiter als die Einladung zu einer Aufmerksamkeitsorgie. Nach dem Prinzip: »auf dass der Markt voll werde«, in Abwandlung eines Bibelwortes. Die Sache, um die es hier zu gehen hätte, wurde durch Plaste verstellt.

Der Gegenstand verträgt keine Installation?

Installation? Das Anliegen Martin Luthers wurde touristisch verzwergt, es wurde so zu einem netten, kleinen Nichts. Wie soll man nach einem solchen Event wieder zur Sache zurückkehren?

Die Sache – was ist das?

Wir hatten hier in Lutherstadt Wittenberg seit Längerem darüber nachgedacht, wie wir geistig, kulturell 2017, fünfhundert Jahre Reformation vergegenwärtigen können, wie wir bis dahin am sinnvollsten die Grundanliegen der Reformation reflektieren, einschließlich ihrer so wunderbaren wie problematischen Geschichte.

Die Suche nach einer Art protestantischer Selbstvergewisserung.

Ja. Aber die Werbeleute haben sich durchgesetzt.

Wie am Bahnhof, wo das beste Hotel am Platz mit der Zeile wirbt: Hier hätte Luther gern gespeist und übernachtet.

Luther ist gewissermaßen der Lockvogel, und aus dem ursprünglichen Gedanken einer Reformations-Dekade wurde eine Luther-Dekade. Und nun stellte man Zwerglein hin und nannte sie Botschafter. Wobei ich nicht weiß, welche Botschaft solche Zwerge haben könnten. Auf diese Weise kommt der Reformationsgedanke nicht auf die Straße, nicht zu den Menschen. Er kommt nur zu den bereitwilligen Konsumenten, er kommt just in der Stadt Luthers auf den Hund. Bitte: Keine Glorifizierung Luthers, aber doch bitte auch keine Verniedlichung und Banalisierung!

Sie erfuhren den Zwerg-Plan aus der Zeitung?

Ja, am Silvestertag 2009. Ich wollte sofort reagieren, mein Nachbar warnte mich, er meinte, das sei ein Silvesterscherz, und ich würde mich lächerlich machen mit einer Kritik. Aber es war leider kein Scherz.

Man konnte die Luther-Figuren für 250 Euro kaufen.

Ich habe darauf mit einer Glosse geantwortet. Da dieser Gummi-Luther nichts im Kopf habe, böte sich ein Schädelschlitz an: »Wenn das Geld im Köpfchen klingt, Luther aus dem Zwerglein springt.« Wenn man 50 Centrein tut, predigt er gegen Vogelfänger. Für 2 Euro wütet er gegen Papst, Juden und Türken. Für 10 Euro hört man ein Gleichnis, das zum Sinnbild des real existierenden Kapitalismus geworden ist, wo es am Schluss heißt: »Wer hat, dem wird gegeben. Und wer nicht hat, dem wird auch noch genommen, was er hat.« Und wer 50 Euro zu berappen bereit ist, für den singt Luther: »Ein feste Burg ist unser Schrott.«

Sie lieben das Polemische.

Ich kann sehr böse werden. Vor einiger Zeit reagierte ich auf den Kölner Kardinal Meisner, und mir war klar, ich würde in meiner Kritik leider nur dann erhört, wenn ich entsprechend scharf und skandalös würde. Er hat doch tatsächlich die PID, die pränatale Implantationsdiagnostik, mit dem Kindermord von Bethlehem verglichen. In meiner Seelsorge habe ich auch mit Menschen zu tun, die wegen Erbkrankheiten alle medizinischen Möglichkeiten nutzen möchten, um zu erfahren, ob ihr Kind behindert sein wird oder nicht. Daraus erwächst ihnen eine schwerwiegende ethische Entscheidung, und niemand macht es sich bei der Diskussion von Gesetzesentwürfen in dieser Frage leicht. Aber was Meisner da gesagt hat, nannte ich im Mitteldeutschen Rundfunk theologische Demenz. Also: Er wusste nicht mehr so recht, was er da sagt. Demenz ist für mich keine Beleidigung, sondern eine Zustandsbeschreibung. Das kann jeden treffen … Ich riet ihm, sich aus seinem Amt zurückzuziehen und zwei schwerstbehinderte Kinder persönlich zu betreuen. Starker Tobak, dieser Vorschlag. Ich konnte mich vor beschimpfenden Mails und Briefen nicht retten. Ich war sehr polemisch, ich überzog – aber einerseits war ich wirklich zutiefst empört, und andererseits wusste ich, dass einzig diese Deutlichkeit, einzig diese klare eindeutige Verteilung von Licht und Schatten Gehör in der Mediengesellschaft findet.

Der Produzent der Wittenberger Zwerge – hat er selbst etwas zu seinen Werken gesagt?

Wer Gartenzwerge produziert, zu Tausenden, und dazu noch Hasen und Erdmännchen, auch Gartenzwerge mit Hitler-Gruß – nur so, als angebliche Provokation –, was könnte der sagen?

Heinrich Heine schrieb, Luther sei ein Riese.

Nun konnte er einem leidtun, der Riese. Denn Sie sehen ja, die Zwerge waren ihren Medienrummel wert, und sie erreichten diesen Rummel mühelos. Vom Kick zum Kiki. Und zum Rummel gehört natürlich die Kritiker-Fraktion, und deshalb wurde auch ich zu diesem Anlass sehr fleißig interviewt. So wurde ich unfreiwillig ins mediale System integriert. Auf diese Weise kann man einen ernsthaften Protest kaputt machen.

Der Teufelskreis der Meinungsindustrie. Lassen Sie uns über das reden, was Sie den Gedanken der Reformation nennen. Die Botschaft der Reformation Lutherscher Prägung.

Es sind vier Punkte. Erstens: die Verteidigung des Individuums gegen vereinnahmende Institutionen. Zweitens: die Konzentration auf die Bibel, aus deren Menschenwort das Gotteswort hörbar wird, oder wie man sagt: aus der die Wahrheit aus den Wahrheiten hervorscheint; die Bibel ist ja nicht Gottes Wort, sein Wort scheint hervor. Das Dritte ist die Gewissensbindung des Einzelnen, die durch keine äußere Macht – weder kirchliche noch staatliche – infrage gestellt werden kann. Und viertens, das ist vielleicht das Wichtigste: Luthers Erkenntnis, dass der Mensch als Mensch etwas gilt, also unabhängig von und vor jeder Leistung. Der Mensch lebt aus dem Empfangen. Er lebt nicht aus Angst vor Gott, sondern aus Gottvertrauen. Luther sagte 1518, Gott sehe den Menschen nicht an, weil der schön und liebenswert sei, sondern der Mensch sei schön und liebenswert, wenn Gott ihn ansieht.

Es gibt den Begriff der Gottesfurcht. Ist Furcht das Gleiche wie Angst?

Angst ist ein Grundgefühl, das in uns schlummert und aufbrechen kann.

Die Angst etwa, nicht mehr man selber zu sein?

Oder auch die Angst davor, ganz man selber zu sein und plötzlich das dunkle Ich zu erahnen.

Und was ist nun mit der Furcht?

Das Wort Furcht ist im Deutschen sehr belastet, weil es oft nur als ein anderer Ausdruck für Angst benutzt wird.

Die Angst sozusagen als Massengrab der weitgreifenden Pläne: Wir sollten vorsichtshalber ab und zu vor uns selber erschrecken. Die Angst als Hinterhalt, in dem noch jede Utopie in die Enge geriet: Wir sterben nämlich vor ihrer Erfüllung – Utopien haben die hilfreiche Eigenart, immer weiter in die unerreichbare Zukunft zu flüchten.

Sich zu retten, vor uns.

Angst als das nackte Dasein, das in uns die uralte Tierangst verewigt und das einer herumträumenden Intelligenz nicht alles, sondern nur immer Zwischenspiele des freien, heiteren Willens erlaubt. Gegen diese Naturgewalt, deren Rumoren in den Nerven der Lebewesen widerhallt, hilft letztlich kein Vaterunser, kein Dichtervers.

Furcht unterscheidet sich von dieser Grundangst, es ist die Furcht vor jemandem, vor etwas – Furcht ist sehr konkret und wechselt die Anlässe. Und dann meint Furcht noch etwas gänzlich anderes: Respekt, Zuneigung, Verehrung, ehrender Abstand. Wenn ich also Gottesfurcht beschreiben wollte, dann mit den beiden großartigen Gottesdarstellungen bei Barlach.

Gottvater, der geöffnete Hände hat, die etwas Einladendes und gleichzeitig Abstand Gebietendes haben, und zweitens die Jesusfigur, die er wie einen Buddha schuf. »Der Lehrende« heißt das bei ihm, ganz einfach, Jesu leere Hände liegen auf den Knien, er schaut in die Weite. Also, das Faszinosum der Gleichzeitigkeit: Komm her – und komm mir nicht zu nahe! Wenn man von Gott redet, darf man eben nicht von Papa reden.

Wie haben Sie eigentlich als Kind Ihre Eltern angesprochen?

Ich bin meinen Eltern sehr dankbar, dass ich zu ihnen nicht Papa und Mama sagen sollte, sondern sie waren Vater und Mutter. Das war wie eine Einführung in die Schönheit der Gottesfurcht. Gottesfürchtig sein, das ist vielleicht das bessere Wort als Gottesfurcht – weil da nicht so direkt von Furcht die Rede ist. Fürchtig sein, das ist es. Gottesfürchtigkeit heißt: Ich weiß letztlich, was gilt. Ich weiß letztlich, worauf es ankommt. Ich weiß den Sinn, auch wenn ich ihn nicht sehe. Ich muss mir deswegen die vielen schweren, bitteren Dinge nicht schönreden, aber ich kann sie tragen. Gott im beschriebenen Sinne zu fürchten heißt, die Furcht vor denen zu verlieren, die auf Erden Furcht gebietend sind.

Ist Gottesfurcht also eine aktive, die Macht angreifende Haltung?

Natürlich, eine ganz aktive Haltung zum Leben. Das, was ich mit dem Wort Gott zu verbinden versuche, war für mich von Kindheit an Geheimnis, ein Mysterium im besten Sinne des Wortes. Die Erschütterung über das nicht Fassbare – es darf nicht einfach nur passiv hingenommen werden, es muss bewusst gelebt werden, es muss gern gelebt werden, und insofern verstehe ich diese Furcht als klaren Verweis auf die Relativität und zugleich Freiheit der eigenen Kräfte und Möglichkeiten. Denn jede Begrenzung setzt doch auch Energien frei, sie schafft der Freiheit einen Rahmen. Aus dem man nicht fallen sollte, aber den man füllen kann.

Gibt es richtige und falsche Religiosität?

Religiosität ist ambivalent. Sie hat Schattenseiten. Christlich gesehen, ist Religiosität erst dann richtig, wenn sie gemeinschaftsbezogen bleibt, wenn sie am elementaren Lebensrecht aller orientiert bleibt. Sie muss wissen, dass wir nicht die Herrscher der Welt sind, sondern Nutznießer von Gegebenem – aber mit der Begabung, dieses Gegebene zu erkennen und umzuformen. Es gibt das schöne Wort von der »Schwarzbrotspiritualität«. Es verweist darauf, dass wir nicht entrücken dürfen, sondern mit dem Sozialen, in dem wir leben, verbunden bleiben müssen. Es gibt kein eigenes Glück ohne das Glück des anderen.

Spiritualität, um uns aus dem Kreatürlichen zu erheben.

Ohne uns freilich einzubilden, es verlassen zu können.

Wenn man Sie über Glauben reden hört, dann denkt man, es sei ein anderes Wort für Vertrauen.

Indem ich glaube, vertraue ich meinem Gefühl – im Staunen, in Dankbarkeit, in Lobpreisung.

Lobpreisung wessen?

Des Unbegreiflichen im Dasein. Man kann das mit dem schönen Bild vom Wanderer am Meer ausdrücken: Es gibt hinter dem, was deine Augen da vorn auf den Wassern, bis zum Horizont sehen, noch eine dritte Dimension: hinter den Bildern existiert etwas, das sich nicht messen und wiegen lässt.

Das aber Grundsicherheit gibt?

Niemand weiß am Ende, was wirklich trägt.

Zu Luther gehört auch der Widerstand gegen den Ablasshandel.

Hochaktuell! In einer Zeit, in der alles käuflich ist und vor jedes Ding (und vor den Menschen!) ein Preis gesetzt ist! Diese Käuflichkeitsideologie steckte auch in besagten Zwergen, die ebenfalls ihren Preis hatten. Auch dieser Event sollte sich vor allem – rechnen. Ein Ablasshandel ganz eigener Art. Er nährte die Illusion, man hätte sich etwas von Luther angeeignet und etwas von ihm begriffen.

Die Aktion bediente sich zu allem Überfluss auch noch der berühmten Wendung »… hier stehe ich«.

Bei Luther war es 1521 um Leben und Tod gegangen. Er stand für seine Überzeugung ein. Aber so ein Zwerg steht nur da. Mehr nicht. Luther-Botschafter! Ich will wissen, *wofür* er steht, nicht, *dass* er da steht. Es geht nicht um Luther als Figur, die in Serie geht, sondern um eine geistige Herausforderung, die noch nicht zu Ende bedacht, gelebt ist.

Nippes – so geht es Goethe in Weimar und Mozart in Salzburg.

Statt Verfremdung Verulkung. Der Mozartkugel folgt der Luther-Lutscher, das ist nur eine Frage der Zeit.

Übrigens: Alle Wittenberger Zwerge wurden erfolgreich verkauft.

Einfalt hat immer den längeren Hebel. Nein, Einfältigkeit!

Früher, als die Zeiten hierarchischer waren, nicht so heran- und herunterreißerisch in allem, da gab es unter den Machtlosen eine gut beleumundete Einfalt, die sich untätig verhielt und deren träge Ruhe doch, auf ihre Weise, eine gewisse Lebensklugheit verriet. Es herrschte ein zwar nicht unbedingt heiteres, aber doch diszipliniertes Einverständnis mit dem natürlichen Rhythmus der Dinge. Mit der sozialen Befreiung des Proletariats wurde einerseits ein unerträglicher gesellschaftlicher Zustand beendet, aber zugleich begann ein Sturm aus Intelligenzfeindlichkeit und Bürgerhass, es begann eine Machtanmaßung nun auch der unteren Stände.

Genau dies fürchtete Luther: Wenn alle Fürsten sein wollen, werden alle Tyrannen. Oder Friedrich Schiller in seinem großen Gedicht »Worte des Glaubens«: »Vor dem Sclaven, wenn er die Kette bricht,/ Vor dem freien Menschen erzittert nicht … Und was kein Verstand der Beständigen sieht,/ Das übet in Einfalt ein kindlich Gemüth« … Heute stößt man auf eine medial angestachelte Einfältigkeit, die rastlos schuftend, mit nicht nachlassender Energie, alles angreift und zugrunde richtet. Wie diese Event-Gesellschaft mit der Seele, dem Denkvermögen des Menschen umgeht, das ist zynisch. Die Maßstablosigkeit geht um wie ein Gespenst.

Hatten Sie als Kind ein Lieblingsmärchen?

Ja, »Hänsel und Gretel«.

Das dachte ich mir.

Was dachten Sie sich?

Dass es nicht »Zwerg Nase« war. Ihrem Buch, »Eisige Zeiten« stellten Sie ein Kafka-Zitat voran. »Ein Buch muss die Axt sein für das gefrorene Meer in uns.« Was ist »das gefrorene Meer in uns«?

Das fehlende, das unterdrückte, das kaltgestellte Gewissen.

Sie betonen den Wert und das Gewicht des Gewissens.

Das Gewissen muss aufgerührt werden, oder noch konsequenter ausgedrückt: Es muss wund geschlagen werden.

Verzeihen Sie, aber das klingt gewaltsam, schmerzvoll – überfordern Sie den Menschen damit nicht?

Gewissen ohne Selbstüberforderung, das geht nicht.

Gewissen ist für Sie eine Kategorie, von der sich nach wie vor sinnvoll reden lässt?

Natürlich, der Mensch sollte sich gegen die Tendenz der Gesellschaft wehren, das Gewissen einzuschläfern oder zu verhöhnen. Als sei es ein Relikt vergangener, längst bewältigter, altmodisch moralischer Zeiten.

Wenn man so etwas wie diese Kafka-Maßgabe liest, was ein Buch zu sein habe – mit welchem Gefühl schreibt man dann fortan?

Man will gar nicht mehr, manchmal. Man glaubt, man schafft es nicht, schafft nichts.

Man hat sozusagen ein schlechtes Gewissen, wenn man weiter schreibt.

Ja.

Und?

(Lacht.) Man schreibt weiter.

Sie wirken stets sehr selbstgewiss.

Ich trage meine Zweifel lediglich nicht so zu Markte, dass sie ansteckend werden.

Das schafft neben den landläufigen Missverständnissen ein Selbstbewusstsein, das angreifbar macht.

Ich weiß. Aber Sie können sicher sein: Manche Festigkeit gilt nur für den Moment, da ich sie ausdrücke. Während ich etwas weitergebe mit meinen Worten, erscheine ich eitel. Aber bevor ich das nicht formuliert habe, was ich sagen möchte, bin ich verzweifelt. Nachdem ich etwas gesagt oder gepredigt habe, bin ich verstört, unsicher. Und wenn etwas angenommen wird von dem, was ich sagte, dann bin ich glücklich.

Der Prediger ist ein Mann der missionarischen Monologe?

Auf der Kanzel ja. Das ist auch so ein Grundwiderspruch dieses Berufs: Ein Prediger kann eigentlich kein dialogischer Mensch sein. Wir Protestanten haben ganz klar einen missionarischen Eifer. Eifer, zunächst ganz ohne Ironie gesagt. Luther sagte, nichts sei bei einem Christen wichtiger als die feste Behauptung. Also: dass die Würde des Menschen unantastbar sei, das ist doch eine steile Behauptung, aber sie ist die Grundlage jeder Humanität. Sie lässt sich nicht begründen, denn wieso soll die Würde eines Menschen größer sein als die einer Kuh, eines Pferdes, eines Wurms oder eines Vogels? Aber ohne missionarischen Impetus kann man nicht Pfarrer werden. Und natürlich ist dieser Impetus auch gefährlich, das muss man wissen. Und selbstredend muss ich als Pfarrer im Seelsorgegespräch mit einem Menschen ganz anders umgehen als mit der Gemeinde am Sonntag in der Kirche, nämlich dialogisch, aber beides darf sich nicht widersprechen.

Fühlten Sie sich je rhetorisch unbestritten?

Nie! Der spätere Bischof in Magdeburg, Axel Noack, hat mir schon vor über vierzig Jahren die Leviten gelesen, was die Ambivalenz von Rhetorik betrifft. Ich war dreiundzwanzig, er achtzehn. Er hat es mir kräftig gegeben. Und bis heute ist das so, dass sich Leute durch mich bedrängt fühlen, sie sehen sich einer Suggestion ausgesetzt, die angeblich auf Jünger-Bildung aus sei. Ich nehme es zur Kenntnis, wundere mich, ärgere mich, auch zweifle ich an mir, aber unterm Strich: Mit solchem Verdacht habe ich nicht wirklich etwas zu tun.

Was hat Ihnen Noack vorgeworfen?

Kurz gesagt: Effekt. Aber Effekt ist doch nötig! Was soll denn ein Auftritt ohne Bemühen um den sogenannten Aha-Effekt. Ich will ankommen, natürlich! Sonst brauche ich nicht auf eine Kanzel zu steigen.

Schauspieler Klaus Maria Brandauer sagte, er sei nicht Schauspieler geworden, um nicht bemerkt zu werden.

Es gibt Leute, die wollen bei anderen nicht ankommen, und sie nennen's Bescheidenheit. Nur kommen die dann wirklich nicht an. Die treten auf, und danach könnte keiner beeiden, dass sie überhaupt da waren.

Sie gelten als streitbar.

Ich bin ziemlich verletzlich, und ich habe eigentlich keine Lust auf Streit. Wenn ich mir etwas zugutehalte, dann den Mut, mich gegen meine Angst, auch vor Streit, aufzuschwingen.

Sie wollen nicht mit Unbedingtheit im Gespräch sein?

Nein. Eine Sache muss mir wichtig sein. Aber selbst dann wäge ich die Wirkung ab.

Zum Beispiel?

Zum Beispiel: Ich halte es nicht mehr für verantwortbar, das sogenannte apostolische Glaubensbekenntnis mit seinem dreistöckigen Weltbild zu sprechen. Wenn ich im Gottesdienst bin, egal, ob die mich kennen – ich spreche es nicht mit. Eigentlich müsste ich nach vorne gehen und laut fragen: Ist damit wirklich euer Glaube ausgesprochen? Ich spreche es nicht mit, aber ich schweige, denn man würde nur sagen, ich wolle den Skandal. Auch bei der Austeilung des Heiligen Abendmahls wird gesagt: »Christi Blut, für dich vergossen.« Für viele Chrsiten bleibt es unverzichtbar, aber ich bringe es nicht mehr über die Lippen. Diese Blutsvorstellung ist mir unheimlich, wirkt wie religiöser Kannibalismus. Doch das Zeichenhafte des Gemeinschaftsmahls bleibt mir dennoch wichtig: Für mich setzte Jesus sein Leben ein, kommt mir im Innersten nah, tröstet mich und bestärkt mich, zusammen mit den anderen.

Redend, predigend möchten Sie, dass eine Formulierung trägt.

Wie Günter Eich geschrieben hat: In jeder gelungenen Zeile

fühle ich den Stock des Blinden klopfen. Und der Blinde hat das Gefühl, jetzt sei er auf festem Boden.

Welches Verhältnis hat der Prediger Schorlemmer zum Schweigen?

Ein schuldhaftes. Ich möchte mir mehr Zeit zum Schweigen nehmen. Ich weiß: Mehr Schweigen tut meinem Reden gut.

Na, das wäre ein toller Vorsatz für lange Interviews, die wir vorhaben. Waren Sie als Kind einsam? Litten Sie als Pfarrerskind, in Werben an der Elbe, unter der Außenseiterrolle?

Ja und nein. Ich hatte immer Vertraute, gute Freunde, freilich nicht in meiner Klasse. Aber ich war auch sehr viel allein, und ich wollte es sein. Ich hatte Aversionen gegen das Laute, Ungebärdige, Kollektive. Und weil gerade vom Schweigen die Rede war: Max Picards Buch »Die Welt des Schweigens« lag immer offen bei den Sachen meines Vaters. Das Schweigen hat mich seit jeher beschäftigt – das produktive Schweigen, das solidarische Schweigen. Schweigen nicht nur als Not, sondern auch als Gnade. Nicht nur schweigen müssen, auch schweigen – dürfen.

Schweigen als Form der Unantastbarkeit.

Ja, natürlich, Schweigen auch als eine Form von Festigkeit, von Sammlung. Es gibt eine Größe des Schweigens, aber es gibt auch eine unerträgliche Arroganz des Schweigens. Ein interessantes Thema. Das ist wie mit der Leere. Eine gewisse Leere bringt einen in Schwung. Sie lässt die Fantasie, das Träumen, die Erinnerung stärker werden. Das ist mystisch und materiell zugleich. Die Mystik ist wahrscheinlich das materiellste überhaupt, diese aus der Leere entstehenden Vorstellungen, Sehnsüchte, Gebete. Mystik und Materie sind für mich keine Gegensätze. Es gibt ein Empfangenwerden von der Leere. Manchmal – das geht doch fast jedem so – kommt man in dieser überfüllten Welt heute, wo es einem dauernd den Blick ins Bunte verreißt, unerwartet in ein Niemandsland aus Leere und Schweigen, wo nichts ist, aber man fühlt sich empfangen. Befindet sich in einem aktiven Schweigen, dem schönsten Schweigen überhaupt.

Sie sagen, Sie waren als Kind nicht einsam, sie waren höchstens allein. Das ist ein Unterschied.

Einsamkeit gab es sehr wohl auch, denn ich war in der Schule in dem, was ich dachte, oft ziemlich neben der Spur der anderen. Eigentlich konnte ich nur einem wirklichen Freund von mir sagen, was ich daheim las. Die anderen hätten mich ausgelacht. Als ich vierzehn war, las mir mein Vater Remarques »Im Westen nichts Neues« vor. Ich habe geweint. Mit fünfzehn las ich Kleist, noch und noch, da kam ich mir völlig aus der Art geschlagen vor. Bei meinem Vater fand ich verbotene Literatur, Helmut Gollwitzers Tagebuch aus der Kriegsgefangenschaft, dann »Die geistige Situation der Zeit« von Karl Jaspers. Ich weiß noch, eine rührende Schnulze lief im Kino, die sah ich mir mehrmals an, einen Film über Giuseppe Verdi, sein Leben und seine Opern – das hat mich so berührt, dass ich dann auch in »La Traviata« gegangen bin. In jener Zeit war für andere Gleichaltrige die Operette das Höchste der Gefühle, ansonsten nur Schlager. Oper wurde verlacht. Man darf nicht vergessen: Ich bin nicht in einer Stadt aufgewachsen, sondern auf flachem, allumfassend ödem Land. Altmark. Meinen Eltern danke ich sehr, dass sie einen kleinen Plattenspieler und ein Radio hatten. So wurde ich früh aufmerksam auf die C-Dur Symphonie von Schubert, eine Musik, die meine Mutter sehr, sehr liebte. Auf Hochzeiten, wenn mein Vater die Trauungen vornahm, da fotografierte ich, verdiente mir damit ein bisschen Geld, und von dem Geld kaufte ich mir im Wesentlichen Schallplatten. Als ich im Internat der Mittelschule war und wir je drei Wochen nicht nach Hause fahren durften, habe ich mich mit einem Buch im wahren Sinn des Wortes irgendwo ins Gebüsch geschlagen. Nur weg, nur hin zur Stille. Ich lag da im Gesträuch, versteckt hinter Blättern, unauffindbar, und las Grillparzer, Storm. Und eben Kleist.

Sogar Wieland. Ich lebte in einer anderen Welt. Dort hatte ich einen einzigen Freund, mit dem durfte ich mich aber nicht offen treffen, seine Eltern hatten ihm nahegelegt um seiner Zukunft willen, in den Schulpausen bloß nicht mit mir, dem Sohn des Pfarrers, herumzulaufen. Ich galt denen als schlechter politischer Einfluss.

Sie waren da in welcher Klasse?

In der 10. Klasse, und mit Schülern aus der 12. Klasse waren wir im Internat. Ich ging noch auf die Mittelschule, mein Freund Uwe in die Oberschule. Wir haben uns heimlich getroffen – wie zwei, die etwas von sich verbergen müssen. Es hatte etwas Unwürdiges.

Haben Sie sich, in der DDR bleibend, als DDR-Bürger empfunden?

Nie. Ich war ein Kind der DDR, aber als DDR-Bürger empfand ich mich nicht. Ich war ein Deutscher in der DDR.

Was verdanken Sie dem erlittenen Zwang im Staate?

Ein Teil meiner Freiheit, die ich mir selbst erkämpfen musste.

Wir werden darauf zurückkommen … Sie haben einmal gesagt, Ihr Beruf sei im Grunde eine Anmaßung. Also, was maßen Sie sich eigentlich an?

Die Anmaßung besteht darin, dass ich, um über Gott reden zu dürfen, kein Berufungserlebnis vorweisen kann.

Woraus schöpfen Sie denn?

Ich schöpfe aus einem Leben, das sich durch sich selber bezeugt, das sich auf biblische Texte konzentriert, das Poesie wahrnimmt und dubezogen bleibt, ein Leben also, das im Reden von Gott hoffentlich immer ein menschliches, ein menschenbezogenes

Reden ist. Wie sagt Heinrich Böll in seinen »Ansichten eines Clowns« so wunderbar: Die Katholiken mag er nicht, weil die so falsch sind; die Protestanten mag er nicht, wegen ihrer dauernden Gewissensfummelei; und die Atheisten mag er nicht, weil die ihm zu viel von Gott reden. Wir sollen als Theologen von Gott reden, wir sind aber Menschen und können als solche nicht von Gott reden. Wir sollen beides: um unser Sollen wie auch um unser Nichtkönnen wissen – und eben damit Gott die Ehre geben. So etwa sagte es Karl Barth.

Die theologische Rede ist subjektive Rede?

Ja, sie ruft die existenzielle Dimension auf. Indem sie auch generalisierende Aussagen versucht, über das Einzelne hinaus.

Die existenzielle Dimension – welche ungeklärte Frage wäre das?

Rainer Maria Rilke hat im November 1915 einen Brief geschrieben, an Lotte Heppner, und da stehen die Fragen drin, die wir nie loswerden: »Wie ist es möglich, zu leben, wenn doch die Elemente dieses Lebens uns völlig unfasslich sind? Wenn wir immerfort im Lieben unzulänglich und im Entschließen unsicher und dem Tode gegenüber unfähig sind, wie ist es möglich, da zu sein?«

Sie haben ein Buch über Martin Luther geschrieben. Wer ist Ihnen näher von den Antipoden jener Zeit? Der feinsinnige Erasmus von Rotterdam, dem alles, was ihn erregte, friedfertig ins Gemüt sank? Oder eben Luther, dieser Pater ecstaticus, dem Zorn und Aktionskraft gleichsam die Adern sprengten?

Auf der einen Seite liebe ich die differenzierende Argumentation von Erasmus, auf der anderen Seite weiß man sehr wohl, dass die allzu Differenzierenden mitunter auch schlichtweg feige sind – und da bleibt mir Luther wichtiger.

Also: Irgendwann müssen die Zweifel dem klaren Standpunkt weichen?

Ja, damit eine Sache praktisch bleiben kann.

Manch einem aber geht die Emotion so durch, dass das Denken nicht standhält.

Bleiben wir bei Erasmus, er war Feinsinn an sich. Ein Friedensforscher par excellence. Aber solche wie er haben ein verträumtes Menschenbild, und sie konstruieren sich den dazu passenden Menschen. Luther dagegen besitzt kein Menschenbild – sondern: Er hat ein sehr realistisches Bild vom Menschen. Klingt ähnlich wie die Feststellung zu Erasmus, ist aber etwas ganz anderes. Lange vor Sigmund Freud ging Luther davon aus, dass wir nicht Herr im eigenen Hause sind. Wir haben die Hölle in uns, wir haben uns nicht in der Hand.

Sondern?

Es hat uns in der Hand.

Es. Gott oder Teufel?

Das genau ist immer die Frage. Wir selber sind es jedenfalls nicht.

Die Kernfrage der Theologie? Freiheit oder Unfreiheit des menschlichen Willens?

Die Welt ist änderbar – das ist die klare Antwort auf Zyniker, die das in Abrede stellen.

Es gibt ein Gedicht von Heinz Czechowski: »Auch der Satz/ ›Die Welt ist veränderbar‹ Kann/ Religion werden./ Aber:/ Die Welt ist veränderbar!«

Andererseits: Nur wenig ändert sich auf Dauer wirklich, alles fängt immer wieder beim alten Adam und der alten Eva an, wie Günter Gaus sagte, und setzt sich bei Kain und Abel fort. Luther ist skeptisch im Blick auf den Menschen und dessen angebliche große Fähigkeit, den Graben zwischen Sein und Sollen, Anspruch und Wirklichkeit aus eigener Kraft zu überspringen. Der Mensch kann dies nicht, und am gefährlichsten werden wir dort, wo wir den Graben gar nicht mehr sehen wollen. Ich kann die Welt nicht als befreiter und unschuldig gesprochener Moralist verändern, sondern nur als Sünder unter Sündern. Ja, wir sind »allzumal Sünder und ermangeln des Ruhms«, schreibt Apostel Paulus. Wir alle! Unvollkommene, und dies bleibend. Luther ist aber zugleich zuversichtlich – im Blick auf den Menschen, der nicht nur erlösungsbedürftig, sondern trotz allem auch erlösungswürdig und erlösungsfähig ist. Durch den Gnädigen Gott.

Was heißt Erlösung?

Es geht um ein gelöstes Leben – ohne Überhebung oder Beweisnot, sondern in jenem erwähnten Bewusstsein: Ich bin begnadet, weil es mich gibt. Ich bin ein geliebtes Wesen. Ich bin wertvoll. Wir haben es vorhin beim Ärger über die Luther-Zwerge gestreift: Luther fragt nicht nur, wie wir mit dem Leben gut zurechtkommen, er fragt, wie kommen wir zu einem geheilten Leben, aus dem ein geheiligtes wird.

Heil. Statt Wohl-Stand.

Heil nicht ohne Wohl, Gott nicht ohne Brot. Leben aus Vertrauen: Ich gebe mich mit allem hin, was mir gegeben ist – und gewinne so Kraft, etwas zu tun. Was dieser Welt guttun möge. Aber ich muss die Welt nicht retten. Ich kann sie auch nicht retten.

Es gibt ein Foto, Sie unter einem Luther-Wandspruch: »Niemand lasse den Glauben daran fahren, dass Gott an ihm eine große Tat will.«

Das ist bundesdeutsches Grundgesetz, nur anders formuliert. Die Würde des Menschen ist unantastbar, sie ist unbedingt zu schützen. Der Indikativ geht dem Imperativ voraus.

Wir sind doch aber von Imperativen umzingelt.

Ja, wir werden erdrückt davon: Du sollst etwas leisten, nur so bist du was! Das ist das Grausame am Kapitalismus.

Sie sprachen schon mehrfach vom Glauben in das Voraussetzungslose unserer Existenz. Was nützt dies aber in einer Welt, in der wir von Interessen und Kalkülen geradezu verätzt sind?

Wenn ich das beantworten könnte ... Herder sagt, wir seien die Lieblingsidee Gottes gewesen, man muss allerdings sagen, er hat mit uns auch noch geübt. Da ist also auch manches schief gelaufen. Nehmen Sie den Kampf zwischen der nomadischen und der sesshaften Existenz. Beides kennzeichnet ein grundverschiedenes Verhältnis zu Besitz und Natur. Gesiegt hat die Besitz ergreifende sesshafte Welt, das könnte die Erde kaputtmachen.

Die Alternative?

Keinem gehört etwas, aber alle fühlen sich für alles verantwortlich. Das wäre nomadisch.

In Heiner Müllers Stück »Der Auftrag« sagt eine der Gestalten, sie schäme sich, in dieser Welt glücklich zu sein. Das schmerzt in seiner Wahrhaftigkeit. Aber es gibt einen Widerspruch zwischen denen, die fortwährend die kapitalistische Gesellschaft anklagen, und dem Alltag der Menschen. Das alltägliche Leben ist vielfach anders, nämlich trotz allem doch lustvoller, als es diejenigen an die Wand malen, die in allem Bürgerlichem nur Zerfall und als Konsequenz nur Klassenkampf sehen.

Es gibt Welterlöser, die sind selber so unerlöst, dass man sich nur wünschen kann, sie kämen nie ans Ruder. Das geht durch alle Gruppen von Menschen, die sich leidenschaftlich für etwas engagieren und darin, naturgemäß, zur Vereinseitigung neigen. Darunter sind so faustgeballte Leute, in deren Nähe mir keine Tasse Tee mehr schmeckt. Die sagen mir dauernd, die Welt sei grausamer, als ich es selber weiß. Die schulen mich in Steigerungsformen des Gesellschaftshasses. Die haben meistens sogar furchtbar Recht, aber sie rauben mir mit ihrer Wahrheit alle Kraft und Lust.

Kraft, sich des Glücks gewahr zu werden, das doch immer und überall möglich ist?

Ja. Wenn man sich dieser Kraft beraubt, hat man irgendwann auch keine Kraft mehr, gegen das Unrecht zu kämpfen. Wer laufend nur gegen das Unglück kämpft, ohne selber glücklich zu sein, der kann andere nicht wirklich mobilisieren. Nur derjenige bleibt ungefährlich für die Welt, der in sich einen Raum schafft für Gelassenheit, für Teilhabe am Lebenswerten. Ich vermute, dass die größten, die unverrückbaren Ideologen ziemlich unglückliche Menschen sind.

Nun leben wir in einer Gesellschaft, in der Glück bedenklich und medial sehr massiv an Erfolg, an Sieg gebunden ist.

Eben deshalb muss an der Gegenwelt gebaut werden. Es gibt einen Stolz des Scheiterns gegenüber diesen fatal verabsolutierten Erfolgs-Maßstäben. Eine Gesellschaft ist in dem Maße human, in welchem der Verlierer glücklich sein kann. Indem er sich nämlich darauf besinnen darf, was er hat, nicht auf das, was andere mehr haben.

Der Sänger Gerhard Gundermann sagte: »Ich habe nichts von dem, was ich will – aber ich habe alles, was ich brauche.« Und Dostojewski fragt, wie man eigentlich an einem Baum vorbeigehen könne, ohne glücklich zu sein!

Schön! Ich sage jeden Morgen: Mein Gott, schon wieder ein Tag! Heute eine gelungene Zeile von Goethe lesen, ein paar Töne Brahms hören, Cellokonzerte mit Casals. Davon noch einen Tag und noch einen Tag! Die Tage werden nicht reichen! Natürlich gibt es Stunden, da erreicht mich nichts. Aber auch dann weiß ich, dass ich über einen Resonanzraum in mir verfüge, den die Sorgen nicht zubetonieren können.

Sie sind Pfarrer, Sie verbreiten zumindest Trost, wenn nicht gar Hoffnung. Manchmal wider das eigene Wissen?

Jeder Prediger ist auch Jakob der Lügner.

Gibt also falsch Zeugnis?

Wer den Leuten was Falsches verspricht, soll sich trollen! Aber wer ihnen, und sei es aus Wahrheitsliebe, die Hoffnung nimmt, nimmt ihnen auch die Kraft, sich der Wahrheit zu stellen. Es muss einen wirklichen Grund für Hoffnung geben, und dieser Grund liegt nicht nur in dem, was uns die Erfahrung zuliefert. Es gibt den Eigenwert des Hoffnungspotenzials, das auf produktiver Projektion beruht.

Sie sehen also nicht nur Untergang rundum.

Jesaja 9: Das Volk, das im Finstern wandelt, sieht ein großes Licht. Wahrheitssuche geht nur mit Satz und Gegensatz.

Die Wahrheit ist nackt, weil sie mit allen teilen muss.

Ja. Alte Leute zum Beispiel sind schrecklich *und* wunderbar – Jugend ist wunderbar *und* entsprechend passiv. Und beides wäre jeweils genau belegbar. Auch: Wir Eichmann-Söhne, wir Christus-Brüder. Wie viel von beidem ist in einem selbst? Bei Lessing gibt es einen wunderbaren Text. (*geht zum Bücherregal, findet sofort, was er sucht*): »Nicht die Wahrheit, in deren Besitz irgendein Mensch ist oder zu sein vermeint, sondern die aufrichtige Mühe, die er angewandt hat, hinter die Wahrheit zu kommen, macht den Wert des Menschen, denn nicht durch den Besitz, sondern durch die Nachforschung der Wahrheit erweitern sich seine Kräfte, worin allein seine immer wachsende Vollkommenheit besteht. Der Besitz macht ruhig, träge, stolz. Wenn Gott in seiner Rechten alle Wahrheit und in seiner Linken den einzigen, immer regen Trieb nach Wahrheit, obschon mit dem Zusatze, mich immer und ewig zu irren, verschlossen hielte und spräche zu mir: ›Wähle!‹ Ich fiele ihm mit Demut in seine Linke und sagte: ›Vater, gieb, die reine Wahrheit ist ja doch nur für dich allein!‹« Wunderbar! Finden Sie nicht auch? Lessing, in seiner Auseinandersetzung mit dem Hamburger Hauptpastor Goeze. Also: Es gibt die Wahrheit, aber ich habe sie nicht, werde sie nie haben und werde demnach auf der Suche danach immer irren. Aber erst die Suche bringt Spannung ins Leben.

Sie sprachen von Christus-Brüdern – und Eichmann-Söhnen. Sind Sie selber sich Ihrer Abgründe bewusst?

Darf ich Ihnen vorlesen, was ich darüber denke?
»Ich bin Adam, der die Grenze nicht respektiert und ›sein will wie Gott‹, der auf Einflüsterungen hört, der sich versteckt, mit seiner Scham nicht umgehen kann, der leugnet, Verantwortung delegiert auf Eva: ›Sie war's.‹ Und Eva sagt: ›Ich war's nicht, die Schlange war's.‹ Wer war's denn nun? Keiner will die Verantwortung nachträglich haben. Jeder sucht einen anderen Verantwortlichen. Es ist so bequem, das Delegieren!
Ich bin Kain, der den anderen nicht erträgt, sich verfinstert, der Wort, Antwort und Verantwortung verweigert, den Unschuldigen mimt, mit untragbaren Folgen, der mit der Sippenhaft konfrontiert wird. Und er darf doch weiterleben! Der Täter wird geschützt. Er weiß um die Folgen seiner Tat. Aber er muss sie nicht tragen. Mit Kain soll es neu beginnen, weil Abel schon tot ist.
Ich bin Abraham, umherirrend in der Fremde, bittend für die wenigen ›Gerechten‹ in Sodom und Gomorrha, damit sie alle vom Unglück verschont bleiben. Ich erleide den Widerspruch zwischen Liebe und Gehorsam. Ich bin kleingläubig.
Ich bin David, Uria, Bathseba, bin Akteur und Opfer tragischer Beziehungskonflikte, zwischen Lust, Liebe und Verbrechen.
Ich bin Jona, auf der Flucht vor einer zu großen Aufgabe, in Angst, den Bürgern der Weltstadt Ninive die schreckliche Wahrheit zu sagen.
Ich bin Jeremia, der sich dagegen wehrt, dass Gott ihn in Beschlag nimmt, und der dann geradezu wahrheitsbesessen, dann verzweifelt ist.

Ich bin Absalom, der Vatermörder.
Ich bin Jakobs ältester Sohn, der den jüngsten Bruder Joseph beneidet. Und ich werde wie Joseph von meinen Geschwistern verkauft, ich falle in der Fremde unverhofft die Treppe hoch, werde verführt, lebe gefährdet.
Ich bin das blöde Volk, besessen, tanzend um das Goldene Kalb, trügerischen Versprechungen mit blinder Begeisterung folgend.
Ich bin Moses. Ich verachte dieses blöde Volk, das nicht warten kann, das nicht wissen will, welchen Segen gemeinsam akzeptierte Regeln fürs Zusammenleben darstellen. Dafür braucht es ein wenig Zeit. Das blöde Volk kann nicht warten. Moses zieht sich zurück, nimmt sich Zeit für das ›Normative‹, doch die Mehrheit hält sich an die ›Macht des Faktischen‹ und die glänzt; das Normative nicht. Das macht Mühe.
Ich bin Bürger der Stadt, über die Jesus weint, weil sie nicht weiß und nicht wissen will, was ihr zum Guten dient.
Ich bin der Sohn des Zebedäus, der den Lohn für sein Engagement ›auf der richtigen Seite‹ sehen möchte und endlich auch mal oben sitzen will. Wer dreißig Jahre in der Nische lebte, der marginalisiert und diskriminiert wurde, will endlich oben sein, will im Machtspiel der Akteure mit dabei sein.
Ich bin Petrus, der Stein und Bein ›Treue‹ schwört, dann als Erster Jesus verleugnet, einen Moment lang depressiv wird, dann sofort wieder obenauf ist, erneut in der Rechthaberpose des Primus.
Ich bin Paulus, der Renegat, dem ewig vorgeworfen wird, dass er einmal auf der anderen Seite gestanden hat. Immer wenn es einen Konflikt gibt, wird mir gesagt: Hast du nicht damals ganz anders geredet? Du gehörst zu den Tätern!
Ich sitze auf Patmos und sinniere über den Drachen und das Lamm, sehe die Großmachtwelt zerbrechen, schaue visionär die neue Erde und sehe wunderbar den neuen Himmel aufscheinen.
Mit den Psalmisten verbinden mich die Extreme innerer und äußerer Erfahrung: ›Ich rufe aus der Tiefe‹ und ›Ich will den Herren loben, solange ich lebe‹.
Ich bin froh, dass ich das nicht alles durchleben muss. Und

alles durchlebe ich doch – in meiner Seele. Die äußere Welt ist Abbild der inneren.«
Ich habe bei Christa Wolf einen wunderbaren Satz gefunden: »Die Voraussetzung, andere zu beurteilen, ist die tiefe und vertiefte Erkenntnis seiner selbst, mit allen Abgründen.« Wer wissen will, wie die Welt ist, muss sich erst einmal trauen, in eigene Untiefen zu blicken. Sonst wird er stets nur versuchen, Abgründe auf anderes zu projizieren, sei es auf den Teufel, sei es auf die Gegenparteien, sei es auf eine andere Religion. Nein, ich bin Teil auch allen Unheils. Ich muss also so leben, dass auch andere leben können. Ich bin nicht besser als ein jeglicher. Ich nehme mit dem, was ich lebe, einem anderen faktisch immer etwas weg. Das muss mir klar sein bei jedem Urteil über Menschen. Und über die Welt. Denn auch da bin ich schuldhaft. Mit jeder Büchse Fisch esse ich die Welt, verfresse ich den Ozean. Wenn ich Nachrichten höre über die Gefährdung der Thunfische, dann frage ich mich: Soll ich jetzt schnell Thunfisch essen, weil es bald keinen mehr gibt, oder soll ich keinen mehr essen, um etwas gegen die Gefährdung der Bestände zu tun? Soll ich den armen Fischern helfen oder den Fischen? Und ich weiß, beides ist absurd, beides. Ich bleibe gelähmt. Ich werde still. Und ratlos … Ich darf, wenn ich über andere rede und über das, was sie tun sollten, mit der linken Hand hart und gebieterisch auf diese Leute zeigen, aber in der rechten Hand muss ich einen Spiegel haben, in dem ich mir selber ins Gesicht schaue. Damit ich dann, wenn ich über Fundamentalisten oder Fanatiker rede, gut sehen kann, wie fanatisch ich selber dabei gucke.

Zitat Schorlemmer: »Manchmal bin ich froh, nicht die Macht zu besitzen, um das in die Tat umzusetzen, was mir meine Emotionen eingeben.« Wünschten Sie jemandem schon mal den Tod?

Im Zorn, ja. Im Vaterunser bitten wir: Führe uns nicht in Versuchung. Ich stelle mir vor, ich wäre im Jahre 1995 ein Kroate gewesen oder wäre jetzt ein gläubiger Schiit. Oder ein Hinterbliebener der Gewalt in Palästina/Israel. Manchmal erscheint mir im Traum, was ich als Kind Tieren angetan habe. Was an

Gewaltpotenzial in einem steckt, weiß man vorher nie. Es geht darum, Situationen zu vermeiden, in denen es ausbrechen könnte. Ganz praktisch: Ich darf in der Sache hart sein, muss aber in der Verurteilung von Personen vorsichtig bleiben. Seit ich vor Jahren den inzwischen vergessenen US-Minister Rumsfeld lachen hörte, weiß ich, warum ich nicht in der Hölle sein will. Aber ich darf einen Menschen nicht in die Hölle wünschen! Nicht mal den!

DAS ZWEITE GESPRÄCH

über

Feinde und Versöhnung
Harte Sätze zum 9. November 1989
Angst vor den Kommunisten
Brecht in Pastors Bibliothek
Sehr deutsche Vornamen
Dogmatismen aus Rom und Moskau
Sisyphus und steiniges Glück
Spaten aus Titan
Stalingrader Schock-Geschichten

Bei dem ewigen Beweisen und Folgern
verlernt das Herz fast zu fühlen …

HEINRICH VON KLEIST

HANS-DIETER SCHÜTT: *Noch einmal zu Luthers »Hier stehe ich …« Nennen Sie eine Situation, in der diese Prüfung, diese Unausweichlichkeit für Sie selber galt.*

FRIEDRICH SCHORLEMMER (*nach langer Pause*): Das war bei der Idee des Tribunals, bei dem es um die Auseinandersetzung mit Verantwortungsträgern von DDR und SED gehen sollte. Ich konnte nicht anders, als mich von Freunden zu trennen – weil ich nicht mittragen wollte, aus dieser Erkundung von Wahrheit einen Gerichtsvollzug zu machen, bei dem die Verurteilten vorher feststehen. Da gab es einen Riss zwischen mir und einigen anderen, die mir viel wert gewesen waren.

»Ich kann nicht anders« – das hieß?

Beim Ziel der Versöhnung zu bleiben, die freilich nicht ohne harte Wahrheit zu haben ist. Die aber Wahrheit nicht als Keule benutzt, um noch einmal und immer wieder nur zuzuschlagen. Einen Feind, den man »gefressen« hat, den muss man irgendwann auch mal »ausscheißen«. Feindschaft in Frieden begraben!

Ein idealistischer Gedanke. Besonders gern wird er von denen im Mund geführt, die Krieg führten, Krieg welcher Art auch immer.

Die Versöhnung ist eigentlich, wenn man als Realist rangeht, völlig unvernünftig, aber sie ist göttlich.

Wie sollte sie denn stattfinden, die Beschäftigung mit der Vergangenheit?

Bei der Auseinandersetzung mit der DDR wäre eine Atmosphäre zu entwickeln gewesen, in der jeder Verstrickte so erzählen kann, dass man den einstigen Zusammenhang versteht, in dem er handelte. Es geht nicht um Rechtfertigung, aber sehr wohl ums Verstehen, darum, Motive der Verstrickung nicht a priori als moralisch verwerflich abzutun. Es wäre darum gegangen, Tätern ganz klar zu sagen: Es war unsäglich, was du getan hast, aber es ist gut, dass wir jetzt um den Kontext deiner Tat wissen, und nun kannst du erhobenen Hauptes leben, ohne dass du auf alle Zukunft hin von anderen regelrecht kleingelebt, niedergelebt wirst. Ein Mensch mit beschwerter Vergangenheit kann diese abwerfen, er muss sie nicht ewig hucken und wird nicht ewig auf diesen einen Punkt beschränkt. Sonst könnten wir nicht Carl Orffs »Carmina Burana« hören. Da könnten wir nicht Wilhelm Furtwängler für einen großen Dirigenten halten. Oder nehmen Sie Herbert von Karajan. Oder Heinz Rühmann. Oder den U-Boot-Kommandanten Martin Niemöller. Oder den großen Stalinpreisträger und Wasserstoffbombenkonstrukteur und späteren Friedensnobelpreisträger Andrej Sacharow. Oder den einstigen Terroristen, der zum Friedensnobelpreisträger geworden ist, Führer der Palästinenser, Jassir Arafat, der später seine Radikalen bändigen musste. Bischof Werner Krusche hat nach seiner schweren Verwundung im Krieg sein Theologiestudium in Leipzig bewusst in Offiziersuniform fortgesetzt und wurde erst durch eine Begegnung mit dem KZ-Häftling Niemöller auf einen neuen Weg gebracht. Wollen wir Menschen je auf einen Punkt in ihrem Leben beschränken oder wollen wir anerkennen, dass sie später einen anderen, neuen Weg gefunden haben? Und doch gibt es auch Menschen mit einer durchgehenden Linie im Leben. Ich denke an Gustav Heinemann, Karl Barth und Dietrich Bonhoeffer, Menschen, die rechtzeitig die Weichen in ihrem Leben richtig stellten. Das Weichenstellen betrifft nicht bloß prominente, herausragende Menschen, es vollzieht sich im ganz Alltäglichen. Sei deiner nie zu sicher. Aber bleibe gewiss. Und deine Gewissheit kann andere gewiss und stark machen. Du brauchst nicht abschreckend stark zu sein. Du kannst anziehend menschlich, also fehlbar, sein.

Nicht jeder, der die DDR hasste, wird sich mit jedem, der die DDR Vaterland nannte, versöhnen müssen, versöhnen wollen. Gräben können tief sein. Und manche bleiben tief. Auch jetzt noch, so viele Jahre danach. Ja, miteinander reden und gegensätzliches Empfinden versachlichen – das kann schon viel sein. Freilich müsste Sorge getragen werden, dass hinter jenem Willen zur

Versöhnung, den die einen aufbringen müssten, sich nicht zugleich der Unwille an Selbstaufklärung breitmacht, mit dem andere, die Täter, versuchen, eigener Verantwortung auszuweichen, Verantwortung nämlich für die Deformationen einer Idee und die Verfolgung von Menschen. Dass zum Beispiel nach der Wende eine Enquetekommission sofort eine linke »alternative Enquetekommission« auf den Plan rief, dies verdeutlichte das Dilemma. Zwei Wahrheiten gingen verkniffen in den Clinch, sie zermahlten, auf was es angekommen wäre: Wahrheit. Immerhin: Wahlfälscher- und Mauerschützenprozesse hatten doch ihren Sinn! Im juristisch erzwungenen Anlass, sich selbst zu befragen, was man in gleicher Lage getan, entschieden hätte. Warnstücke sind es gewesen gegen die Pille Befehlsnotstand, die jeder Mensch vorsorglich bei sich trägt. Diese Prozesse gaben Opfern vielleicht wenigstens ein winziges Gefühl von Gerechtigkeit zurück. Das ist so wenig nicht.

Ich habe nie gesagt, es würde einem Menschen die Tat vergeben. Aber: Es wird dem Täter vergeben. Nicht die Tat wird entsühnt, sondern der Täter. Das heißt: Die Tat wird nicht etwa durch Vergebung erledigt und nivelliert, es wird da keine religiöse Soße darübergegossen, so dass die Tat, obwohl sie ganz schwarz war, jetzt golden glänzt. Nein, das nicht. Aber der Täter wird nicht für alle Zeit und unabänderlich mit seiner Tat identifiziert, obwohl die Tat natürlich untrennbar zu ihm gehört. Die Tat ist in der Welt, und es gibt, wenn nötig, eine eindeutige Verurteilung.

Was noch alles heißt in christlicher Praxis: lutherisch?

Das hat zum Beispiel viel, sehr viel mit menschlichem Anstand und aufrechter Haltung zu tun. Lutherisch heißt: Das Pfarrhaus ist ein Träger von Kultur. Ein nächstes Moment ist eine gewisse Obrigkeitshaltung, der Hausherr ist wirklich der Hausherr, und die Erziehungsgrundsätze sind streng. Das habe ich daheim durchaus gespürt und zu schätzen gelernt. Und: Die von Luther geprägten Christen haben ein gesundes Verhältnis zu den Sinnen des Menschen. Die essen gern, die trinken gern Wein, die zeugen gern viele Kinder. Aber ich habe, zum Beispiel bei meinem Großvater, auch eine besondere Frömmigkeit erlebt. Da war der tägliche Umgang mit der Heiligen Schrift, auf nüchternen Magen schon, vor dem Frühstück und sehr ausführlich. Das Wort für den Tag, die Fürbitte – das richtete sich nicht nur auf ihn selbst, das war aktives Mitgefühl für alle, die in der Gemeinde krank waren; es war eine familiär gepflegte Frömmigkeit, die einen unbedingten Weltbezug hatte.

Den 9. November 1989 nannten Sie einen deutschen »Staatsstreich«.

Das habe ich ein paar Monate nach diesem Tag des Mauerfalls gesagt. Der 9. November 1989 war ein beglückendes Ereignis, keine Frage. Meine Bemerkung damals zielte auf die politischen Hoffnungen, die mit diesem Tag verbunden waren.

Ein Schorlemmer-Zitat von 1990: »Es hat lange gedauert, bis ich Abschied nehmen konnte, Abschied von der Hoffnung, dass es noch nicht zu spät sei für einen Aufbruch in eine neue DDR. Es hat lange gedauert, bis ich endlich einsah, dass die Zahl der angepassten Lügner nicht nur groß war, sondern dass es mehr als zwei Drittel meiner Mitbürger waren, die nun ihr wahres Gesicht zeigen. Gern hätte ich deren Wut und Streitbarkeit erfahren, als wir allein standen, noch im Sommer 1989, als sie zu der drohend schweigenden Mehrheit gehörten, willfährige Mitläufer und Komplizen der Unterdrücker, die mit denen ihre karrierebewusste gemeinsame Sache machten, um sich dann in ihrer Nische zurückzulehnen, um gewissenlos oder in Selbsttäuschung ihr Schäfchen ins Trockene zu bringen. Und sie hatten ihre Kinder erfolgreich das Schweigen, die Doppelzüngigkeit als (Über-)Lebensform gelehrt. Die Lüge wurde so geradezu institutionalisiert. Aber der Zusammenbruch eines Kartenhauses der Lüge allein führt noch nicht zur Wahrheit. Es hat lange gedauert, bis ich mir eingestand, dass alles zu spät war, viel zu spät. Was gestern an Mut fehlte, äußert sich jetzt als Wut. Und diese Wut gegen Sündenböcke trägt krankhafte Züge, weil sie immer ein Objekt sucht, statt sich selber zu befragen.«

1990 war das … Wenn ich das jetzt so höre, ja, das trifft meine damalige Empfindung. Es sind allerdings sehr harte Sätze.

Da ist ein Intellektueller mächtig enttäuscht vom Volk.

Klingt so, zweifelsohne.

Schwäche ist ein Menschenrecht, sagte Günter Gaus. Als Pfarrer haben Sie doch ein unübertreffliches Sensorium für die Schwachen. Sie müssten sie in Schutz nehmen.

Ich habe mit diesen damaligen Bemerkungen nicht die Schwachen angegriffen, sondern andere. Diejenigen, die dann, wenn man sie darum bittet, an der Verhinderung einer Katastrophe mitzuarbeiten, sagen: Wieso gerade ich?! Wenn die Katastrophe sie dann trifft, fragen sie sehr verwundert und vorwurfsvoll: Wieso gerade mich?! Sich aus allem rauszuhalten, um des eigenen Vorteils willen, das ist nicht automatisch Schwäche. Es ist oft die grausamste Macht, die in einer Gesellschaft wirkt.

Aus dem Satz »Wir sind das Volk« wurde der Satz »Wir sind ein Volk«, und viele wollten möglichst schnell Teil der westdeutschen Konsumgesellschaft werden. Aber: Die Menschen mochten schlichtweg nicht mehr von jenen Intellektuellen belehrt werden, die teilweise Nutznießer des falschen Sozialismus gewesen waren. Der Soziologe Wolf Lepenies, wie Sie ein Friedenspreisträger des Deutschen Buchhandels, sah das Erschrecken der Künstler und Intellektuellen, die nach dem Zusammenbruch der alten DDR zunächst noch immer vom verbesserbaren Land träumten. »In der Aufforderung zur Konsum-Askese, die sie an die Massen richtete, verriet die Kulturintelligenz der DDR, dass sie längst jene Bourgeoisie repräsentierte, zu der zu werden sie den Rest der Bevölkerung eindringlich warnte.« Günter Gaus bat, die Sorgen einiger Intellektueller, nicht ans Gesamtwerk von Kafka heranzukommen, nicht mit den Sorgen der meisten Menschen zu verwechseln, die so ganz anders gelagert sind.

Es ist keine Schande, vor übertriebenem, geisttötendem Konsum zu warnen.

Wenn Sie von Ihrer Enttäuschung sprechen, dann ist das auch ein Problem der Fallhöhe: Offenbar gab es vorher eine unangebrachte Hochstimmung.

Klar. Und es gab eine entscheidend hoffnungsvolle Situation, in der ich plötzlich merkte, dass es doch ein anderes Volk ist als noch vor Monaten bei der Kommunalwahl im Mai 1989, wo ich das Bild weithin geduckter Menschen bestätigt fand. Dieser Moment war der 4. November 1989 auf dem Alexanderplatz. Da spürte ich eine politisch unglaublich bewusste, genau hinhörende Ansammlung von Individuen. Eine Kundgebung der Einzelnen, wirklich nicht der Masse! Ich stand, als einer der Redenden, nicht einer Million Menschen gegenüber, sondern Menschen, die in der Summe eine Million ergaben. Inzwischen weiß ich, dass an diesem Tag freilich auch die Staatssicherheit am Werke war, nichts dem Zufall überließ und einen Bestandteil dieser vielen bildete.

Volker Braun schrieb am 4. November 89 in sein Werktagebuch: »ich wurde seit tagen gedrängt, auf einer kundgebung für meinungs- und pressefreiheit zu sprechen. das schien mir ein zu schmaler ansatz; zu fordern wäre VOLKSSOUVERÄNITÄT. auch störte mich, dass mehrere organisatoren, glaub ich, bei der FIRMA sind. an dem ventil musste ich nicht drehen.«

Aber auch die, die am 4. November auf dem Alex ganz vorn standen und ihren Auftrag hatten, zeigten offene Gesichter. Sie waren dienstlich, funktionell hingeschickt worden, sie waren jedoch plötzlich sehr persönlich da, auch sehr einzeln, wenn man so will. Das empfand ich als etwas Wunderbares: dass eine Volksversammlung so ausgehen kann, dass wir alle das so wunderbar sanft hinkriegen – dass der Schabowski sein Fett abkriegt, dass er das Fell gegerbt kriegt, aber doch ungeschoren nach Hause gehen kann. Ich erlebte mit einem Male, und es kam wie ein Leuchten aus so unerwartet heiterem Himmel, der doch ein Novemberhimmel war, dass wir Gemürbten, Weichgeklopften, Anpassungsgeübten uns zu entfalten in der Lage sind; nichts wurde gedeckelt, aber alles hinausdrängend Zornige und Wegfegende behielt eine hohe Kultur des Friedens, die doch vorher, in dieser Art, nie trainiert werden konnte. Das war eine Erleuchtung für mich. Ich weiß noch, wie der Bernhard Schaller beim Beitrag von Schabowski ans Mikrofon trat und in die gellenden Pfiffe hinein sagte: Erst zuhören, dann reagieren! Ich finde noch heute, dass es für diesen Satz das Bundesverdienstkreuz geben müsste. Ein Satz für den Weltfrieden ist das. Dieser Tag war ein symbolisches Weltereignis in der so kleinen, piefigen DDR.

Was denken Sie über ihn?

Schabowski? Ach, ehrgeizig, zynisch, cholerisch. Am unangenehmsten sind wahrscheinlich jene Linken, die sich selber nicht verzeihen können, mal Linke gewesen zu sein. Wobei ich andererseits nicht vergesse, dass er vom Politbüro der Einzige war, der in den Herbsttagen, als diese alte DDR in sich zusammenkrachte, hinaus auf die windigen Straßen ging und sich dem Zorn der Leute stellte. Sein Mut dazu war immerhin größer als die Angst all seiner anderen Obergenossen.

Hatten Sie je Angst vor den Kommunisten?

Mit dieser Angst bin ich aufgewachsen. Die hat sich beizeiten auf mich übertragen – die Angst von Menschen in meiner Nähe zum Beispiel, die wegen Nichterfüllung des Solls ihrer Arbeit ins Zuchthaus gekommen und über Nacht verschwunden waren. 1953, um den 17. Juni herum, wurde in der Umgebung unseres Hauses geschossen. Sehr früh schon hatte ich das Empfinden, in zwei Welten zu leben, die nicht zueinander passten. Als ich sechs Jahre alt war, sah ich die Telegrafenmasten – andere Möglichkeiten für Plakate und politische Agitation gab es noch nicht – vollgeklebt mit Karikaturen von Typen mit riesenlangen Nasen; gespensterhässliche Gesichter waren das. Eisenhower, de Gaulle, Churchill, Adenauer. Die da »drüben« im Westen waren die Grausigen, die Schrecklichen, die Feinde. Sie sollten es sein, in unserem Bewusstsein. Die Wahrnehmung des Westens aber war real eine andere: Wir Kinder bekamen, über Hilfswerke, Schulspeisung von drüben. Aus den Vereinigen Staaten kamen Lebertran, Fertigsuppen, Schokolade! Im Pfarrhaus wurde nicht gefragt, wer aus welcher Familie kommt, sondern nur, ob jemand Hunger hatte. Unseren Hunger stillten Westpakete.

Aber da kann doch, in der Begegnung mit Kommunisten und dem Staat DDR, nicht einzig nur Angst gewesen sein.

Natürlich nicht. Ich erinnere mich, dass es damals überall Blaskapellen gab, die spielten zu jeder festlichen Gelegenheit das gesamte Repertoire der schwülstigen kommunistischen Mythologie herunter. Das hatte selbstverständlich auch anrührende Züge, etwa am 1. Mai, am 8. Mai, am 7. Oktober. Auf irgendeiner Koppel wurde eine Fahne aufgestellt, eine Würstchenbude hingenagelt, dann kam die Kapelle, ein Transparent flatterte, und eine kurze Rede folgte, es war irgendwie, wenn man denn das Ganze vom Inhalt löste, eine schöne Atmosphäre. Wir als Pfarrerskinder gingen da auch hin.

Ihr Vater auch?

Nein, der nicht. Aber vom Dorf waren ansonsten fast alle da.

Sie sagten, in Ihnen sei früh eine Empfindung gewachsen von gespaltener Welt.

Ja, diese bohrenden Fragen: Warum werde ich anders behandelt als andere? Warum redet niemand darüber, dass der Vater meines Freundes Dieter plötzlich verschwunden war? Ich habe vor kurzem mit der ältesten Schwester dieses Freundes über jene Zeit gesprochen, sie waren fünf Kinder zu Hause, sie hat geweint, als die Rede auf früher kam, niemand hat damals nachgefragt, niemand ist zu dieser Familie gegangen, alle hatten Angst. Sogar mein Vater war, glaube ich, ziemlich vorsichtig. Die Mutter von Dieter war eine so liebe Frau, ihren Knoten im Haar habe ich als das Auffälligste an ihr in Erinnerung. Ihr Mann war der Bürgermeister des Ortes gewesen, Ortsgruppenvorsitzender, Ortsgruppenleiter. Also ein strammer Nazi, wie so viele. Aber nur er war plötzlich zum Sündenbock geworden, man hat ihn abgeholt, und das Dorf tat hinterher, als hätte es ihn nie gegeben und nie eine mehrheitliche Gefolgschaft. Auch nach 1990 hat die Familie nicht herausbekommen, in welchem Lager der Vater damals verschwand und zu Tode kam.

Nun könnte man bekräftigen, was Sie eben sagten: Er war ein Nazi – ihn traf eine gerechte Strafe.

Ihn allein. War das gerecht? Man könnte, in Ihrem Sinne, jetzt auch noch argumentieren, dass es den Kommunisten unter diesen Nazis ebenso erging: einfach abgeholt zu werden, ohne Prozess, einfach weg.

Stimmt.

Das war die Realität, in beiden Fällen, aber das Verhalten ist weder so noch so zu rechtfertigen. Plötzlich meidet man diese Frau, die fünf Kinder allein großzieht. Wieder ist die Mehrheit mit Wegschauen beschäftigt. Mit Kopfnicken und Schweigen besiegelt diese Mehrheit eine Art Sippenhaft. Immer werden die Mechanismen der Unbarmherzigkeit weitergegeben, von der alten in die jeweils neue Zeit. Dieters Vater war im Dorf doch nicht als Einziger ein Nazi gewesen. Ortsgruppenleiter – er muss doch jemanden geleitet haben. Den Vater eines anderen Freundes von mir, Horst Horn, hatten die Kommunisten auch abgeholt. Auch über diese Leute wurde nicht mehr gesprochen. Horns hatten vier Kinder. Deren Vornamen begannen alle mit H. Horsti, Helmut, Hedwig, Heinrich. Nachname Horn. HH. Heil Hitler. So was hat sich einem aber erst viel später erschlossen. Überhaupt hatten meine Schulkameraden bezeichnende Namen: Siegfried, Dietrich, Sigrid, Kunhild, Karin, Kriemhild und so weiter. Preußische Namen bekam in den Kriegszeiten wenige. Meine Eltern sagten mir irgendwann, sie hätten mir bewusst einen preußischen Namen gegeben, Friedrich Wilhelm, keinen germanischen.

Sie sagen, Sie hätten vor den Kommunisten Angst gehabt, aber zugleich sei da ganz normales Leben gewesen. Ich zähle zu den Erinnerungen meiner DDR-Zeit auch SED-Genossen, deretwegen ich in die Partei ging, gute, aufrechte Menschen, von denen man sagte: Wenn es mehr von denen gäbe, stünde es besser um den Sozialismus. Die Hoffnung auf solche Charaktere half, manches zu schlucken.

Zum Kindheitsgut meines Gedächtnisses gehören solche Menschen ebenfalls. Als wir 1954 vom Dorf Schönberg in die Kleinstadt zogen, nach Werben an der Elbe, da fand ein Jahr später die 950-Jahr-Feier statt. Mein Vater organisierte den Festumzug, er war der Einzige, der ein bisschen historische Kenntnisse hatte. Werbens Bürgermeister hieß Friedrich Schmidt, ein Altkommunist. Im Ort hatte es fünf Kommunisten gegeben, drei überlebten den Krieg. Sie waren schon 1923 bei einem kommunistischen Aufstand dabei gewesen. Schmidt, der Bürgermeister, war einer davon. Er war anders als die Landläufigen von der Partei. Er war kein Apparatschik, wie die vom Rat des Kreises. Ein einfacher, geradliniger Mensch, aufrichtig im Denken und mit einer großen Herzensgüte, wahrscheinlich hat mein Vater diesem Friedrich Schmidt wesentlich zu danken, dass auch er nicht weggeschleppt wurde in kommunistische Haft. Man kann also nicht sagen: Kommunisten sind eindeutig so und Punkt. Ich habe das so auch nie gesagt. Die Güte Einzelner half mir immer, meinen Glauben in den Menschen zu befestigen. Es gab Funktionäre zum Fürchten, und es gab, sagen wir's ganz einfach: gute Menschen. Ich bin sehr dankbar, dass ich solche Differenzierungen erleben durfte. Dass ich sie wahrnahm und vornahm! Wieder ist da vieles meiner frühen Erfahrung der Bibel zu danken. Deren Geschichten erzählen, im wahrsten Sinne des Wortes, das Menschen-Mögliche, keine charakterliche Wendung bleibt da ausgeschlossen. Ich glaube, das war auch der Wesenszug des Geistes, der bei uns zu Hause herrschte: Differenzierung – obwohl wir den Staat ablehnten. Mein Vater hatte in seiner großen Bibliothek auch Heinrich Mann. Manche Leute, bürgerlich sehr verwurzelt, lasen nur Thomas Mann, mein Vater las eben auch Heinrich Mann. Bei uns zu Hause gab es nicht nur Hesse, sondern auch die Brecht-Gesamtausgabe. Der ganze Tucholsky stand bei meinem Vater im Bücherregal, es war ein zerlesenes Gesamtwerk.

War er vielleicht doch ein Linker?

(*Lacht.*) Es war zumindest nicht erkennbar.

Listig ausgedrückt. Ihr Vater, so klang es eben an, war auch in Gefahr, verhaftet zu werden?

Um 1956 herum. Es gab bei uns einen ganz scharfen Lehrer, der war abgestellt zur Aushilfe. Es war für die Schulen damals nicht leicht, alle Lehrerstellen zu besetzen, weil in den DDR-Schulen sämtliche Nazis konsequent eliminiert worden waren. Eine politisch verständliche Entscheidung, aber sie führte eben auch dazu, dass eine Menge kompetenter Leute den Schulen nicht mehr zur Verfügung stand. Viele gingen in den Westen. Die freien Stellen besetzte man mit Neulehrern, und auch Funktionäre übernahmen Schuldienst. Dieser eine nun war ein ganz rabiater Typ. Der ließ keine Stunde aus, in der er nicht gegen die Kirche hetzte. Kirche, das bedeutete für ihn nur: Kreuzzüge, Verbrennung von Jan Hus, Verbrennung von Hexen, das war die Ermordung von Thomas Müntzer. Der Kerl ging mich, als Pfarrerskind, regelrecht an. Bevor ich überhaupt irgendwas Fundiertes von Kirchengeschichte, von Christentum erfuhr, musste ich mich bei dem schon für Verbrechen des Klerus rechtfertigen. Im Konfirmanden-Unterricht hatte mein Vater gesagt, was der Mann da dauernd erzähle, sei in dieser Verabsolutierung und Verächtlichmachung dumm, aber Lehrer seien halt arme Schweine, die müssten tun, was die Regierung von ihnen verlange, sie seien ein im Grunde bedauernswertes Sprachrohr der Oberen. Das sei immer schon so gewesen, es sei auch heute noch so, wir sollten es tapfer ertragen. Am nächsten Tag fängt dieser Aushilfslehrer in der Klasse wieder an zu hetzen. Da meldet sich der Sohn vom Pferdeschlachter, nun muss man leider sagen: einer der Dümmsten der Klasse, und er sagt, der Herr Pfarrer habe gesagt, die Lehrer seien ganz arme Schweine. Das machte natürlich sofort die Runde. Mein Vater hat Glück gehabt, viele Eltern verhielten sich tapfer, sprachen sich für ihn aus, auch die Parteigruppe der Schule dämpfte die Wut ab, die von der Kreisleitung kam; wahrscheinlich wollte man zu der Zeit von oben nichts tun, was der Stimmung an der sogenannten Basis allzu sehr widersprach.

Was würden Sie außer solchen Erlebnissen noch nennen, als wichtige Prägungen?

Das ist überhaupt nicht auf den Punkt zu bringen, und ich will das auch gar nicht. Ich will das Leben nicht einfacher reden, als es ist. Aber ich meine schon, dass es sehr, sehr viel bedeutet, mit welchen Geschichten ein Mensch aufwächst. Es stellt frühe Weichen, ob dir der Vater Fontane vorliest oder der Lehrer Nikolai Ostrowski. Die Geschichten, die einem erzählt werden, noch ehe man selber liest und schreibt, gehören zur ersten seelischen Grundausstattung. Mein Leben ist gar nicht denkbar ohne die Erzählungen meines Vaters aus dem Krieg, dazu gehören aber auch die Erzählungen aus dem Umkreis, die Geschichten der Bauern, die von ihren Feldern verjagt oder in die LPG getrieben wurden. Mein jüngerer Bruder ist da schon anders geprägt, er hat diese Dinge nie erlebt und war also für Sachen offen, bei denen ich politisch bereits besetzt war. Als mein Vater 1956 knapp dem Zuchthaus entrann, ja, da war der Bruder sieben Jahre alt, davon bekam er nichts mit. Ich aber war schon zwölf. Da bist du bereits ganz anders beteiligt an der Welt. Ich habe die Manipulierbarkeit der Masse gewissermaßen am eigenen Leibe erlebt. Auch viel später dann. Wenn alle gleichgeschaltet denken und einzig nur du ausscherst und plötzlich mitbekommst, wie Leute, mit denen du gut befreundet bist, in jener geschützten Masse bleiben, die sie gestern doch selber noch so verachteten … Wie die eben noch Strammsten plötzlich montags früh im Unterricht nicht mehr da waren … Abgehauen. Als ich siebzehn war, hatte mein Vater aus Westberlin ein Taschenbuch mitgebracht, das habe ich regelrecht verschlungen, und irgendwann klaute ich es – »Der Mensch und die Masse« von Ortega y Gasset. Ich, der Einzelgänger, brauchte Bestärkung gegen die Masse. Das war für mich eine erste Analyse jener Gesellschaft, die den Einzelnen auslöscht, indem sie ihn manipuliert; der Mensch als formbare Masse. Das sind so Linien, Leselinien, die werden zu Lebenslinien.

Andere Menschen sind mit anderen Geschichten aufgewachsen. Sie selbst haben von Nikolai Ostrowski gesprochen und meinten sicher »Wie der Stahl gehärtet wurde«, die Geschichte des Komsomolzen Pawel Kortschagin. Andere Geschichten, andere Weichen fürs Leben. In Ihrer Wittenberger Interview-Reihe »Lebenswege« war auch die Kabarettistin Gisela Oechelhaeuser zu Gast, und sie, übrigens eine Pfarrerstochter, sagte: »Pawel Kortschagin, der Satz von Ostrowski: Das Wertvollste, was der Mensch besitzt, ist das Leben, es wird ihm nur einmal gegeben … und einsetzen solle er es für die Befreiung der Menschheit … Da fühlte ich mich gemeint wie bei der Taufe: ›Ich habe dich bei meinem Namen gerufen, du bist mein.‹« Man liest, was zu den eigenen Erfahrungen passt, oder man liest sich in fremde Erfahrungen mit dem Wunsch hinein, das eigene Leben würde damit größer, bedeutender. Ich stelle mir vor, was geschehen wäre, hätten Sie bewegende Geschichten von Kommunisten gehört, gelesen.

Das konnte ja, wer wollte. Man brauchte doch nur »Nackt unter Wölfen« zu lesen, mich hat das Buch sehr berührt. Ich habe es damals auch nicht als Propaganda-Werk aufgefasst, zumal Bruno Apitz selber Häftling gewesen war. Da hatte einer etwas geschrieben, der genau wusste, wovon er redete. Der Autor stand mit seinem eigenen Leben für diesen bewegenden Roman. Deshalb verstand ich 1989 nicht, dass man das Buch im Zuge der Geschichtsbereinigung so kalt zu erledigen versuchte – mit dem Hinweis darauf, die so menschlich gezeigten Kommunisten im Lager seien auch unter KZ-Bedingungen eiskalte Kaderpolitiker gewesen, einzig von außen gesteuerte Leute. Daran ist sicher vieles richtig, aber die Realität des faschistischen Grauens, in der diese Kommunisten zuallererst Opfer und Widerstandskämpfer waren, diese Realität verträgt keine wie immer geartete Gegenrechnung. Ich will damit sagen, ja, ich kann die anderen Perspektiven, andere Weltsichten und auch Parteizugehörigkeit verstehen. Ja, andere Geschichten, andere Weichen. Aber ich war erst viel später für dieses Verständnis, für diese Öffnung bereit. In meiner Kindheit, wir haben darüber gesprochen, empfand ich die Träger des neuen Systems hauptsächlich als bedrohliche Menschen, und ich hatte gute Gründe. Der Bürgermeister. Der Polizist. Der ortsbekannte, fast schon komisch unverwandte, unermüdliche Russen-und-Ami-Spitzel Willi Baum, beinahe schon ein originelles, von allen belächeltes Faktotum der Anscheißerei nach beiden Seiten hin, der dann 1958 in den Westen abhaute. Dann die Schule – wo es freilich auch Lehrer gab, die mir sehr verhalten, aber entschieden so etwas wie Zuneigung zumaßen. Und deren Vorsichtigkeit ich geradezu körperlich spürte. Andere aber konfrontierten mich offen mit Hass, Verachtung und ganz groß mit ihrer kleinen Macht – vor denen stand ich wohl sehr erbarmungswürdig und ausgeliefert.

Die kommunistische Heldenmythologie hatte doch auch etwas Erhebendes.

Nein, das kommunistische Menschenbild hat mir nie eingeleuchtet. Mich machte stets misstrauisch, dass ein System derart antireligiös agierte, aber selber so ideologisch-klerikal war. Politbüromitglied Werner Eberlein erzählte, 1994 als mein Gast bei einem öffentlichen Gespräch in Wittenberg, sein Vater, kommunistischer Emigrant in der Sowjetunion, sei erschossen worden, und dennoch habe er Stalin wie einen Gott betrachtet. Und Lenin, der war nicht wie ein Gott, der war Gott. Je mörderischer sich Revolutionsführer verhielten, desto größer wurde die Zustimmung zu ihnen. Bis sie gestürzt wurden und neue Götter kamen.

Das ist in der Kirche anders?

Reden wir in dem Zusammenhang nicht über die Kirche, sondern über die Bibel. Die Bibel ist ein Buch des äußerst realistischen Bildes vom Menschen, der ein sündiges Wesen war und bleibt. Es ist ein Unglück der europäischen Geistesgeschichte, dass die Deutung biblischer Geschichten ihren jüdischen Hintergrund verlor, das Vielbedeutende eindeutig und damit dogmatisch gemacht wurde – nur damit die Theologie vor dem Forum der Wissenschaft bestehen konnte, um dann für einige Jahrhunderte aus der Magd zur Herrin zu werden.

Der Dogmatismus Moskaus – und der Dogmatismus Roms.

Ich ertrage kein System, das mir Wahrheitsbeschränkungen auferlegen will. Deshalb bin ich als Christ auch ein Antirömer. Ich bin kein Antikatholik, aber ich bin ein Antirömer, durch und durch. Rom als Prinzip funktioniert für mich nicht. Es widerspricht dem Jesus von Nazareth. Und was mich bei den Kommunisten abstieß, war diese Anmaßung, der Geschichte ihren wahren Anfang gegeben zu haben, zu behaupten, alles Vorherige sei nur Vorgeschichte gewesen, und die Widersprüche seien im Kommunismus nicht mehr antagonistisch. Und was mich im Konkreten wie eine Verelendung ansprang, waren diese toten Bilder. Schon in der 1. Klasse auf dem Schulheft: die grünlich schimmernden Klassiker. Und Stalin. Eine Tradition des Leblosen war das, diese Fotos der Führer in den Zeitungen, in den Klassenzimmern, in den Büros. Unter denen blickte Honecker später geradezu lebendig, aber der bleiche, graue Stoph, der sah gleichbleibend abgestorben aus.

Der wahre Anfang der Geschichte … Dass man die sozialen äußeren Umstände ändern müsse, und der Mensch würde gut – das ist eine Idee weit vor den Kommunisten.

Ja, aufrührerische Gedanken gegen die soziale Ungerechtigkeit hat es immer gegeben und wird es weiter geben. Aber dem darf kein bestimmtes Wunschbild vom Menschen zugrunde liegen.

Ein Mensch kann auch unter guten Umständen böse werden, und er kann unter bösen Umständen gut bleiben. Er kann, unter welchen Umständen auch immer, beides zugleich sein. Wir sind bereit für alle Möglichkeiten, nichts in unserer Seelenentwicklung ist mit Garantieabgabe vorauszuberechnen. Dass ich diesen Staat DDR furchtbar fand, hat nichts damit zu tun, dass der Kommunismus eine große Emanzipationsbewegung des 19. Jahrhunderts war, eine universalistische Weltidee, der Traum davon, dass die Welt letztlich allen gehört und alle Menschen gleiches Lebensrecht haben, und gleiches Lebensrecht bedeutet: Recht auf ein Dach über dem Kopf, Recht auf reines Wasser, Recht auf Nahrung und Recht darauf, mitzuwirken am Leben – als einem gesellschaftlichen Prozess zur Verbesserung sozialer Verhältnisse. Der Marxismus ist für mich im Wesentlichen daran gescheitert, dass er sich, in der Überbetonung des Sozialökonomischen, nicht der gebrochenen menschlichen Existenz stellte.

Es ist eine Lehre aus vorpsychologischer Zeit.

Er hat nicht die Seinsfrage in der individuellen Existenz gestellt, sondern nur die Frage den Verhältnissen, in denen alle leben.

Mit der Geburt jedes Menschen fängt alles von vorn an?

Alles in Jahrhunderten Angehäufte an Wissen, an Moral, an Tugend, an Lehre nützt zunächst nichts, wenn ein neues Leben die Welt betritt. Alles muss für jedes neue Leben, in jedem neuen Leben wiederentdeckt, neu erworben und erfahren werden, und das Risiko der Abirrungen ist immer gleich groß.

Sie sagten, wir sollten nicht über die Kirche reden, sondern über die Bibel. Aber Gott ist doch immer auch die Geschichte dessen, was mit diesem Wort getan, angerichtet wurde.

Ich wollte das nicht leugnen oder wegdrängen. Martin Buber schreibt in seinem Buch »Gottesfinsternis«: »Ich weiß wohl,

Gott ist das besudelste Wort aller Menschenworte, keines ist so besudelt, so zerfetzt worden. Gerade deshalb darf ich darauf nicht verzichten. Die Geschlechter der Menschen haben die Last ihres verängstigten Lebens auf dieses Wort gewälzt und es zu Boden gedrückt. Es liegt im Staub und trägt ihrer aller Last. Die Geschlechter der Menschen mit ihren Religionsparteien haben das Wort zerrissen, sie haben dafür getötet und sind dafür gestorben. Es trägt ihrer aller Fingerspur und ihrer aller Blut. Wo finde ich ein Wort, das ihm gliche, das Höchste zu bezeichnen. Nähme ich den reinsten, funkelndsten Begriff aus der innersten Schatzkammer der Philosophen, ich könnte darin doch nur ein unverbindliches Gedankenbild einfangen, nicht aber die Gegenwart dessen, den ich meine, dessen, den die Geschlechter der Menschen mit ihrem ungeheuren Leben und Sterben verehrt und erniedrigt haben. Gewiss, sie zeichnen Fratzen und schreiben Gott darunter, sie morden einander und sagen: in Gottes Namen.« Und dann schreibt Buber am Schluss: »Wir können das Wort Gott nicht reinwaschen, wir können es nicht ganz machen, aber wir können es, befleckt und zerfetzt, wie es ist, vom Boden erheben und aufrichten über einer Stunde großer Sorge.« Und das ist jetzt nicht bloß großartige theologische Poesie, das ist Ermahnung und schmerzliche Erinnerung an alles, was im Namen Gottes angerichtet wurde. Wir leben nicht mehr in der Zeit der Verbrennungen, aber der Drang danach lebt, er ist noch immer lebendig in manchen heimlichen Wünschen, da bin ich mir sehr sicher, und ich wüsste schon Namen derer zu nennen, die auch mich gern zur Richtstätte schleppen würden. Und ich selber? Ich weiß nicht, wie sicher und gefestigt ich wäre gegen die Anfechtungen bei der »hohen Aufgabe«, eine Lehre rein zu halten, eine Utopie von den Zweiflern und Abweichlern zu säubern.

Ein Menschenversteher wie Sie muss doch verstehen, dass dem Kommunismus immer wieder neue Hoffende zulaufen.

Ich verstehe jeden, und ich habe Hochachtung vor denen, die nach 1989, als die SED an den Pranger der Geschichte kam, trotzdem nicht eilfertig nach neuem Wind ausblickten, in den sie ihr Fähnchen hätten hängen können. Am charaktervollsten scheinen mir jene Menschen zu sein, in deren Leben Leidens- und Hoffens- und Illusionsgeschichte eine gemeinsame Geschichte sind.

Sie haben angedeutet, in der Nähe Ihres Hauses seien 1953 Schüsse abgegeben worden. Was passierte da?

1953 sind Leute aus dem Zuchthaus in Lichterfelde abgehauen. Einer der Flüchtenden war verhaftet worden, weil er angeblich einen Traktoristen bedroht hatte. Darüber war groß in der Zeitung berichtet worden. Aber er hatte wohl nur dessen Frühstück haben wollen. Jetzt nun streunten die Häftlinge frei herum, und natürlich hatten wir Angst. Bei uns auf dem Gelände sind Schüsse gefallen, man hatte auf diesen Mann geschossen. Das war dann eines meiner Kindheitstraumen. Schüsse auf einen Flüchtenden! Ausgerechnet auf unserem Pfarrgelände! Vielleicht war er unterwegs, in unser Haus einzudringen. Die Angst vermischte sich mit Mitleid. Ich wusste, im Zuchthaus saßen Menschen, die ein Verbrechen begangen hatten, aber auch solche, die zu Unrecht dort waren, nur weil sie unseren Groll auf den Staat teilten. Das wusste ich als Kind – und auch, dass es eine Differenz gab zwischen Gefängnis und Zuchthaus. Ich weiß den wahren Unterschied bis heute nicht, aber Zuchthaus, das war der Inbegriff des Entsetzlichsten, des Unlebbaren, und jener Mann, auf den geschossen worden war, der hatte in so einem Zuchthaus gesessen.

Worin besteht, was Sie einen »religiösen Sozialismus« nennen?

Zwischen den Gedanken des Lukas-Evangeliums und des Kommunistischen Manifestes gibt es Verbindungen. Johann Hinrich Wichern, der Begründer der Inneren Mission, mit der die protestantische Kirche soziale Aufgaben mit religiöser Bindung vereinte, hat in der Schlosskirche zu Wittenberg 1848 die »Revolution der Barmherzigkeit« vertreten, und Karl Marx war auf eine »Revolution der Strukturen« aus. Zwischen beidem, zwischen seelischer Emanzipation des einzelnen Menschen und einer Änderung gesellschaftlicher Verhältnisse, kann es eine Verknüpfung geben, wieder jedoch weit jenseits des sozialistischen Homunculus, des sogenannten neuen Menschen. Der Nationalsozialismus war, mit seinem Herrschaftsbeginn, sofort zu seinem Wesen gekommen. Wesen und Erscheinung waren identisch – während die sozialistische Idee aber nicht zu ihrem Wesen kam, sie wurde Fratze. Und dieser Widerspruch zwischen Ideal und Realität, die der Nationalsozialismus nicht kennt, der ist für mich als Denkarbeit in der DDR und über die DDR hinaus erhalten geblieben. Es gab zum Beispiel nie eine nazistische Dissidenz, den Nationalsozialismus konnte man nur bejahen oder ihn ablehnen, sozialistische Dissidenz gab es, weil es die Hoffnung gab, das System an seinen Ansprüchen zu messen und wirklich zu verbessern. Vielleicht war die Hoffnung eine Illusion, und höchstwahrscheinlich hat bereits die Grundidee, die ich eben skizzierte, nicht behebbare genetische Fehler, mag sein, aber wenn man in einer Welt lebt, in der man von einem Dissens zwischen Vorstellung und Wirklichkeit angetrieben, angestachelt wird, dann lohnt doch ein Leben in dieser Gesellschaft, und ich kann es nicht einfach abstreifen, als sei da gar nichts gewesen. Ich würde doch mich selber von mir abstreifen. Ich halte die Leute nicht aus, die mir sagen, du, das wusste ich schon immer. Zum Beispiel über die DDR – wie viele alles schon gewusst haben wollen, leider meist erst hinterher. Denen, die mir so kommen, kann ich nur sagen: Ich habe dich wahrscheinlich damals nicht gefragt, aber gesagt hast du mir nicht, dass du alles schon weißt.

Im FAZ-Fragebogen nannten Sie die Frauen der Verschwörer des 20. Juli 1944 als Ihre Lieblingsheldinnen in der Wirklichkeit. Warum nicht auch die Frauen jener Kommunisten, die nach Hitlers Machtergreifung als Erste in die Konzentrationslager verschleppt wurden? Warum nicht jene Frauen, deren Männer überhaupt die ersten und entschiedensten Widerstandskämpfer gegen den Faschismus waren?

Es ist richtig, was Sie da kritisch anfragen. Nur, wie gesagt:

Von Kindheit an waren mir die Heiligenlegenden des kommunistischen Systems unsympathisch, fern, unlebendig, ideologisch überhöht. Ich habe erst sehr viel später – dadurch, dass ich echte Kommunisten kennenlernte – einen völlig anderen Blick gewonnen, sehr viel später. Aber wenn ich gefragt wurde, wie beim FAZ-Fragebogen, dann funktionierte sofort der alte Reflex. Und freilich kannte ich die Briefe, die Abschiedsbriefe dieser mutigen Frauen des 20. Juli 1944, sie waren mir nah, sie haben mich zutiefst berührt, mit ihnen lebte ich. Eine dieser Witwen, Rosemarie Reichwein und symbolisch den unbegrabenen Adolf Reichwein dazu, habe ich als Pfarrer beerdigt. Das Kommunistische aber, das war früh verbraucht durch Propaganda. Ich sah überall nur kommunistische Ritual-Helden. Nur einen einzigen anderen Helden des Widerstandes kannte ich, Dietrich Bonhoeffer. Als Vierzehnjähriger erfuhr ich von ihm, und die Art und Weise, wie er in mein Leben trat, hatte selbst etwas von einem illegalen Akt. Es war in der Kreisstadt Seehausen, fünfziger Jahre. Wir waren vier Jungen, sprangen über die Mauer eines Gartens und schlichen zum Haus eines Pfarrers. Er erzählte uns, wer Bonhoeffer war, er weihte uns ein in den Widerstand des 20. Juli. Und er las uns eine Geschichte vor, die mir nicht mehr aus dem Kopf ging: »Unruhige Nacht« von Albrecht Goes. Durch den politischen Druck der SED verlor ich das Interesse an der Wahrheit des anderen, des kommunistischen Kampfes gegen Hitler. Auch in diesem Punkt war die Partei nahezu perfekt in ihrer Methode, das von ihr Gewollte in die gegenteilige Wirkung zu verwandeln. Aber mit dem Fragebogen haben Sie recht, das war eine Ausblendung. Nun ist dem erwachsenen Menschen Schorlemmer abverlangt, sich von den Erkenntnistrübungen, die ihm in Kindheit und Jugend zugefügt worden sind, zu trennen und neue Erkenntnisse zuzulassen. Es ist schwer, aber es ist nötig.

Gab es in Ihrer Familie nazistische Verstrickungen?

Ich hatte eine wunderbar liebe Großtante und einen herzensguten Großonkel, und beide waren glühende Nazis gewesen …, da bleibt man im zehrenden Grübeln, wenn man weiß,

dass andere ins KZ gingen für ihre Aufrichtigkeit – und letzten Endes ins KZ mussten, weil so viele Deutsche wie meine Tante und mein Onkel derart begeisterte Hitler-Anhänger waren. Tante und Onkel habe ich überhaupt nicht als irgendwie böse Menschen in Erinnerung, aber später haben sie nicht einen einzigen Satz über diese Zeit gesagt. Das habe ich erst so etwa mit siebzehn mitbekommen, indem ich, wenn ich zu Besuch war, die Anspannung, den schwelenden Konflikt zwischen meinem
Großvater mütterlicherseits und meinem Onkel Hans spürte. Allmählich begriff ich, dass diese gegenseitige Unverträglichkeit etwas mit Politik zu tun haben könnte. Von sich selber erzählten Onkel und Tante nichts, aber ständig machten sie zum Thema, dass die Russen die Maschinen der kleinen Parkettfabrik des Ortes weggeschleppt hatten. Die Tante freilich, die in Fürstenberg Gymnasiallehrerin gewesen war, unweit von Ravensbrück, sie blieb dort, bis zu ihrem 75. Lebensjahr, sie pflegte Hilfsbedürftige. Sie hatte nur die DDR-Mindestrente, ganz still arbeitete sie etwas ab von ihrer Schuld, jener fraglosen Ergebenheit unter Hitler. Sie liebte Mörike und sang Kantaten von Bach – das Dunkle ihres Lebens nahm sie mit ins Grab. Sie hatte »nichts« getan, außer eine Verführte gewesen zu sein und an der deutschen Volkskrankheit zu leiden: zu lange angeblich nichts gewusst zu haben.

Ihr Großvater mütterlicherseits war Pfarrer. Und der andere Großvater?

Er fiel in der ersten Kriegswoche 1914.

Was war das für ein Konflikt, den Sie eben andeuteten?

Zwischen Großvater und Onkel? Der Großvater entging knapp dem KZ. Jemand hatte ein nazistisches Flugblatt in den Briefschlitz werfen wollen, es war aber heruntergefallen, und mein Großvater warf es auf die Straße. Der Wind wehte es weg. Dieser kleine, etwas rundliche Herr mit Glatze lief sogar hinterher und trat das Papier in die schmutzige Gosse. Es gab damals noch keine Kanalisation, sämtliche Abwässer liefen in dieser Gosse ab. Dort schwamm jetzt der vermaledeite Nazi-Zettel. Das hat einer gesehen, und zwar einer von denen, die sonntags in den Gottesdiensten meines Großvaters neuerdings in Uniform saßen. Großvater bekam einen Prozess aufgrund einer Anzeige, das geschah zum Glück am Anfang des »Dritten Reiches«, da fungierten noch für kurze Zeit die ordentlichen Gerichte – er fand einen Richter, der nur eine kleine Geldstrafe aussprach. Aber sie hätten ihn auch wegsperren können. Mein Großvater war kein Widerstandskämpfer, aber er war ein Lutheraner, und Luther hat Machtanbetung von Menschen grundlegend abgelehnt. Die Widersprüchlichkeiten in dieser Familie habe ich selber erst später entdeckt. Ich weiß also, wie tief der Nationalsozialismus im deutschen Kleinbürgertum verankert war, und dass das Großbürgertum sich zu fein war, frühzeitig gegen diese ruchvolle Bewegung »von unten« anzugehen. Aber kein Bahnangestellter kann mir weismachen, er hätte das Schreien von Menschen in Viehzügen, wenn sie denn schreien, nicht vom Brüllen der Schweine unterscheiden können.

Die DDR ermöglichte allen – wenn man denn kein ausgewiesener Nazi gewesen war –, sich mit denen zu identifizieren, die gegen Hitler kämpften. Man hatte die Nazis in den Westen gedrängt. Die Verbrecher hießen Globke, Oberländer – das Volk der DDR aber war sauber. Scheinbar.

Die DDR hatte nicht nur einen verordneten, sondern auch einen ehrlichen Antifaschismus – im Versuch, mit der Vergangenheit zu brechen. Was ich diesem System aber vorwerfe, ist die Absage an jede Art kritischer Selbstauseinandersetzung. Als sei man völlig entsorgt von Zuständigkeit für das, was 1933 möglich geworden war. Als regiere man ein neues, ein unschuldiges Volk, und die Mitläufer lebten nur im Westen. Erst 1988 gab es in der »Jungen Welt«, ausgerechnet in Ihrer propagandascharfen »Jungen Welt«!, ein Interview mit Stephan Hermlin, und er sagte einen geradezu umstürzlerischen Satz. Dass dieser Satz überhaupt gedruckt wurde, war für mich schon ein Signal wechselnder Zeiten. Er sagte, im Widerstand gegen Hitler seien nur etwa ganze zwei Prozent der deutschen Bevölkerung gewesen. Damit war ausgesprochen worden, und zwar über Staatsgrenzen hinweg: Die Nazis waren Deutsche, und die Deutschen, ob aus Begeisterung, Gleichgültigkeit oder Angst, waren Nazis. So einfach war das.

Ein Feindbild zu haben und Offenheit gegenüber diesen kommunistischen Feinden – das ging bei Ihnen so gut zusammen?

Ich hatte kein Feindbild, ich hatte Erfahrungen. Ich ließ mir von niemandem die Klarheit nehmen, mit der ich sah, dass die DDR ein ideologischer Abgrund war. Aber ich ließ mir auch nie die Neugier darauf nehmen, wo und wie Alternativen und Bündnispartner für Alternativen zu finden seien – und seien sie noch so klein. Ich habe verstanden, warum die Russen dieses Deutschland lieber geteilt als geeint sahen, nach diesem furchtbaren Krieg. Deswegen dachte ich nie über deutsche Stärke nach, sondern einzig über die Gestaltung einer Welt mit mehr Offenheit, mehr Gemeinsinn, mehr Gerechtigkeit, weniger Waffen. Und für so eine Welt sah ich mich nach jedem Strohhalm um, selbst wenn er auf dem Betonweg zu den Parteibüros wuchs. Ich danke meinem Herrgott, dass er mich nicht mit Feindbildern infizierte. Warum das gelungen ist, weiß ich nicht, ich kann wirklich nur dankbar sein. Es gibt genügend Beispiele: Trotz meiner abgrundtiefen Verachtung bin ich auf Vertreter des Systems zugegangen, habe das Gespräch versucht.

Einfacher macht dies ein Leben nicht.

Nein, einige sagen, ich sei ein streitbarer Pfarrer, aber sie meinen damit: ein streitsüchtiger Pfarrer. Und andere meinen, ich hätte mich dem System zu sehr genähert.

Im besagten FAZ-Fragebogen nennen Sie Selbstüberforderung Ihren größten Fehler.

Heute würde ich noch hinzufügen: ... und die Überforderung anderer. Man hat in schwierigen Zeiten dem System widerstanden; man hat einer Vision poetisch, theologisch, geistlich-spirituell und politisch Raum zu geben versucht; man hat sich bemüht, Menschen dafür zu gewinnen. Mehr kann man doch nicht tun, jedenfalls nicht als Mensch an der Basis, als Pfarrer in jener kleinen Welt, in der ich stets gelebt habe. Dafür bin ich – unterm Strich – gescholten, bewundert und verdächtigt worden. Bis hin zu der öffentlich gemachten Verleumdung, die Aktion »Schwerter zu Pflugscharen« 1983 sei eine Initiative des Schmiedes, ich aber nur ein Trittbrettfahrer gewesen. Natürlich hat der Schmied geschmiedet, das ist seine ureigentliche Sache. Aber sein Schwert hätte er nirgendwo umschmieden können, wenn es uns, als organisierende Friedensgruppe, nicht gegeben hätte. Ohne uns hätte er sich kaum auf die Straße stellen und rumhämmern können. Was denkt er sich denn? Den Kopf für die Sache habe ich hingehalten. Er wollte nur weg.

Denken Sie an Albert Camus, der sich Sisyphus als glücklichen Menschen vorstellte.

Ein schönes Bild, ja, aber leider nur so wahr, wie jede poetische Metapher wahr ist. Die Metapher hilft, als Trostpflaster. Aber man darf sie nicht überdehnen. Sisyphus ist kein glücklicher Mensch, nein. Man lügt sich seelsorgerisch in die Tasche, wenn man das annimmt. Du quälst dich, und der Stein rauscht wieder bergab. Wo soll denn da das Glücksgefühl herkommen? Nein, für so eine ständig sich wiederholende Situation arbeitet man nicht. Das war mein Streit mit Günter Gaus: Er hatte seinen Frieden mit der Welt gemacht, indem er sagte, es gebe keinen Frieden mit der Welt. So kann ich nicht leben.

Aber: In dem Moment, da Sisyphus den Stein hochwälzt, sagt er sich nicht, der rollt sowieso wieder runter, sondern: Er wälzt ihn hoch. Das heißt, er begegnet aktiv der Sinnlosigkeit, er hat in diesem Augenblick eine tiefe Sinngewissheit.

Das ist Trutzigkeit, ganz lutherisch, Sie haben recht. Na ja, wahrscheinlich hat es doch mit Glücksgefühl zu tun – nämlich dann, wenn die Steine wieder herabrollen, doch wenigstens sagen zu können: Ich habe das Meinige versucht.

Darf ich etwas Seltsames fragen? Glauben Sie, dass Ihre Eltern sich jemals ernsthaft überlegten, ob sie überhaupt Kinder in diese verhasste DDR setzen sollten?

Nein, nie. Also jedenfalls habe ich davon nichts mitbekommen. Ich glaube nicht, dass das, was Sie vermuten, für meine Eltern eine Frage war. Sie wussten wohl trotz ihrer Ablehnung des kommunistischen Regimes, dass sie das Schlimmste im Leben hinter sich hatten.

Was war dieses Schlimmste?

Zu erleben, was einem Land passieren kann, wenn es so einen furchtbaren Krieg anzettelt, ihn führt und ihn verliert. Niederlage nicht im Sinne der subjektiven Trauer, sondern im Sinne der objektiv demütigenden, elenden Umstände, die so eine politische, militärische Niederlage für alle Menschen eines Volkes mit sich bringt. Zum anderen glaubten meine Eltern fest daran, dass Deutschland nicht für immer geteilt bleiben würde, und drittens wäre mein Vater nie auf die Idee gekommen, den ihm zugewiesenen Ort zu verlassen – man erfüllt seine Aufgabe an der Stelle, an die man gestellt ist.

Haben Sie früh gespürt, dass es jene schwierige Kindheit werden würde, die Sie schilderten?

Ich habe, seit ich denken kann, keine Vergleiche gesucht. Im Grunde hatte ich immer, so wie meine Eltern und Geschwister, eine naive, dem Leben zugewandte Einstellung: Das, was ist, das ist. Punkt. Ich stellte mich auf gegebene Umstände ein und sah zu, was ich angesichts dessen mit mir anfangen, aus mir machen könnte. Ich hing nie kitschigen Traumvorstellungen an, wie sie etwa kabarettistisch aufs Korn genommen wurden im Film »Wir Wunderkinder« von Kurt Hoffmann, dem

Film, den ich so oft sah wie keinen anderen. Ich jammerte nicht, und ich denke da zum Beispiel an die bitterkalten Winter, in denen sogar die Steine, die wir erhitzten und auf die wir die Füße stellten, schnell wieder ausgekühlt waren. Die Wände des Hauses glitzerten innen, so stark war der Frost. Das wusste man, das spürte man, aber man wusste auch, dass der Winter vorübergehen würde. Weiter kein Wort. Die Nähe zu den natürlichen, eben auch beschwerlichen Bedingungen haben wir schlicht und einfach gelebt. Ohne Widerworte. Das Beglückende hat man oft aus dieser Erschwernis heraus erfahren. Wenn die Hände steif geworden waren und es wahnsinnig weh tat – und wenn dann das Leben doch wieder langsam zurückkehrte in die Blutbahn! Wenn die Klammheit sich also mählich löste, konnte man sagen: Ach, ist das schön, dass es Wärme gibt! Oder wenn die Märzensonne den vereisten Schnee weggeholt hatte und sich die Schneeglöckchen wieder den Weg durch die verhärtete Erde bahnten – schön! Ich habe in meinen Erinnerungen an jene Jahre eher das Ende der jeweiligen schweren Phasen bewahrt als den Schmerz, die Mühe, die Last. Ich danke meinen Eltern sehr, dass sie uns so selbstverständlich liebten. Denn es war eine Zeit, in der auch ein Kind schon wusste, dass eigentlich nichts selbstverständlich war, nicht die Wärme, nicht das Essen, nicht das Leben in der kleinen Freiheit. Nicht einmal das Leben selbst war selbstverständlich. Wenn man das weiß, nimmt man alles ganz anders wahr. Ich finde, dass »wahr-nehmen« eines der schönsten deutschen Worte ist. Ein anderes betörendes Wort ist »Geschick«. Man ist geschickt in diese Welt, aber wie viel Geschick braucht man innerhalb dieses Auftrags? In was muss man sich schicken, wo aber sollte man rebellieren? Die Ungerechtigkeit der Zeit – jeder Zeit! – als Geschick hinzunehmen, das muss nicht bedeuten, ein total ergebener Schwächling oder kraftloser Duckmäuser zu sein, es kann ebenso bedeuten, den Unabänderlichkeiten ein bisschen Sinn abzutrotzen. Und demnach nicht falschen Träumen hinterherzuhecheln und letztlich an dem Gedanken zu verzweifeln, dass es anderen besser geht.

Camus, Sisyphus.

Ich habe in meiner Kindheit auch das Glück des Mangels erfahren. Klar, damals hatte der Mangel weit mehr mit einer tatsächlichen Schmerzgrenze zu tun, die mitunter allein schon der Hunger ausmachte, und doch geschah plötzlich das Gute, das unerwartet Gute. Ein Beispiel: Es gab im Ort einen Postboten, Opa Behrens. Zwei Meter lang, schlaksig, etwas gebeugt, mit Hut, gewickeltem Schnauzbart und altem Fahrrad. Ich wusste als Kind, Opa Behrens kommt jetzt irgendwann vorbeigefahren, also bin ich vom Gehöft an die Straße gelaufen, um ihn nicht zu verpassen. Der stieg auch immer ab, und wenn er eine große gelbe Birne aus der Tasche holte und sie mir gab, war die Welt eine friedliche, paradiesische Welt.

Das ist das Problem Ihres Berufes: Menschen quälen sich mit existenziellen Fragen – Sie jedoch, bibelfest, wissen längst schon die Antworten.

Da haben Sie recht. Mir fiel dieses Problem erstmalig auf, als ich Ende der sechziger Jahre den bereits erwähnten Lyriker Heinz Czechowski kennenlernte, in einer Neubauwohnung im Norden von Halle. Er war gerade in der Sowjetunion gewesen, und im Gespräch haute er mir plötzlich auf die Schenkel und sagte: »Müssen Sie mir doch als Theologe sagen können: Gibt es das Böse?« Da hatte sich ein Mensch zu einer sehr existenziellen Frage aufgemacht – sollte ich ihm nun sagen: Herr Czechowski, was Sie zu erkunden suchen, weiß ich schon lange, denn ich habe mich berufsmäßig mit Fragen befasst, wie Sie von Ihnen gestellt werden …

Was haben Sie Czechowski geantwortet?

Das weiß ich nicht mehr. Aber: Ich bin Theologe, und ich darf in meinen Antwortversuchen nie in eine Arroganz abrutschen, die demjenigen, der sich zu einer quälenden Frage durchringt, sehr schnell klarmacht, dass das für mich selber keine quälende Frage mehr ist. Ihr Kommunisten habt jedes Problem, das euch hätte belasten können, mit der Dialektik abgewürgt …

Nach dem Prinzip: Es gibt bei jeder Sache zwei Ansichten – eine falsche und unsere.

Genau. So war das. Aber es gibt die Dialektik ja wirklich.

Gab es Momente, in denen Sie sagten: Ich will nicht mehr Theologe sein?

Es ist eine tägliche Frage, ob man es bleiben kann. In so einem Beruf – in dem man nach außen das vertritt, was man gemeinhin »moralisch« nennt. Im Urteil, dem ein Theologe ausgesetzt ist, wird alles daran gemessen, ob er das, was er predigt, auch selber lebt. Wenn man ganz ehrlich ist, kann man natürlich nicht ganz rein das leben, was man selber für hochmoralisch hält, und insofern könnte, müsste man jeden Tag aufhören … Aber da wird mir wieder die Erkenntnis meines lieben verehrten Kollegen Dr. Martinus Luther wach: »Du bist der Gerechte, der Aufgehobene, der Aufgerichtete, der Gutgemachte … Du bist der Versager … Du bist der Zerrissene. Du bist der Mensch im Widerspruch. Du bist der, der sich belügt und andere belügt und sich und anderen was vormacht.« All das ist man. Wenn man diese Widerspruchsseiten zusammen sieht, dann bleibt eine nicht behebbare Spannung, aber gleichzeitig bleibt auch ein Gleichgewicht. Und also hört man nicht auf!

Was Sie in der Theologie hielt, waren also nicht die Utopien, sondern die Abgründe?

Ein Ziel besteht immer wieder nur darin, gewissermaßen dreißig Zentimeter vor dem uns verschlingenden Abgrund standhaft stehen zu bleiben. Gehalten zu sein.

Es gibt diese Einheit von Wort und Tat, die der protestantischen Moralität so etwas furchtbar Gnadenloses gibt. Als hätte nur jenes Wort Berechtigung, das durch Taten abgedeckt ist. Das bedeutet doch aber eine entsetzliche Überforderung des Menschen. Wir sind schwach – und deshalb ist es doch aber schön, wenn unser Wort, unser hoher Text besser, klüger, menschlicher ist als unser fleischliches und willentliches Vermögen. Gestatten wir doch dem Wort, edler zu sein als unsere Taten! Was würde denn die Einheit von Wort und Tat in der Konsequenz bedeuten? Diese Einheit wäre nur herstellbar, indem wir auch in unseren Worten klein würden. Nein, es lebe das Wort, das hoch hinauswill!

Das ist vollkommen richtig. Eine Sache wird nicht dadurch falsch, dass sie derjenige, der sie äußert, selber nicht leben kann. So, wie Max Frisch sagte, dass eine Utopie nicht dadurch entwertet würde, dass wir vor ihr nicht bestünden. Mögen wir uns also an bloßen Worten aufrichten und reiben und stoßen – und unter ihnen bleiben im doppelten Sinn. Die Worte sind unser Himmel. Insofern ist eine Gesellschaft unchristlich, wenn sie meint, moralisch sei nur derjenige, der alles lebt, was er als richtige Erkenntnis verbreitet. Christlich wäre: Ich habe die Differenz zwischen meinen Worten und meinem Handlungsvermögen erkannt, und ich darf mit dieser Differenz unter einer einzigen Voraussetzung leben: dass ich trotzdem immer wieder versuche, diese Differenz zu beheben. Mit dem Wissen freilich, dass es nie gelingen kann. Es sei denn, ich senke meine Ansprüche. Aber dann vermindert sich der Wert des Wortes. Ja, das Wort, der hohe Text als Himmel, den erreichen wir nicht, wir greifen die Sterne nicht, nach denen wir greifen, aber das Licht strahlt dennoch.

Es wird ein Thema unserer Gespräche bleiben: Auch die Kirche als Institution hat nicht gelebt, was sie predigt.

Seit ich bewusst über Geschichte nachdenke, habe ich nie aus den Augen verloren, dass Kreuzzüge mit Christentum wirklich nichts miteinander zu tun haben, dass die Verbrennung von Jan Hus und die Art, wie sie den Thomas Müntzer lynchten, ebenfalls nichts mit Christentum zu tun haben. Auch wenn solche Wahrheiten die kommunistische Hetze gegen die Kirche prägten und wir uns dagegen wehrten – es bleiben doch Wahrheiten. Auch, dass die Kirche wissenschaftliches Nachdenken behindert hat und jetzt so tut, als sei sie eine der Mütter der Toleranz. Nein, sie war der Steigbügelhalter der

Mächtigen und Reichen, der Kaiser wurde gewissermaßen zum Papstersatz, und die Oberhofprediger machten erst einen Knicks vor dem Kaiser und dann erst vorm lieben Gott. Und das auch in Zeiten, in denen die Armen, die Proletarier verreckten. Mein Vater hat sie mir gezeigt, diese Welt, die Bilder-Welt von Heinrich Zille und Otto Nagel. Das muss ich ihm hoch anrechnen. Der kommunistischen Propaganda habe ich diese Bilder nie geglaubt, sie kamen nicht von Herzen, sondern aus dem aggressiven ideologischen Kampf. Bei meinem Vater aber wurde ich still und mitfühlend. In solchem Sinn waren viele evangelische Pfarrhäuser wahrlich Kulturträger. Kulturträger – ich denke an mein Zuhause – trotz mickriger 500 Ostmark und vieler Kinder im Haus. Wer denn in meinem Heimatort wusste, außer meinem Vater, dass Heß und Hesse ein Unterschied ist!

Die Familie nicht als kleinste Zelle der Gesellschaft, sondern als erste Gegenwelt zu ihr.

Eine gelingende und glückende Welt. Eine Erfüllung, aber nicht so wie nach einem Festmahl, wenn man abgefüllt und voll ist. Ich erinnere mich an wunderbare Abende, an denen mein Vater Theodor Storm vorlas. Das waren schwere, tragische Geschichten, die einem trotzdem ein wohliges Gefühl vermittelten. Es gab wenig zu essen, aber viel zu erzählen. Mein Vater rauchte Pfeife, bei ihm lernte ich Wein trinken, und zwar, wie man heute sagt, trockenen. Und das zu einer Zeit, da nur das Süßweintrinken zur höheren Kultur gehörte. Mein Vater hat mir beigebracht, dass Wein nicht süß sein darf. Und er hat gern getrunken, sein Maß lag nie unterhalb des Genusses. Ich habe andere Pfarrkollegen gesehen, die haben den ganzen Abend an einem Glas rumgenippelt. Das hat mein Vater nie gemacht und gemocht. Das heißt, wir lebten zu bestimmten Zeiten, trotz der obwaltenden Kümmerlichkeiten des Alltags, durchaus auch wie die Könige. Das ist sehr schön gewesen, so schön wie das Jesus-Gedicht von Brecht, das ich so liebe: Jesus als derjenige, der die Gewohnheit hatte, unter Königen zu leben und einen Stern über sich zu sehen zur Nachtzeit. Unter Königen, das heißt nicht: unter Herrschern. Die Armen sind die Könige dieses Gedichts, und sie hatten auch ihre Feste, und dann diese beglückende Zeile: »und einen Stern über sich zu sehen zur Nachtzeit«. Das ist die beste Zeile, die man über Jesus machen kann.

Also, jetzt möchte ich das Gedicht Brechts vollständig hören.

(Er geht zum Bücherschrank.) Es heißt »Maria«. »Die Nacht ihrer ersten Geburt war/ Kalt gewesen./ In späteren Jahren aber/ Vergaß sie gänzlich/ Den Frost in den Kummerbalken und rauchenden Ofen/ Und das Würgen der Nachgeburt gegen Morgen zu./ Aber vor allem vergaß sie die bittere Scham/ Nicht allein zu sein/ Die den Armen eigen ist./ Hauptsächlich deshalb/ Ward es in späteren Jahren zum Fest, bei dem/ Alles dabei war./ Das rohe Geschwätz der Hirten verstummte./ Später wurden aus ihnen Könige in der Geschichte./ Der Wind, der sehr kalt war/ Wurde zum/ Engelsgesang./ Ja, von dem Loch im Dach, das den Frost einließ, blieb nur/ Der Stern, der hineinsah./ Alles dies/ Kam vom Gesicht ihres Sohnes, der leicht war/ Gesang liebte/ Arme zu sich lud/ Und die Gewohnheit hatte, unter Königen zu leben/ Und einen Stern über sich zu sehen zur Nachtzeit.«

Friedrich Schorlemmer, was heißt es für Sie, mit dieser bundesrepublikanischen Gesellschaft Frieden zu schließen? Sie darf man das fragen, weil Sie mit dem Ende der DDR nicht aufhörten, kapitalistische Kälte zu beklagen. Ich frage, weil nicht wenige ehemalige DDR-Bürger, unfreiwillig zu Bundesbürgern geworden, im Herzen noch immer meinen, sie stünden in Feindesland.

Hoffentlich übersehen bestimmte Kaderpartei-Genossen nicht, dass es ihre Partei war, die, philosophisch und historisch betrachtet, dem wahren Sozialismus zum eigentlichen Feind wurde. Wie gesagt: Ein dogmatisches Erziehungsprinzip, den Menschen zu vergesellschaften, musste kapitulieren – es scheiterte grundsätzlich und nicht etwa primär am führenden Personal oder an missliebigen Begleitumständen wechselnder

Situationen im Klassenkampf. Nun heißt es: Dem Grundrechtkatalog zu folgen, auch dem Widerstand Form zu geben – unter der Premisse eines wunderbaren Grundgesetzes.

Man fleht differenzierte Geschichtsbetrachtung zur DDR herbei, um sich vorm Schmerz des radikalen Bruchs zu schützen?

Erst dieser radikale Bruch aber würde zu einem anderen Verhältnis zur Bundesrepublik führen. So jedoch bleibt man lieber Fremdkörper. Man bleibt Fremdkörper in einem Deutschland, dessen bürgerliche Freiheiten dem gehabten Sozialismus »um mehrere Revolutionen voraus sind«, wie Ralf Dahrendorf sagte.

Das oft schon Behauptete bleibt wohl wahr: Das Umwälzendste nach Ende einer geschichtlichen Epoche, die sich revolutionär nannte, ist immer wieder die Erfindung jener Umwälzanlage, die das Verbrauchte nicht aus der Geschichte jagt, sondern es wieder aufbereitet und neuer Verwendung zuführen will. Ich denke, wer aus dem so gründlich gescheiterten Sozialismus kommt, der muss einfach, noch immer und wohl noch für eine ganze Weile, mit seinem Aufklärungshochmut vorsichtig sein. So paradox es klingen mag: Es ist just der hohe Stand der Menschenrechte und der Freiheit(en), der diese bundesdeutsche Gesellschaft an ihre derzeitigen Gefährdungen geführt hat, nicht deren Mangel. Das Miteinanderauskommen bei immer weiter wachsender Freiheit und Unbegrenztheit der Lebensmöglichkeiten gewährleistet zu haben, das empfinde ich als große Leistung. Humanes individuelles Verhalten feiert im Kleinen zahlloser Lebensläufe viele namenlose Siege, und zwar täglich. Diese Gesellschaft ist verändert worden von Menschen, die aus gutem Grund, nach Auschwitz und im Blick auf Moskau, Frieden mit ihr machten – und just aus diesem Frieden heraus ihren linken Zorn, ihren demokratischen Mut, ihre freiheitliche Einzelgängerkraft ausbildeten und pflegten. Verändert wurde diese Gesellschaft in Institutionen und durch Charaktere wie Böll und Grass, Gaus und Bahr, Albertz und Wallraf, Heinemann und Schwarzer, Kluge und Negt, Augstein und Unseld, Klunker und Jens, Hochhuth und Wehner, durch Be-

triebsräte und Ostermarschierer, durch Achtundsechziger und natürlich auch durch Kommunisten und Opfer von Notstandsgesetzen, die mit ihrem Leben offenlegten, wie nahe Demokratie immer auch an ihrer Selbstabschaffung gebaut sein kann. Gerade auch Außenseiter, Abweichende, Abtrünnige von unguten Strömen haben dieser Gesellschaft eine Mitte verschafft, die in Europa ihresgleichen sucht – führt man sich vor Augen, was das Wort »Deutschland« noch vor wenigen Jahrzehnten für die Welt bedeutete.

Sie haben schon recht: Genannte und nicht genannte bundesrepublikanische Veränderer sind an diesem System verzweifelt und gewachsen, haben ihre Kraft verzehrt und gefunden, sind gescheitert und erfolgreich gewesen; aber ein Aufgehobensein in grundsätzlicher demokratischer Möglichkeit haben sie nie in Zweifel gezogen.

Frieden mit dieser Gesellschaft heißt: einen Nerv entwickeln für die ungemein komplizierte Verkettung von Emanzipation und Reaktion. Es ist erstaunlich, wie die Menschen in einer freien Gesellschaft »bei all ihrer Schlechtigkeit so schwerelos aneinander vorbeikommen, und das ist so gut wie: miteinander umgehen können« (Botho Strauß). Just in solcher Kompliziertheit baut Demokratie darauf, dass sich Extreme auflösen: Den historischen Weg der Grünen ins Kompatible darf man kritisieren, aber man darf ihn auch sehen als eine Erfahrung mit dem Gesetz des Demokratischen: Man wird verführbar, eigene Positionen anderen Kräften auszusetzen – und verändert sich dabei. Nie nur zum Guten, aber auch nie nur zum Schlechten.

Nicht unberechtigt ist der Verdacht, manche Linke wünschten sich vielleicht gar insgeheim eine Verschlimmerung der Verhältnisse, um sich in ihrem Kapitalismus-Hass bestätigt zu sehen.

Auch das hat Botho Strauß in Worte gefasst, und zwar schon 1993: »Zuweilen sollte man prüfen, was an der eigenen Toleranz echt und selbständig ist und was sich davon dem verklemmten deutschen Selbsthass verdankt, die etwa die Fremden willkommen heißt, damit hier, in seinem verhassten Vaterland, sich die Verhältnisse endlich zu jener berühmten (›faschistoiden‹) Kenntlichkeit entpuppen, wie es einst und heimlich wohl bleibend in der Dialektik des linken Terrors hieß.«

Frieden machen. Vielleicht schließt das vor allem ein, was Sozialisten a priori widerstreben muss – Frieden machen mit dem Menschen, wie er ist. Zu akzeptieren: Er ist nicht nur an einer einzigen Wahrheit des Lebens interessiert. Er ist mehr als das, was er den einen wie den anderen ideologisch bedeuten soll.

Das hat zur Konsequenz, von den hinlänglichen Überforderungspotenzialen abzusehen.

Es geht nicht darum, diesen ewig alten Menschen zu ändern, sondern die Welt so in Balance zu halten, dass der Mensch althergebracht sein darf. Und dies friedlich und frei.

Friedlich … das meint eine grundsätzliche Art des geistigen Streits. Aber es geht auch um – Frieden, im ganz großen Sinne. Und da wird Ihr Name verbunden bleiben mit »Schwerter zu Pflugscharen«, 1983 in der DDR. Damals gab es eine Friedensbewegung unter diesem runden Symbol, mit der offiziell stark attackierten Losung »Frieden schaffen ohne Waffen«. In der Nacht zum 25. September 1983 wurden Sie zum Protagonisten einer spektakulären Aktion in Wittenberg: In einem Disputationsgottesdienst in der Schlosskirche wurden Friedens- und Ökologiethesen debattiert, des Nachts darauf wurde im Lutherhof der Schlosskirche ein Schwert umgeschmiedet. Was dieser Slogan ausdrückte, ist ein Grundproblem dieser Welt nach dem Ende des Blöcke-Krieges geblieben. »Schwerter zu Pflugscharen«.

Der Hoffnungstext mit konkreter Handlungsrelevanz, aus dem dieser Satz stammt, gehört zum globalen Vermächtnis der prophetischen Tradition. Im allgemeinen Bewusstsein ist nur dieser eine Vers übrig geblieben: »Sie werden ihre Schwerter zu

Pflugscharen umschmieden.« Diese Konzentration ist zugleich eine Verkürzung. Schwerter werden »zu Pflugscharen«: Das wertvolle Eisen, diese damals sehr knappe Ressource, wird nicht mehr benutzt werden, um zu töten und den Boden mit Blut zu tränken, sondern dient dazu, Brotgetreide aus der Erde hervorzubringen. Die Konversion soll endgültig sein, der ständige Wechsel von Kriegs- und Friedenszeiten soll aufhören. Und genauso sollen die Winzermesser immer Rebmesser bleiben, die den Wein schneiden, und nicht zu Spießen geschmiedet werden, um den Feinden in den Leib getrieben zu werden. Die Weintrauben sollen gedeihen, guter Wein gekeltert werden können. Brot statt Tod und Wein statt Blut. Brot und Wein werden geheiligt, wo der Friede-Fürst aus Nazareth sein Schalom-Mahl austeilt, mitten in der Machtwelt des Augustus und Pilatus: »In der Nacht, da er verraten ward, nahm er das Brot, danke, brachs, gabs ihnen … Desgleichen nahm er den (Wein-)Becher, dankte, gab ihnen den und sprach …« Es sollte sich dann ein folgenreicher, den Tief-Sinn der Friedensvision verstellender Übersetzungsfehler Luthers einschleichen. Luther war nämlich nicht in einer Weingegend aufgewachsen, sondern mit Bier. Und in seinem Wittenberger Lebensumfeld wusste wohl kaum einer, was ein Rebmesser ist. Also hat er »Spieße zu Sicheln« übersetzt. Aber: Es geht nicht um Kaninchenfutter, sondern um Weintrauben! Um Brot und Wein, um das Nötige und das Fröhlichmachende, um die im Mahl geheiligten Elemente.

Was hieß für Sie damals in der DDR »konsequent pazifistisch«?

Es war kein Radikalpazifismus, der sich aus jedem Konflikt zurückzieht, sondern ein kämpferisch-politischer Pazifismus im Sinne von Bonhoeffer, Tucholsky, Ossietzky, ein Pazifismus, welcher der fatal ablaufenden Geschichte in die Speichen greift. Es ging darum, friedfertig zu *sein*, aber Frieden auch zu *schaffen*, es ging um den Zusammenhang von Arbeit an sich selbst und Arbeit an den Verhältnissen, von innerem Frieden als Zustand und politischer Aktivität. Die Initiative »Frieden '83« sollte verhindern, dass wir unglaubwürdig gegenüber jenen

Gruppen würden, die mehr wollten, als die synodale Mehrheit zu beschließen gewillt war. Bischof Krusche fürchtete, wir würden zu einer Sekte, denn wer sei schon bereit, unseren konsequenten Weg mitzugehen. Die Leitung der Diakonie war der Ansicht, man sei auf ein gutes Verhältnis zu den Staatsorganen angewiesen, wie sollte sonst die Arbeit in den Krankenhäusern und anderen Einrichtungen besorgt werden? Man sagte nicht, der Staat erpresst uns, man sprach vom notwendig guten gegenseitigen Verhältnis. Auch richtig. Stolpe wollte einerseits die Kirche retten und natürlich auch die Gelder, die wir kriegten, andererseits wollte er zu den Leuten stehen, die ein klareres Wort sprechen wollten. Auch das habe ich verstanden. Dennoch hatte ich auf der Synode 1982 eine klare, eindeutige, undiplomatische Rede gehalten, und ich dachte dabei an den Grund, warum mich die Regionalsynode in Magdeburg für die Bundessynode, die Synode aller Kirchen, vorgeschlagen hatte – weil ich bislang immer den Opportunismus angegriffen hatte, ziemlich scharf sogar. Ich war nun in der Pflicht – und fortan in einer Art Doppelfunktion, einmal als gewählter Synodaler und anderseits als ein Mit-Inspirator der Friedensbewegung. Wobei mich bestärkte, dass ich wirkliche gute Freunde hatte, die zu mir hielten, allen voran Pfarrer Christoph Ziemer, den Dresdner.

Gibt es einen gerechten Krieg?

Die Lehre vom sogenannten gerechten Krieg kann leicht zur Irrlehre geraten, so wie diese Theorie nur wieder und wieder als Rechtfertigungsideologie von Krieg herhalten muss. Die ultima ratio ist als ultima irratio zu entlarven! Denn Krieg verselbständigt sich, jeder Krieg!, er zerstört die Menschen, die ihn führen, schon lange, bevor sie darin umkommen. Soldaten werden stumpf, abgestumpft und brutal, werden in ein mörderisches Entweder-Oder im alternativlosen Überlebenskampf gegenüber dem Feind hineingerissen. Ich habe vor einiger Zeit einen Film mit Zeitzeugenberichten von überlebenden Soldaten der Schlacht um Stalingrad gesehen. Nach dem Zerbomben der Stadt: der fürchterlich-brutale Häuserkampf.

Man hätte es erst lernen müssen, sagen diese Menschen: mit dem Spaten die Halsschlagader zu treffen oder das Messer von hinten in den Hals zu rammen … Das habe man erst lernen müssen, eine Technik, die ans totale Abgestumpftsein gekoppelt ist. Das sagen Menschen, die vor der Kamera auch betonen, heute könnten sie nicht mal einer Schweineschlachtung zusehen. Der Mensch kann im Krieg so schnell vergessen, dass er ein Mensch ist, er und der Gegner auch. Nach diesem Bericht habe ich wieder Christa Wolfs »Kassandra« gelesen und meinen Enkelinnen den sowjetischen Film »Die Kraniche ziehen« gezeigt. Auch mein Vater war im sogenannten Russlandfeldzug, ich habe nicht begreifen können, wie er diese Verrohung ausgehalten hat, aber er musste sie aushalten, sonst wäre er nicht am Leben geblieben.

Er hat Ihnen davon erzählt?

Ja, und was er erzählte, werde ich nie vergessen. Das Entsetzlichste: An der Ostfront, im Eiswinter, sägten die Soldaten einem toten Kameraden die Beine ab, weil jedes Paar Stiefel Aufschub brachte gegen den eigenen Kältetod. Fast fünfzig Grad minus! Die Stiefel mit den erfrorenen Beinen des Toten wurden auf den Ofen gelegt, weil es unmöglich geworden war, sie vom erstarrten Bein abzuziehen. Was die Logik des Kriegs verlangt, ist eine absolute, geradezu emotionale Kalt-Blütigkeit.

Wir befinden uns jetzt in der Zeit des Afghanistankrieges, um nur einen der Kriege der Gegenwart zu nennen.

Nach allem menschlichen Ermessen ist er nicht zu gewinnen. Dort wird es keinen Sieg-Frieden geben können. Wir brauchen eine zügige Abzugsstrategie bei Einbeziehung der Taliban als Teil des afghanischen Landes – ohne dass deren Schreckensherrschaft zurückkehrt, eben bei rechtsstaatlichen Strukturen in afghanischer Eigenständigkeit. Neun Jahre hatte sich die Sowjetunion dort verbissen. Die NATO kämpft dort ebenfalls seit Jahren vergeblich. Noch immer stecken wir in der Falle des Krieges. Da kann unser jeweiliger Verteidigungsminister noch so oft medienwirksam hinreisen, beschwichtigen und aufmuntern.

Beim Umschmieden des Schwertes, im Lutherhof zu jenem Kirchentag 1983, haben Sie etwas gelesen.

Meine Version der Konversion. »Wenn wir umbauen/ die Raketenmäntel/ zu Wasserbehältern/ die Zerstörer/ zu Passagierdampfern/ die Kampf- zu Rettungshubschraubern// Wenn wir umdenken/ die Feinde in Partner/ die Macht in Verantwortung// Wenn wir umsetzen/ die Worte in Taten/ die Träume in Wirklichkeit// Dann können wir auch/ auf das geschundene Wort FRIEDEN/ verzichten.« Das biblische Äquivalent für Konversion ist Umkehr, auch als Um-Denken übersetzbar. So ist Versöhnung auch Konversion, wo doch normalerweise Hass auf Hass folgt, Gewalt auf Gewalt, Verachtung auf Verachtung, Aufrechnung auf Aufrechnung.

Sie besitzen einen Titanspaten, gefertigt aus dem Mantel einer verschrotteten Rakete.

Fritz Wittmann – ein Mann aus der Nähe Nürnbergs, über achtzig Jahre alt – sagt, dass er sein Überleben als ganz junger deutscher Kriegsgefangener in Russland der Fürsorge russischer Mütter verdankt. Sie nahmen ihn und andere an Sohnes statt an. Sie hatten wohl selber ihre Söhne im deutschen Raubkrieg verloren. Er hat seit der Gorbatschow-Zeit Kontakte dorthin geknüpft und unterstützt Friedensinitiativen und soziale Projekte im heutigen Russland. Einen seiner Titanspaten hat er mir vor über fünfzehn Jahren geschenkt.

Manchmal träumt man von einer Friedensbewegung der neueren Art, in der die hochherzig Optimistischen, diese durch nichts erschütternden Reifemenschen, diese durch alle Niederlagen und Rückschläge stark Gebliebenen sich provokativ vereinen mit den desillusionierten und enttäuschten Individualisten. Die massiv Hoffenden müssten mit den Massenskeptischen so Frieden schließen, dass man sich nicht gegeneinander behauptet, sondern einander unterstützt und voneinander berichtet. Es müssen zwei Wahrheiten zusammenfinden: dass die Ideale nicht zu Ende sind, davon erzählen die einen; dass die tägliche Entzauberung der Ideale ebenfalls weitergeht, davon erzählen die anderen – und jedes Wissen interessiert jeden. Der Blick derer, die nur Zukunft schauen, kreuzt sich mit dem Blick derer, die leider schon zu viel gesehen haben.

Träumer brauchen Macher und die Macher die Träumer.

DAS DRITTE GESPRÄCH

über

Felswände und Elbhänge
Bibelwerfen im Unterricht
Sehnsüchte nach der Musik
Seitengewehr und Kriegsspielzeug
Drei Kräfte unseres Lebens
Kellnern und Statisterie
Dr. Karl Heinrich Marx und sein Irrtum
Huren und Heilige
Spitzel als Bettnachbar

Diese Gedanken, die das All überfliegen können, sich aber plötzlich
an den Wänden des Schädels stoßen …

E. M. CIORAN

HANS-DIETER SCHÜTT: *Was ist das Grundempfinden, wenn Sie an das Leben Ihrer Eltern denken?*

FRIEDRICH SCHORLEMMER: Außer Liebe: die Erschöpfung. Sieben Kinder und ein Pfarrbezirk, der mehrere Dörfer umfasste, und eine Kleinstadt – das war Mühsal. Wir hatten zwei Schweine, drei Ziegen, Schafe, auch Hühner. Später kam eine Bienenzucht hinzu. Vier Uhr früh war für meinen Vater die Nacht rum. Er ackerte im Garten, im wörtlichen wie übertragenen Sinne, gegen sieben gab es Frühstück, dann fing sein Pfarrtag an.

Sie mussten helfen.

Mich hat eine typisch ländliche Ausgewogenheit von harter, mühsamer Existenz und ungebrochener Natürlichkeit geprägt. Aber das mühsame ist nicht das ärmere Leben. Mein Gemüt teilen sich das frühe Dörfliche und das spätere Städtische.

Was waren die Tätigkeiten des kleinen Friedrich?

Holzsammeln, die ostfriesischen Milchschafe melken. Dem Vater bei Sonnenaufgang zum Pilzesuchen in den Wald folgen. Aber das war Abenteuer, Erfrischung. Von meinem sechsten Lebensjahr an nahm er mich mit, früh halb fünf. Diese Stille, plötzlich Eichelhäherschreie, als solle der ganze Wald vor uns gewarnt werden. Und dann der Stolz, mit zwei vollen Körben heimzukehren. Unglaublich schön. Ich hatte das Empfinden, Elementares mitzuerleben. Das trägt eine Existenz auf eine Weise, die gar nicht logisch zu entschlüsseln ist, und man sollte es auch gar nicht erst versuchen. Die Rätsel – um sie wissen und sie leben, nicht lösen! Und dann das Taubenzüchten! Allerdings: Wenn gegen Monatsende das Geld alle war, und es war immer alle, dann musste ich aus meinem Taubenschlag Zulieferung für ein Mittagessen betreiben. Ich musste auch Rüben mit verziehen, im Frühjahr fast jeden Nachmittag, ich musste mähen und bei den Bauern Kartoffeln sammeln. Den imperialistischen USA besorgte ich's, indem ich mit anderen jene Kartoffelkäfer sammelte, die der amerikanische Geheimdienst angeblich im Osten ausgestreut hatte. Vom Geld, das wir bekamen, konnte ich mir ein altes Fahrrad kaufen. So machte mich der »antiimperialistische« Kampf zu einem Privilegierten im Dorf. Im Winter borgte ich das Rad den größeren Jungs, und als Lohn warfen sie mir, wenn ich auf dem Schulhof schlittern wollte, nicht mehr Steine auf die Rutschbahn. Aber das Fahrrad war das einzige Privileg. In der Schule riefen die Mitschüler »Schwarzbrotfresser«, weil wir Pfarrerskinder Schwarzbrot mit Schmalz mithatten und nicht Graubrot mit Wurst.

Hatten Sie ein Auto?

Später ja, zuvor ein Motorrad, eine AWO, bei der man stets Angst haben musste, ob sie überhaupt ansprang. Dann einen alten »Wartburg«. Vorher sind meine Eltern mit dem Fahrrad von Ort zu Ort gefahren.

Ihr Vater war bei Ihrer Geburt nicht zu Hause?

Dass ich auf die Welt kam, erfuhr er in der amerikanischen Gefangenschaft, in Frankreich. Ich lebte zwei Jahre lang mit meiner Mutter allein auf dem Gehöft in Herzfelde. Erst plünderten die Russen, dann polnische Zwangsarbeiter. Als mein Vater 1946 heimkam, hat es ihn bitter beschäftigt, dass ich ihn eine Weile »Onkel Vati« nannte.

Sie haben einmal geschrieben: »Immer, wenn ich als Kind eine Dummheit beging, musste ich einsehen, dass ich damit meinem Vater schaden würde.«

Ich nannte das später »moralische Exterritorialität«. Es war eine Belastung fürs kindliche Gemüt, sich stets der Vorsichtsregeln bewusst zu sein, die man nicht durchbrechen durfte. Es ist schlimm, wenn ein Kind gezwungen wird, gegen die eigene Natur zu handeln und dabei doch noch gar nicht verstehen kann, dass man die Eltern gewissen Gefahren aussetzt. Und das schon bei einfachen und landläufigen Jungenstreichen. Ein Freund und ich verprügelten die Ziege des Bürgermeisters, Anfang der fünfziger Jahre, oder wir klauten Erdbeeren auf einer Plantage, oder einmal, da redeten Frauen in der Kirche abfällig über ein Gemeindemitglied, das nur dann zu Kirchenterminen käme, wenn es hinterher was zu essen gab – das erzählte mein Bruder der Tochter dieser Frau. Das alles hatte, immer wenn es herauskam, zur Folge, dass wir zu Hause, naja, man kann das schon so sagen: ziemlich gezüchtigt wurden. Dieses Verhalten meines Vaters verstand ich erst viel später. Es war Friedensmühen in feindlicher Umgebung. Es war Sicherheitsmühsal, um nicht auf eine Weise anzuecken, die die Familie gefährdet hätte. Ja, ich habe diese frühen fünfziger Jahre als finstere Bedrohungszeit in Erinnerung. Anfang der Sechziger dann überwand sich mein Vater sogar und ging ein einziges Mal zur Wahl. Er tat es nach dem Zureden einer Lehrerin, sie meinte es gut mit uns und wollte sich dafür einsetzen, dass eine meiner Schwestern Abitur machen könne. Zur Wahl zur gehen, würde vielleicht die Chancen für das sehr begabte Mädchen erhöhen. Also ging mein Vater zur Wahl. Er zwang sich, er zitterte richtig, sein Blick wurde flackrig – aber genutzt hat es nichts. Darüber war er dann froh.

Ich weiß aus Ihren Büchern, dass es Konflikte mit Ihrem Vater gab.

Ich liebte meinen Vater. Diesen Satz immer wieder als ersten und entscheidenden! Aber ich stellte einen Konflikt fest: zwischen den Gesprächen, die er auf seinen Fahrten über Land hatte und bei denen ich manchmal dabei sein durfte, und seinen Predigten. Die Bibel wurde mir immer lebenspraller, seine Reden dagegen wurden mir leerer und leerer. Mir tat das weh, aber ich konnte mich nicht gegen diese wachsende Distanz wehren. Zu Hause erzählte er berührend, in der Kirche jedoch veränderte sich seine Stimme, er verlor für mich an Kraft, und seine theologischen Erklärungen erreichten mich nicht. Ich spürte, dass da ein Mensch großes Wissen, eine umfangreiche Bildung und Erfahrung hatte, aber es nicht vermochte, das auch in die Verkündigung umzusetzen. Ich begriff nicht, wie einsam er im Grunde war und in seinem geistigen Raum keine wirklichen Partner besaß.

Hatten Sie Konfirmandenunterricht bei ihm?

Ja, und ich schwatzte im Gottesdienst, und er warf mit der Bibel nach mir.

Herr Schorlemmer, Sie sind ein Mensch der Elbwiesen.

Das kann man so sagen. Ich bin ein überzeugter Flachländer. Die Enge von Bergtälern bedrängt mich. An den Felswänden dort endet die Welt, an Flussufern beginnt sie. Mir genügt als Erhöhung der Deich. Der Blick von mittlerer Erhöhung, geografisch gemeint, aber auch als Lebenshaltung. Und ich erlebte als Kind das Hochwasser, ich war zehn Jahre alt, auch mein Vater schleppte nachts Sandsäcke. Ich half ihm. Selbstverstärkend.

Ich werde es weidlich ausnutzen, mit einem Seelsorger (mit wem denn sonst?!) wieder und wieder über das Thema der Themen reden zu können: den Tod. Ich glaube, dass es einzig zwei Skandale gibt: das Schuldigwerdenmüssen des Menschen und das Sterbenmüssen. Ich finde, der Tod kommt als Feind zu uns! Jeder Mensch ist absolut gesetzt – und muss doch verschwinden und hat, wenn er nur ganz ehrlich ist, die klare Erkenntnis: Er wird eines Tages nicht nur verschwunden sein, es wird so sein, als hätte es ihn nie gegeben. Wie soll man dies Ungeheuerliche, wenn es einmal im Bewusstsein ist, noch in Einklang bringen mit den Mühen um ein sinnvolles Leben?

Der Rilke-Brief! Meine Berufung ist (auch!) Tröstung, aber ich halte nichts von Vertröstungsideologie. Also: nichts mit himmlischer Heimat, die uns winkt, damit kann ich nicht dienen – dieses Theorem ist arg belastet durch jene, die verhindern wollen, dass bereits die Erde, das jeweils gegenwärtige Leben heimatlich für möglichst viele wird.

Ist der Glaube, wenn es ans Sterben geht, wirklich ein Trost?

Ja, natürlich. Das Kreatürliche erreicht uns doch alle; die Frage ist, ob es uns gelingt, mit Geistigem das Kreatürliche so weit zu transzendieren, dass es nicht den Sieg davonträgt. Das ist schwer genug. Denn gerade Menschen, die beim Nachdenken über das Leben ganz souverän die Gelassenheit des Glaubens behaupten, werden andererseits vom Empfinden einer großen Sinnlosigkeit geplagt, von der Frage: Was habe ich in meinem Leben eigentlich erreicht? Wer bin ich denn noch? Wer will mich noch? Jene, die das Leben aus der Gnade heraus definieren, die im Menschen einen jederzeit Aufgefangenen sehen – ausgerechnet sie erfahren besonders stark auch die Depression. Diese Niedergeschlagenheit überfällt einen, wenn man hinfällig wird; wenn man von anderen abhängig wird; wenn man das, was man von sich denkt und sein will, in rapide nachlassender Energie nicht mehr sein kann ... Auch ich merke in letzter Zeit, dass die Konzentration abnimmt. Ich lese Dinge von mir, die ich vor zehn Jahren schrieb, und ich wundere mich ein wenig, was ich mal zustande gebracht habe – in dem Staunen liegt die Erkenntnis, das würde dir jetzt wohl nicht mehr so gelingen. Ein gewisser Verdünnungsgrad des Lebens ist unübersehbar. Die Kraft lässt nach. Was man im Mittelalter die Ars moriendi genannt hat, ist vielleicht die größte Kunst: sich mit der Vergänglichkeit anzufreunden, also auch mit dem Gevatter Tod.

Gevatter. Ein Mitglied der Familie.

Natürlich gehört der entsetzliche Tod zur Familie. Es ist die wuchtigste Erfahrung, dass ein Mensch plötzlich einfach weg ist. Mir wurde das wieder deutlich, als die Dichterin Hilde Domin starb. Sie erhielt sich bis zuletzt eine wunderbar jugendliche, tiefgründig herzliche Unbefangenheit. Dieses wunderbare Kind ist körperlich aus der Welt. Wenn ich nach Heidelberg komme – ich habe sie dort nie zu Hause besucht, aber sie öfter bei Veranstaltungen getroffen –, dann habe ich den Eindruck, seit ihrem Tod ist das eine andere Stadt. Dieses Heidelberg, in dem es eine Hilde Domin gab, ist tot. Seltsam, dieses Geheimnis von unabänderlicher Abwesenheit, welche die Welt ebenso verändert wie eine Geburt.

Zitat Friedrich Schorlemmer, Sie knüpfen da an Brechts Gedicht »Gegen Verführung« an: »Es gibt keine Wiederkehr.« Es gibt nur das einsame, verlorene Ich, das vor der Aufgabe steht, diesem zerstörten und zerlegten Leben Form zu geben.

Ja. Und jetzt kann ich auch nur zitieren, was ich geschrieben habe: Märtyrer und Menschenrechtler, kämpferische Pazifisten in diktatorischen Systemen sowie Gerechtigkeitsaktivisten in den Hungerzonen der Welt kennen einen höheren Wert als die Erhaltung des (eigenen) Lebens. Gerade um des Lebens willen!

Heißt das, diesseitiges Leben würde gering geachtet?

Wieso denn? Im Gegenteil: Man nimmt es dankbar an, erfüllt einen inneren Auftrag, sieht sich in erhabenem Sinnauftrag, begreift sich als Bote höherer Perspektive und nimmt dafür Opfer auf sich.

Das sagen Selbstmordattentäter auch.

Dass dies in Terrorismus und religiösen Fanatismus ausarten kann, liegt auf der Hand, hat aber mit der Lehre Christi nichts zu tun. Der politische Missbrauch Kleists, Haydns, Wagners, Nietzsches und von Marx hatte mit den Genannten bekanntlich auch nichts zu tun.

Wer sind wir?

Augenblickesammler. Zigeuner am Rande des Universums. Aus der Mitte gestoßen, voll Sehnsucht, die Mitte zu finden.

Ich denke an Kleists Bild vom Cherub, der vorm Paradies Wache hält: Wir müssten deshalb noch einmal die Reise um die Welt machen, eventuell einen Hinterausgang finden.

Unsere Lebensspannung ergibt sich aus zweifacher Sehnsucht – wir wollen erfahren, wer wir jetzt sind und was das Ewige sei. Das reißt und reißt an uns.

Und?

Wir werden älter, die Hoffnung auf Frieden und Gerechtigkeit nimmt ab, aber, so die Dichterin Hilde Domin, nicht die Sehnsucht danach. Und es war erstaunlicherweise der sozialistische Dichter Heinz Kahlau, der Diesseits- und Jenseitsdenken bezwingend in Poesie setzte, »Gott ist nicht da« heißt das Gedicht: »Es gibt kein Paradies/ Nach diesem Jammertal./ Kein Jüngstes Gericht/ Findet statt:/ Gott ist nicht da.// Gott ist nicht da?/ Kein Jüngstes Gericht/ Findet statt?/ Es gibt kein Paradies/ Nach diesem Jammertal?« Er stellt die Gewissheiten in Frage. Er kritisiert die klare Beschlusslage der Partei, die da lautet: Es geht fraglos und gesichert vorwärts! Und die Zukunft ist unser!

Wer um das Flüchtige des Lebens weiß, der hört auf, das Sehnen nach einer ewigen Heimat lächerlich zu machen?

Wenn Sie dieses Sehnen aus Ihrem Empfindungskosmos streichen, dann müssen Sie den Großteil der Kunst vergangener Jahrhunderte streichen. Es geht immer um diese offene Frage nach dem Danach in Verbindung mit dem realen Leben, und das Fragen ist verwickelt in eine undefinierbare Angst und eine nicht zu fassende Hoffnung. Warum bringt sich Hamlet nicht um? »Sein oder Nichtsein.« Er weiß nicht, was kommen könnte, von dort, von wo kein Wanderer wiederkehrt.

Genau genommen, wissen auch Sie keine Antwort.

Woher sollte ich denn Gewissheit beziehen?

Friedrich Schorlemmer: »Vieles kann der Mensch in Ordnung bringen, manches Weh kann einer heilen, für vieles kann er danken. So erfüllt sich Leben und so kann man lebenssatt das Leben schließlich lassen!« Wirklich?

Ja. Es geht um konkrete Weltverantwortung und getröstete Entsagung.

Getröstete Entsagung … Klingt wie die Quadratur des Kreises?

Es gibt keine eindeutige Antwort! Vielleicht hilft jetzt, dass ich einfach sage, dass es Augenblicke gibt, da wird man schon im realen Leben in den Himmel gehoben.

Oh, Sie reden jetzt von …

Von Musik! Von Musik rede ich. Die h-Moll-Messe Bachs. Das Deutsche Requiem von Brahms. Die Auferstehungssymphonie von Mahler. Die Musik Mozarts, so hat der Theologe Karl Barth witzig geschrieben, spielen die Engel, wenn sie unter sich sind, und wenn der HERR anwesend ist, wird natürlich Bach gespielt. Also, wenn der Himmel eine Heimat ist, dann wird sie ein wunderbar klingender Ort sein.

Bei so viel guter Aussicht zurück an die Anfänge. Trat der Tod früh in Ihr Leben? In einer Pfarrersfamilie gehört er praktisch zum Alltag.

Mein Vater nahm mich oft mit zu einem alten Mann, dessen Hinfälligkeit mehr und mehr zu einem unabweisbaren Sterben wurde, während der Geist sich aber weiter aufbäumte. Er war Stellmacher gewesen. Ich erlebte den Kontrast zwischen den guten tiefen Gesprächen, die mein Vater mit ihm führte, und andererseits dem Elend, dem Uringeruch zum Beispiel – er konnte das Wasser nicht mehr halten – sowie der Enge und Niedergedrücktheit des Zimmers. Da spürte ich etwas vom Geheimnis des Todes und der seltsamen Wahrheit, dass Gespräche mit Sterbenden so ganz anders, so faszinierend ernsthaft sind, ganz im Gegensatz zu der Art, wie sich die Menschen im Alltag unterhalten. Ein anderes Erlebnis hatte ich 1954, da war ich zehn, es war im Mai beim Mähen unserer Wiese. Wir hatten einen sogenannten Balkenmäher, die Messer klappte man herunter, und sie arbeiteten gegenläufig, eine erstaunliche Erfindung aus Zeiten, da die Deutschen noch große Ingenieure waren, Ende des 19. Jahrhunderts. Man saß auf diesen Dingern, vorn die Pferde, und durch die Bewegungskraft der Tiere wurden die Messer bewegt, das Gras lag danach in schönen Schwaden da. An jenem Tag wurde beim Mähen in hohem Gras ein Rehkitz verletzt, ziemlich stark, am Schenkel. Es konnte sich nicht mehr bewegen. Mein Vater nahm sein Seziermesser und das Verbandszeug, er verarztete das Tier regelrecht, er hat den Schenkel verbunden, auch das Gelenk erwies sich als beschädigt. Mit derselben Flasche, aus der mein Bruder Jochen – neun Monate alt – Milch bekam, wurde dann das Rehkitz Resi versorgt, das heißt: Wir hatten nun noch ein weiteres »Geschwisterchen« – das bei uns blieb, bis es wieder laufen konnte. Ganz natürlich vollzog sich dieser Familienzuwachs, richtig ursprünglich. Natürlich kam das Tier mit ins kleine Schlafzimmer, und dort fand auch die Versöhnung zwischen Hund und Rehkitz statt. Ich bekam die verantwortungsvolle Aufgabe, auf Resi aufzupassen, aber mich gleichzeitig darum zu kümmern, dass die Zuwendung zu Holle, unserem Schäferhund, nicht nachließ. Sorgsamkeit für die Kreatur – das fand ich später so erschütternd wahr bei Brecht, im Gedicht »Von der Kindesmörderin Marie Farrar«, da steht das Entscheidende: »Doch ihr, ich bitt euch, wollt nicht in Zorn verfallen/ Denn alle Kreatur braucht Hilf von allen.« Diese Verse haben mich in meiner innersten Empfindung getroffen, und »alle Kreatur« hat für mich seit damals mit Resi zu tun.

Wären Sie gern ein Einzelkind gewesen?

(*Lacht.*) Nein, dann hätte ich ja niemanden kommandieren können.

So etwas haben Sie getan?

Nein, nein. Aber da Sie mich schon fragen: Hätte ich diese Wahl, würde ich nicht gern wieder Ältester sein. Drittes von sechs oder sieben Kindern, das wäre angenehmer, also: geschützte Mittellage.

Sie sind der älteste Sohn der Familie. Wie heißen Ihre Geschwister?

Die Schwester, die nach mir geboren wurde, ein Jahr nachdem mein Vater aus der amerikanischen Gefangenschaft gekommen war, ist Christine. Die nächste ist dann Renate. Dann kommt mein Bruder Andreas und dann Hans-Christoph. Er ist 1957 gestorben. Dann wurde Johann-Joachim geboren, oder Jochen, wie wir ihn nennen, und schließlich meine Schwester Ulrike. Sie wurde im November 1956 geboren, ich weiß noch, wie meine Mutter immer aus dem Zimmer ging, weil das Radio lief. Sie hielt es nicht aus. Sie war bereits hochschwanger, wollte Ruhe, aber mein Vater und ich hingen erregt, nervös, fiebernd am Rundfunkgerät. Ungarn brannte, wir waren angespannt, für meine Mutter in ihrer Lage war das jedoch zu viel Aufregung.

Wie würden Sie Ihre Mutter beschreiben?

Zunächst möchte ich betonen, dass ich in dem, was meine Familie betrifft, während unserer Gespräche spröde bleiben werde. Das haben wir unter uns Geschwistern so vereinbart. Von Dingen, die meine Mutter in ihrem Innersten bewegten, habe ich wenig mitbekommen. Sie hatte begonnen, Medizin zu studieren. 1944 wurde ich geboren. Wir waren vorher gemeinsam, ich in ihrem Leib, in einem Rostocker Luftschutzkeller, während der Bombenangriffe. Sie ist dann in die Altmark gezogen, auf das Dorf, wo mein Vater die Pfarre hatte. Ich habe Ihnen ja gesagt: Zunächst wohnte sie dort zwei Jahre allein, in diesem einsamen Gehöft, nur mit mir. Nahezu unbegreiflich, in so einer harten Zeit da zu leben. Vater war noch in jener Kriegsgefangenschaft – die er einer Verletzung in Russland verdankte. Später, nachdem er zurückgekehrt war, hat sich meine Mutter ganz und gar den Aufgaben meines Vaters untergeordnet. Untergeordnet? Nein, wohl eher eingeordnet hat sie sich, sie verstand sich in bestimmtem Sinne als seine Gehilfin im Pfarramt. Sie praktizierte das offene Haus, sie brachte sieben Kinder zur Welt. Es blieb für die geistige Durchdringung dessen, was von Amtes und Berufung wegen in der Familie gelebt wurde, sehr wenig Zeit. Zum Bild meiner Mutter gehört sicher auch, wie merkwürdig wenig ich von ihr weiß, wie schemenhaft sie jetzt in dem wirken muss, was ich erzähle. Sie ist mit neunundvierzig Jahren an Krebs gestorben. Sehr tapfer starb sie. Jedes Jahr, das ich älter als neunundvierzig werde, macht mir auf traurige Weise klar, zu welchem Zeitpunkt meine Mutter das Leben loslassen musste. Ich weiß noch zwei Dinge von ihr: Sie las unglaublich gern Stefan Zweig, und sie hörte mit großer Innigkeit Franz Schubert. Sie konnte Klavier und Orgel spielen, bis zum Tod meines Brueder eine wunderbare Sopranstimme. Viel mehr könnte ich von ihr nicht sagen. Zu mehr, so glaube ich, kam sie auch nicht.

Von Ihrem Vater haben Sie schon viel erzählt ...

Er ist ein Mann gewesen, der sein Leben lang nicht damit fertig wurde, selber keinen Vater gehabt zu haben. Der, mein Großvater also, ist in der ersten Kriegswoche, im August 1914, verschollen. Meine Großmutter wartete gleichsam bis zur Stunde ihres eigenen Todes mit 96 Jahren auf ihren Mann. Weil meinem Vater der Vater fehlte – ich glaube, gerade deshalb ist er selber ein so wunderbarer Vater für uns geworden. Das war eine Kompensationsleistung, gewachsen aus Tragik. Unsere Eltern sind auf schöne, bewundernswerte Weise mit ihren vielen Kindern umgegangen. Wie sie diese Unterschiedlichkeit der Wesen bewältigt und ausbalanciert haben, in so schweren Zeiten, das hatte eine stille, selbstverständliche Größe. Ich sehe das auch unter dem Blickwinkel der Bedingungen, unter denen man sich damals wusch, wie man abgewaschen, wie man geheizt, wie man eingekauft hat, ich sehe noch die riesigen Wasserkessel vor mir, und dann diese gnadenlose Kälte im Winter ... Was ich aber auch sagen muss, ich deutete es an: Mein Vater ist später, mit mir als Heranwachsendem, nicht mehr so gut klargekommen. Er hat meinen Weg ab einem bestimmten Punkt nicht mehr begleitet; eigentlich wuchs ich etwa ab sechzehntem Lebensjahr, in gewisser Weise, ohne Eltern auf. Kann ich das so hart und entschieden sagen? Man möchte sich bei solchen Wertungen selber ins Wort fallen. Was wissen wir in bestimmten Lebensphasen überhaupt voneinander. Aber es ist wahr: Vater war für mich kein Gesprächspartner mehr. Er war vielleicht zu ausgelaugt inzwischen.

Er hat Ihren politischen Weg doch aber gebilligt?

Er selber schuf die Grundlagen für mein Denken! Er hat mir keine Hindernisse in den Weg gelegt, aber er hat mich nicht direkt unterstützt, nicht gehalten, nicht bestätigt; er riet eher ab und sagte immer öfter: Lass sein, Junge, du wirst sonst noch sehen, was du davon hast, überleg dir doch besser, wohin du dich und uns bringst. Als ich den Wehrdienst verweigerte, sagte auch meine Mutter: Junge, wie kannst du uns so etwas antun! Nicht, dass sie den Staat in Schutz nahm, sie nahm sich selber in Schutz, denn: Sie sah mich in ihren schlimmsten Befürchtungen schon im Gefängnis, sie hatte Angst vor dieser drohenden Erfahrung. Natürlich habe ich das verstanden, und trotzdem fühlt man einen Stich im Herzen. Man trifft so eine einsame Entscheidung für sich und wünscht sich doch von den eigenen Eltern ein starkes gutes Zureden. Dieser Zuspruch aber kam nicht, es gab nicht dieses verschworene, Mut machende familiäre Bündnis, dieses: Einsamkeit zu Einsamkeit, das einen ganz stark machen kann gegen die Welt. Mein jüngerer Bruder ging zur NVA.

Wie wird ein Mensch, was er wird?

Es gibt drei Kräfte, die an unserem Leben wirken, und jede Kraft wirkt auf geheimnisvolle Weise und zu unterschiedlichen Zeiten ganz anders. Das Gewicht zwischen diesen Kräften wandelt sich. Die eine Kraft ist das, was ich genetisch mitbringe, an Talenten, an Ausstrahlung, an Unverwechselbarkeit. Die zweite Kraft ist die Prägung durch andere Menschen, und die dritte Kraft erwächst aus dem, was ich selber aus meinen Gaben und aus meinen Begegnungen und Erfahrungen, aus den Impulsen und Konstellationen meines Lebens mache. Die Frage ist immer, welche Kraft wirkt in welchem Alter auf welche Weise, wie sind diese Kräfte verteilt, wie bleibt man verlässlich in der inneren Justierung, wo gerät man in Gefahr, sich zu verlieren, wann fängt das an, was man später sein Schicksal nennen wird? Wann gibt es auf eingeschlagenen Wegen kein Zurück mehr? Wie geschieht die Wandlung der vielen Möglichkeiten in die eine Festlegung? Wann, wie, wo? Ich halte es für entscheidend, immer ein wenig der Beobachter dieser drei Kräfte zu bleiben. Das ist schwer, aber nicht unmöglich. Es geht also darum, ein Stückchen neben sich zu stehen und sich in Abständen selber zu fragen: Was machst du da, warum machst du das, was meldet sich jetzt in dir, welche Dinge sind es eigentlich, die dich prägen – und willst du das denn überhaupt, fühlst du dich als Herr deiner selbst? Womit belügst du dich selber, womit zermürbst du dich vergeblich?

Sie sagten, Ihr Vater habe die Grundlagen geschaffen für Ihr politisches Denken. Wann fing das an?

Etwa mit dem sechsten Lebensjahr. Mit meinem Vater hockte ich am Radio, jeden Tag kam im RIAS eine Kalte-Kriegs-Sendung, da unterhielten sich zwei über den Kommunismus, eine richtige Hetzsendung, bei der man sich den Frust über die Ostzone ablachen konnte. Die haben wir regelmäßig gehört. Ich stand hinter meinem Vater, habe ihm die Glatze gekrault, ja, die hat mich irgendwie fasziniert, wir fühlten uns als Verbündete gegen die Ostzone, nickten zu den Kommentaren von Egon Bahr. Da war es noch ganz anders mit meinem Vater, da fühlte ich etwas von politischer Geheimbündelei. Es waren für mich ganz spannende Stunden. Später hörte mein Vater nicht mehr RIAS, so, als sei er vom DDR-Urteil infiziert, dies sei doch nur ein wütiger, ein geifernder, aber kein intelligenter Sender. Also dann jahrzehntelang allabendlich NDWR: das »Echo des Tages«.

Haben Sie auch Karl May gelesen?

Nein. Schiller, das war mein erster großer Dichter, Karl May nicht. Ich habe keinen einzigen Karl-May-Schmöker gelesen. Das ist sicherlich ein Verlust, das mag sein. Aber dafür las ich James Fenimore Cooper, Mark Twain und Robert Louis Stevenson, auch Friedrich Gerstäcker.

Spielen Sie ein Musikinstrument?

Leider nein. Der Weg zwischen meinem Gehirn und meinen Händen ist verstopft. Ich habe es probiert, ich kriege das aber nicht hin.

Sie reden vom Klavier.

Natürlich, das Königsinstrument. Ich würde es gern von ganzem Herzen spielen können. Ich könnte verrückt werden bei dem Gedanken, ich wäre in der Lage, Schumann zu spielen oder Chopin oder Brahms.

Hatten Sie Klavierunterricht?

Nein. Zu meinen Kinderzeiten war keine Gelegenheit dazu. Während andere Kinder vielleicht Französisch und Klavier lernten, habe ich Kartoffeln gelesen sowie im Garten gehackt und gegraben. Wir hatten zwar ein Klavier im Hause, aber Klavierstunden waren erstens unbezahlbar und zweitens schon rein zeitlich für mich nicht drin.

Ihr Vater konnte Klavier spielen?

Die Mutter. Und Geschwister von mir können Trompete spielen. Sie waren jünger, sie hatten das Glück anderer Zeiten. Sie lernten es beim Diakon.

Welche Lieder aus Ihrer Kindheit sind Ihnen besonders in Erinnerung?

»Es kommt ein Schiff, geladen« – das kenne ich, seit ich denken kann, weil meine Mutter es so liebte. Wenn sie es spielte und sang, fühlte ich das Glück. Oder »Ich stehe an deiner Krippe«, von Bach vertont. Das ist mein Kinderschatz.

Wenn Sie an frühe Kindheit denken, was geht Ihnen spontan als Erweckungserlebnis durch den Kopf? Was brachte außerhalb des Elternhauses jenes Gefühl von Getragensein, von Willkommen im Leben?

Jetzt erzähle ich noch mal von Opa Behrens! Ich muss so etwa vier Jahre alt gewesen sein. Jedenfalls bin ich da immer raus auf die Straße gelaufen, ganz allein auf die große Lindenallee, das muss man sich vorstellen, das wäre heute gar nicht mehr möglich ohne Begleitung Erwachsener, Hoppelpflaster, mit Sommerweg und Radweg natürlich, denn auf dem Pflaster wäre jedes Fahrrad machtlos gewesen, dazu links und rechts riesengroße Bäume. So schön üppig war das. Ich setzte mich in den Graben, futterte Sauerampfer, beobachtete Franzosenkäfer und wartete darauf, dass er endlich kommt. Und er kam, regelmäßig. Und er stieg ab vom Rad, und meine Eltern erzählten mir später, er habe mich immer gefragt, wie ich denn heiße, und ich hätte geantwortet: Riri Pasterjung. Riri, das hieß Friedrich. Ich konnte noch nicht richtig sprechen, aber ich muss wohl, wie jedes Kind, sehr früh gewusst haben, was Erwachsene entzückt. Riri Pasterjung, das entzückte ihn, und also sagte ich es jedes Mal, wenn er kam. Dann nahm er sein großes Taschenmesser, mit Horn dran, und schnitt eine große saftige Birne auf, schnitt sie in Scheiben. Die aßen wir gemeinsam. Unvergesslich. Schon allein, wie er dieses Mahl bereitete. Immer, wenn ich heute in den Auslagen der Obstmärkte oder in den Supermärkten die Birnen sehe, die europäischen Normen genügen müssen, denke ich an die Birnen von Opa Behrens. Oder er brachte einen Apfel mit, auch riesengroß, Gravensteiner. Ein wunderbar gütiger Mensch, der Wilhelm Raabe las. Früh bin ich auch zum Schäfer gegangen und zum Kuhhirten, der Kuhhirte hatte Leberwurststullen mit, und auch die schnitt er mit dem Messer in kleine Portionen, ich bestaunte die Schärfe der Klinge. Ich glaube, ich habe unbewusst immer bis zur Vesper gewartet mit meinen Besuchen, und natürlich bekam ich was ab von den wunderbaren Stullen. Das sind Glückserfahrungen gewesen, die mich weiter begleiten.

Hatten Sie frühe, klare Vorstellungen über Ihre berufliche Zukunft?

Ich war, nachdem ich die Mittelschule abgeschlossen hatte, sehr ratlos: Was sollte nun werden mit mir? Was sollte ich machen? Als Einziges kam mir die Idee, Gärtner zu werden. Ich wollte einen praktischen Beruf erlernen und dann vielleicht studieren. Meine Idee als Vierzehnjähriger war: nur bloß keine Arbeit, die der meines Vaters ähnlich wäre. Ich wollte nicht an den Schreibtisch, sondern in die Natur. Bauer freilich mochte ich nicht werden, ich wollte nicht auf großen Feldern pflügen und Rüben ernten. Aber Erde gestalten, das war mein Wunsch. Der Garten ist für mich seit jeher die eigentliche Utopie. Mein Freund Heinz ging in den Westen, er begann die Lehre in einer richtig großen Gärtnerei, in Wedel. Wollte ich auch. Aber meine Mutter erlaubte es mir nicht, ich musste im Osten bleiben. »Entweder wir gehen alle, oder alle bleiben!« Also wurde ich nicht Gärtner, auch aus einem Grunde, der aber nicht natürlich, sondern reflektiert war, sozusagen nachgeschoben – ich dachte: Wenn du nur Gärten bestellst, kannst du in der gesellschaftlichen Auseinandersetzung, die hier im Lande nötig ist, nicht mitwirken. Mich interessierte, was ich geistig diesem deterministischen Gesellschaftsbild entgegenstellen könnte, das so unangemessen mit seiner Wissenschaftlichkeit prahlte.

Sie besaßen kein Abitur.

Ich war im Arbeiterstaat kein Arbeiterkind. Das bekam ich zu spüren. Mein Vater gehörte als Pfarrer zur Rubrik »Sonstige«, keine förderungswürdige Herkunft.

Wie haben Sie das Abitur trotzdem abgelegt?

Eine Möglichkeit hätte im Besuch einer kirchlichen Einrichtung bestanden, da hätte ich ein Quasi-Abitur ablegen können, das dann freilich doch nicht anerkannt würde vom Staat. Das wollte ich nicht. Außerdem hatte ich keine Lust, mit lauter Pastorenkindern zusammen zu sein, von denen viele, wie ich, irgendwo abgelehnt worden waren. Ich ahnte Geschlagene und Gebeutelte, fürchtete ein Klima der Verbitterung, des isolierten Bewusstseins, des stolz und eitel und düster kultivierten Außenseitertums. Ich dachte, obwohl das sicher ungerecht war, an den Hauch einer realitätsfernen Sekte, die verbissen ihr Festungsdasein zelebriert. Bei den Pfarrerskindern fürchtete ich Neurotisierung im geschützten Raum. Ich bin sehr froh, dass ich das nicht gemacht habe.

Hatten Geschwister von Ihnen ebenfalls solche Schwierigkeiten?

Meine kleine Schwester Ulrike zum Beispiel hat, noch im Jahre 1972, keine Lehrstelle bekommen, ich habe sie zu einem privaten Buchhändler nach Merseburg vermittelt, sie wohnte in dieser Zeit bei uns. Meine anderen beiden Schwestern sind Krankenschwestern geworden, eine sogar an einem staatlichen Krankenhaus, die andere in einer kirchlichen Einrichtung. Meine älteste Schwester übrigens hatte auch keine Lehrstelle bekommen, und sie ging in ein Diakonissen-Haus, ähnlich dieser Einrichtung, in die ich unter keinen Umständen wollte – und sie bekam einen Schock. Ausgerechnet sie, die so ausgesprochen lebenslustig war, die so ein wunderbar unbefangenes Verhältnis zur Sinnlichkeit hatte – ausgerechnet sie kam in diese quasi vermauerte Umgebung. Sie hat sich damals nahezu kaputtgeweint. Ich versuchte, auf andere Weise voranzukommen, ich sagte mir ziemlich naiv: Geh doch mal zur Volkshochschule. Ich fuhr nach Wittenberge, und die fragten mich nicht mal nach meinem Vater, nach sozialer Herkunft. Ja, war der Bescheid, ich könne im September anfangen. Ich war völlig verwirrt: Ich komme da hin, die empfangen mich und sagen, ja, bitte sehr, die Klasse sei noch nicht voll. Viermal in der Woche fuhr ich zur Abendschule, zwei Jahre lang, bis zum Abitur.

Sie hatten aber keinen Ausbildungsberuf.

Ich arbeitete in der Kirche. Was ich machte, nannte sich kirchliche Grundausbildung, und sie war für Leute wie mich eingerichtet worden, eine Art Überbrückungshilfe für junge Menschen, denen der Staat Steine in den Weg zum Studium gelegt hatte. Ich musste alles machen, was so anfiel. Es war eine dumpfe Zeit. Jeden Tag stieg ich allein auf den Glockenstuhl, um das Glockengerüst zu entrosten und zu streichen. Jeden Tag da hoch, es war ätzend. Zuerst mit der Drahtbürste die alte Farbe ab, dann Rot drauf, dann Grau hinterher. Des weiteren setzte ich Friedhofszäune, machte Kirchenführungen. Oder ich musste für das Kirchenamt Austritte und Eintritte registrieren. Das Anlegen und Bearbeiten dieser Kirchenkarteien und -steuerkarten war das Furchtbarste. Ich weiß seitdem, was tote Arbeit ist. So habe ich meinem Vater gleichsam wie ein Hausmeister gedient. Eine riesige Kirche wartete da auf mich, immer dreckig, schnell wieder verstaubt. Zur Volkshochschule nach Wittenberge fuhr ich zunächst mit dem Fahrrad, nachts die Strecke dann zurück. Ich musste über diese berühmte Doppelbrücke, auf der man mitunter über eine Stunde lang stand. Züge und die Autos fuhren über eine einzige Fahrbahn, und nur, wenn keine Züge fuhren, kamen die Autos durch. Es fuhren aber ständig Züge, vor allem Militärzüge. Später bekam ich ein Motorrad, viermal die Woche fuhr ich, insgesamt fast hundert Kilometer – zu Zeiten, als die Winter noch sehr, sehr kalt waren. Gegen Mitternacht war ich dann endlich zu Hause. Mein Vater gab mir Geschichtsunterricht, frühe deutsche Geschichte, Reformationsgeschichte. Zusätzlich lernte ich Latein in Osterburg, auch im Privatunterricht; ich hatte das Gefühl, mehr zu ackern als die Jungs, die auf die Oberschule gingen. Die spielten nachmittags Volleyball, während ich büffelte. Ich war damals oft sehr, sehr müde. Die Arbeit in der Kirche machte ich zwei Jahre lang. Ich habe abends gelernt, mich ausgeschlafen, und dann meine Hausmeistertätigkeiten absolviert.

Kriegten Sie Geld?

75 Mark im Monat. Davon musste ich auch Sprit- und Reparaturkosten begleichen. Ich blieb aber relativ autark, zum Beispiel durch mein Fotografieren bei Familien- und Kirchenfesten.

Empfanden Sie diese Abendschule als Fortsetzung der politischen Indoktrinierung in der DDR mit anderen Mitteln?

Ich verdanke diesen Abiturlehrgang einem Lateinlehrer, Herrn Scheer, der zwar Kommunist, aber kein SED-Mitglied war. Er war in einer Blockpartei, der LDPD. Wenn ein Schüler eine Frage stellte, sagte er: Sehr interessante Frage, denken Sie mal nach, wo könnte die Antwort sein? Er gab die Frage an uns zurück, und wir versuchten eine Antwort. Hören Sie, sagte er dann, hören Sie es knistern? Das ist das Denken! Es war eine tolle Atmosphäre, ich lernte Gedichte von Erich Weinert kennen und begriff ihn als einen Dichter, der von Sekunde auf Sekunde mit einem Gedicht auf die Welt reagierte, ein Kommentator in Versen, und wenn man das weiß, wenn man mit diesem Bewusstsein der Sofortreaktion, nicht im Hinblick auf die Ewigkeit, seine Gedichte liest, kann man ihnen durchaus etwas abgewinnen. Man versteht sie dann ganz anders. Ich hatte an der Schule dort überhaupt gute Lehrer – obwohl es der Deutschlehrer war, der Direktor der Schule, der mir am Anfang gesagt hatte, ich solle doch den ganzen religiösen Ballast meiner Herkunft, für die ich nichts könne, über Bord werfen. Im Russischunterricht übersetzten wir schließlich Puschkin und lasen Gogols »Revisor«. Ein Stück in einer wunderbaren Sprache. Wir waren Schüler unterschiedlicher Herkunft, unterschiedlichen Alters, und die Lehrer hielten sich mit ideologischen Bedrängungen zurück. Das muss ich wirklich sagen, und diese Atmosphäre milderte die Härte der Anforderungen, denen ich mich ausgesetzt fühlte. Denn hart war es, diese Anspannung durchzuhalten, diese Belastung. Aber am Ende stand das Abitur, und alle Mühe hatte sich gelohnt, ich konnte studieren. Wobei ich ursprünglich nicht vorhatte, an die Universität nach Halle zu gehen, sondern nach Berlin, natürlich nach Berlin! In Westberlin studieren, in Ostberlin wohnen. Ich wollte drei Fächer studieren, Theologie, Germanistik und Politologie. Germanistik, weil ich Walter Jens gelesen hatte, als Siebzehnjähriger, ich war begeistert; so tief hinein in das Wunder Literatur, das wollte ich auch. Als 1961 die Mauer hochgezogen wurde, war es aus mit solchen Studienplänen. Ich hätte Germanistik in Halle studieren können, aber wahrscheinlich habe ich mir das am Ende nicht zugetraut. Marxistische Geschichte ging gar nicht, also blieb die Theologie – die freilich so angelegt war, dass man von den existenziellen Fragen rasch weggedrängt wurde. Die alten Sprachen fraßen einen auf.

Fühlten Sie es nach dem Mauerbau kälter, beengender und bedrohlicher werden?

Ja. Der Anpassungsdruck bekam einen qualitativen Sprung. Die Funktionäre konnten jetzt ohne Rücksicht offenbaren, wer die Macht hatte. Die Mauer wurde zu einem Zeitpunkt gebaut, als das widerständige bürgerliche Potenzial zu einem Großteil in den Westen geflohen war. Die DDR hat bei offener Grenze den Überdruck abgelassen, dann zugemacht und den Druck wieder erhöht. Beim Durchsuchen der Spinde im Schülerheim, während meiner Mittelschulzeit im Internat, hatte die Schulleitung eines Tages Fotos gefunden, Aufnahmen von Westberlin. Die Mitschüler behaupteten sofort, die hätte ich gemacht. Eine Lüge. Sie sagten das, weil sie dachten, dem Pfarrerssohn würde das am wenigsten Ärger bringen, der war doch sowieso ein Gezeichneter. Sie logen nicht aus Boshaftigkeit, nicht etwa, um mir eins auszuwischen, sie logen, um selber durchzukommen.

Wie erlebten Sie Ihre Musterung?

Es war die Musterung für einen Wehrdienstverweigerer. Das war von Beginn an klar. Ich wurde gleich beiseitegenommen. Ich saß von Anfang an nicht mit den anderen zusammen, die ebenfalls lang warteten. Die vom Wehrkreiskommando wussten, was ich vorhatte. Ich hatte denen vorsorglich geschrieben, dass ich den Dienst verweigern würde. Es war zu der Zeit, da es noch keine Bausoldaten gab. Also, ich wurde gleich ausgesondert. Was ich nicht einschätzen konnte damals: warum die mich beiseite nahmen. Die wollten mich nämlich nicht nur verängstigen, die befürchteten zudem, ich könne mit meiner Verweigerungshaltung auch die anderen mit pazifistischen Viren infizieren. Ich kam allein in das Vernehmungszimmer und saß sieben Leuten gegenüber. Frauen protokollierten, ich hatte die Rolle des Angeklagten und wusste nicht, ob ich nicht gleich verhaftet und in Anwesenheit eines Staatsanwaltes abgeführt würde. Wegen Wehrkraftzersetzung. Die Atmosphäre war sehr eisig. Die hatten meinen Brief vor sich liegen. Es haben nur zwei von denen gesprochen, die anderen fixierten mich die gesamte Zeit. Die trieben mich mit Argumenten in die Enge, und ich hatte keinen, der mir half. Wenn ein Räuber bei Ihnen zu Hause einbricht und Ihre Mutter erschlagen will, würden Sie da nicht zur Waffe greifen? So fragten die. Du sitzt da und nickst. Na sehen Sie, Herr Schorlemmer. Und nun überlegen Sie mal, Herr Schorlemmer, wir wollen Frieden, in der ganzen Welt, das wissen Sie doch, Herr Schorlemmer. Da sagst du »Ja«. Schon bist du ein bisschen eingenommen. Die Sowjetunion möchte die Völker, die unter dem kolonialen Joch leiden, befreien – das wissen Sie doch auch, Herr Schorlemmer. Und diese Völker würden auch gern im Sozialismus leben, aber noch gibt es den kriegslüsternen Imperialismus. Denken Sie an den Räuber, der in Ihre Wohnung eingedrungen ist, Herr Schorlemmer …

Sie haben durchgehalten?

Ja. Ich hatte glücklicherweise zwei Kommilitonen, mit denen ich zufällig in einem Zimmer zusammen wohnte, sie hatten auch verweigert. Wir hielten einander. Der eine musste dann noch zu den Bausoldaten, nach dem Studium. Mich haben sie in Ruhe gelassen. Aber immer diese Ungewissheit: Was machst du, wenn der Staatsanwalt vor der Tür steht und sie dich holen? Ich will das überhaupt nicht hochstilisieren. Aber die Angst, das weiß ich seitdem, schafft eine eigene Realität. Real ist nicht nur das, was einem tatsächlich geschieht, sehr real ist manchmal auch die Vorstellung, welche Damoklesschwerter sie über dir aufhängen. Überall die drohende Ankündigung, der Faden, an dem diese Schwerter hingen, sei sehr, sehr dünn. Vor allem belastete mich, was ich Ihnen schon erzählte – dass meine Mutter sagte: Junge, wie kannst du uns das nur antun. Seit diesem Moment hatte ich ein sehr gespaltenes Verhältnis zu meinen Eltern. Ich habe ihnen gesagt: Wisst ihr, ich hab das doch alles in Büchern gelesen, die ihr mir gegeben habt – ich habe die Bücher von Borchert gelesen, ich habe »Nackt unter Wölfen« gelesen, ich habe Dietrich Bonhoeffer gelesen, ich habe vom 20. Juli 1944 erfahren, und ich habe erfahren, was der Krieg angerichtet und was Vater in Russland erlebt und von dort erzählt hat. Ich bin dem gefolgt, was ihr in mir angelegt habt. Die Eltern schwiegen. Sie ließen mich gewähren, aber ich hatte nicht die Gewissheit ihres unzweifelhaften Beistandes. Das tat mir weh.

Warum wollten Sie neben Theologe auch noch Politologie studieren? Wieso muss ein Pfarrer Politologe sein?

Ich wollte begreifen, wie ein Vo!k, zu dem ich selber gehörte, so tief sinken konnte wie unter Hitler. Ich wollte die Zusammenhänge wissen, die ein Volk seelisch, geistig, moralisch zerrütten. Ich wollte die Kräfte studieren, die da wirken. Mein Interesse war durch die Schriften Walter Hofers geweckt worden, seine dokumentarischen Bücher über den Nationalsozialismus, das Thema begann mich beizeiten sehr zu beschäftigen. Aber wie gesagt: Mit WEstberlin war nichts! Im August 1961 war ich siebzehn, ein strahlend schöner Sonntag – er kennzeichnete das Ende, ich war eingemauert. Also studierte ich in Halle. Es war hart, eine gnadenlose Kacke. Du kommst als junger Mensch glühend dahin, mit großen existenziellen Fragen, und die belatschern dich mit drei alten Sprachen, mit Kirchengeschichte der frühen Väter und all diesem Wust, der die gegenwärtigen Fragen zu ersticken drohte. Ich hätte damals gern mal gewusst, was war der Bauernkrieg, wie hat Luther sich da verhalten. Also: rein in die Dinge, die von zeitgenössischer Bedeutung sind! Wie ist in der biblischen Geschichte das Aufwühlende mit Kain und Abel zu verstehen, überhaupt, wie ist das mit bestimmten verwandtschaftlichen Verhältnissen in der Bibel? Manches geht doch biologisch überhaupt nicht. Wenn man da naiv weiterdachte, musste man zu dem Schluss kommen, die Welt sei von Inzucht überzogen. Das in der Bibel Erzählte ist aber, inzwischen weiß ich das natürlich, gut erklärbar – es gibt einen Schlüssel dafür, wie die biblischen Legenden zusammengesetzt sind, aus sehr verschiedenen Traditionen nämlich, und wie man daraus eine Abfolge entwickelt hat, und welchen Sinn es zum Beispiel hat, dass die erste Tat des Menschen außerhalb des Paradieses ein Mord ist ... Aber als ich zur Universität kam, haben die da stundenlang über die beiden Urströme im Paradies reflektiert, das ging bis in die alten Religionen im Zweistromland, dann wurden die sieben verschiedenen literarischen Schichten der Genesis freigelegt; alles wichtig, aber wichtiger ist doch die Frage: Wie kann ich so einen Text für mein Leben verstehen? Wie interpretiert man Mythen, Legenden, ätiologische Sagen? Eben nicht im Wort-fürWort-Verstehen. Wie kann ich das in jetzige Zusammenhänge bringen, wie kann ich so einen Text heute als einen Teil heiliger Schrift glauben? Also: Wie finde ich seine Wahrheit, statt ihn nur in seine philologischen und sonstigen Bestandteile zu zerlegen? Es war so, als hätte ich wissen wollen, was der Mensch sei und würde deshalb Pathologie studieren. Ich hatte den Eindruck, an der Universität würde theologisch-historische Pathologie betrieben. Ich war verzweifelt.

Sie haben das Studium durchgehalten.

Ja. Ich habe mich ein bisschen gerettet, indem ich nur in jene Vorlesungen ging, die unbedingt nötig waren. Ich habe mich im Vorlesungsraum möglichst weit nach vorn gesetzt, um von den Professoren oder Assistenten gesehen zu werden. Später ließ ich das sein, ich dachte mir, bei den paar Hanseln, die sich diese Lektionen antun, sieht man mich auch weiter hinten, und außerdem las ich fortwährend andere Bücher oder Schriften, da fiel man in den hinteren Reihen nicht so auf. Später ließ ich selbst diese Vorsicht fallen, ich saß mitunter vorn und las, ganz offen. Nur selten unterbrach ich meine Lektüre, weil vom Professor etwas angesprochen wurde, das mich interessierte. Nur bei einem Lehrer war ich hellwach: bei dem Theologen Hans-Georg Fritsche, der uns in die Philosophie einführte. Das war großartig. Nach dessen Vorlesungen musste ich regelmäßig etwas essen, um das Gefühl zu kriegen, das pochende Blut im Kopf sackt wieder ab in den Magen – der schöne quälende Druck des Denkens, des Begreifens lässt nach. Er war ein merkwürdiger Mensch, ein Junggeselle. Als nach 1989 bekannt wurde, er sei bei der Stasi gewesen, hat mich das eigentlich wenig erschüttert. Was hätte der denn verraten können und sollen? Ich verdankte ihm zu viel. Irgendwann hatte man ihm untersagt, weiter Vorlesungen zu halten, es kamen immer zu viele Studenten aus anderen Fachrichtungen. Seine Veranstaltungen waren wie ein inoffizielles geistiges Zentrum, das musste vom Staat unterbunden werden.

Wie haben Sie sich das Studium finanziert?

Ich kellnerte. 1964 war ich als Student auch mal Statist – im Film »Der geteilte Himmel«. Die Passage, in der ich zu sehen gewesen wäre, ist leider herausgeschnitten worden. Gedreht wurde in Halle, die DEFA hat gut bezahlt. Fünfzehn Ostmark pro Tag, viel Geld. Die Wäsche schickte ich nach Hause, die Mutter schrubbte und mühte sich mit dem großen Kessel ab, da war noch nichts mit Waschmaschine und Schleuder. Ursprünglich wollte ich, um Geld zu verdienen, zum Theater. Den Floh hatte mir mein Vater ins Ohr gesetzt: Kulissen schieben, das würde was bringen, und ich sei immerhin in der Nähe der Kunst. Aber da hatte ich keine Chance, zu viele Bewerber. Dann habe ich im Kaffeewerk Halle Kaffeesäcke geschleppt, auf dem Güterbahnhof. Nachts gab es Zuschläge, acht Mark mehr für die gesamte Schicht. Zum Kellnern bin ich durch Max gekommen. Im ersten Studienjahr hatte ich ihn kennengelernt. Mit einem Freund saß ich in der Kneipe

– fast jeden Abend, nach der Arbeit, nach zehn, haben wir noch ein kleines Schnitzel gegessen, mit Brot und einem Ei drauf. Es war im Frühjahr 1963. Da saß ein Mann, er rauchte seine Zigarette, er hatte ein richtig ledernes Gesicht. Mit seiner riesengroßen Brille saß er da und grinste ausdauernd herüber. Dann fasste er urplötzlich in die Tasche und legte einen Judenstern auf den Tisch. Er erzählte, dass er dem Lager Theresienstadt vorstand, das eben noch Konzentrationslager war. Das muss man sich vorstellen: dass diese Juden in ihrem Todeslager blieben, weil sie nicht wussten, wohin sie nach der Befreiung sollten. Keine Familie mehr, keine Verwandten mehr, keinen Wohnort mehr, in ihren Häusern nun andere Flüchtlinge – und die Ahnung, dass sie überall auf Misstrauen und Kälte stoßen würden, denn sie waren den Menschen ein personifiziertes schlechtes Gewissen, das nun frei und anklagend herumlief. Also blieben sie in Theresienstadt, und Max, Kommunist und Jude aus Halle, hat nach der Befreiung dieses Ex-KZ geleitet. Später kam er nach Halle zurück, bekam als KPD-Mitglied die Wohnung eines Nazis, aber aus Enttäuschung über das kommunistische System, das sich etablierte, verließ er die Partei und ging in die Gastronomie. In Halle gab es damals nicht mal mehr ein Dutzend männlicher Juden, zu wenig, um einen Synagogalgottesdienst feiern zu können.

Max war der Chef der Kneipe?

Ja. Es war eine HO-Bude. Der vorherige Chef war ausgewechselt worden, weil er nur rote Zahlen geschrieben hatte, natürlich musste er nichts nachzahlen, diese Großzügigkeit nannte sich bekanntlich Sozialismus.

Dass Sie kellnerten, kann man sich gar nicht so recht vorstellen.

Studieren und dann bis spät in die Nacht arbeiten fiel mir nicht leicht, es ging an die Substanz. Aber ich verdiente relativ gut. Am 1. Mai kamen die Arbeiter in diese Kneipe in der Leninallee, sie kamen mit ihren Familien, tranken ausgiebig und gaben reichlich Trinkgeld. Kamen die Handwerker, rauchten die ihre dicken Zigarren, und wenn die Zeche 18 Mark 98 kostete, sagten sie generös: 19! So sind sie, die was haben: blöde knausrig! Neben dem Kellnern bot ich Gästen auch einen anderen Dienst an: Ich betrieb Conference, zum Beispiel bei Hochzeiten. Mir taten die Leute leid, wenn sie rumsaßen und nicht wussten, was sie miteinander anfangen sollten. Also legte ich mir Texte zurecht, und wenn ich merkte, die haben ja gar kein Programm, gar kein Konzept für die Feier – dann schlug meine Stunde, und ich freute mich, nicht nur Bier herumschleppen zu müssen. Das gab mitunter zehn Ostmark zusätzlich.

Wann haben Sie angefangen, sich publizistisch einzumischen?

Ich glaube, das war im Frühjahr 1968. Es gab eine Zeitungsdebatte: Was ist der Mensch? Kain oder Prometheus? Ich habe mich beteiligt, aber natürlich ist nichts von mir veröffentlicht worden. Diese Diskussion wurde aus verständlichen Gründen sehr schnell wieder abgebrochen, ohne Begründung. Es gab wohl zu wenige prometheische Zuschriften.

Sind Sie 1968 zur Wahl gegangen, als über eine neue DDR-Verfassung abgestimmt wurde?

Ja, das war das einzige Mal, und ich habe erwartungsgemäß mit »Nein« gestimmt. Es war ein sehr trauriger Tag für mich. Die SED hat gezittert. Dabei brauchte sie gar nicht zu zittern. Das Volk war doch gewohnt gefügig.

Die Jahre in Merseburg, als Jugend- und Studentenpfarrer, haben Sie als schwierigste, aber schönste Jahre bezeichnet.

Ja, einer »meiner« Gemeindemitglieder hat sogar etwas darüber geschrieben: der Theatermann Michael Schindhelm. Ihm habe ich an einer Schaltstelle seines Lebens, als Siebzehnjährigem, wahrscheinlich etwas mitgeben können fürs Weitere. Darüber bin ich glücklich. In seinem Roman »Roberts Reise«, eher einem autobiografischen Essay, schildert Schindhelm,

Physiker und lange Jahre Theaterintendant in Basel, jene Zeit; ich heiße in diesem Buch Schollenmacher.

(Der Romanauszug: »Es begann mit einem Beinahe-Rückzug, bevor es begann. Meine Zustimmung, nach dem Abitur in der Sowjetunion Chemie zu studieren, hätte ich gerne widerrufen, bevor es losging. Wäre da nicht der protestantische Ehrgeiz der Eltern gewesen. Meine Haltung erschien absurd genug. Wie kann man an einer Spezialschule für Naturwissenschaften die Reifeprüfung ablegen und dann Priester werden wollen? Genau das wollte ich. Der unfreiwillige und ahnungslose Anreger dieses Wünschens war Johannes Schollenmacher und seine Studentengemeinde. Das Pfarrhaus hatte den vertrauten protestantischen Geruch: nach alten Möbeln und Büchern und Waschmitteln aus dem Westen. Die Einrichtung der Zimmer war provisorisch und großzügig zugleich. Ich ging mit Olaf dorthin, durch stockdunkle Gassen, deren Gebäude längst unbewohnt und verfallen waren. Tote Fensterlöcher, bizarre Fassadenfetzen, steter Tropfen aus perforierten Dachrinnen. Im Pfarrhaus trafen wir Leute, die wir nicht hätten treffen dürfen und nur an diesem Ort treffen konnten. Hierher fanden Mathematikstudenten und prominente Literaten. Nach dem Eklat um Biermann hatten sich ein paar Intellektuelle der missratenen Republik noch einmal zusammengerauft. Manche sind dann freilich schnell wieder umgekippt oder haben sich ins Bett gelegt. Man hatte in diesem Kreis längst oder sehr bald seinen absehbaren Konflikt mit dem Regime. An Schollenmachers Tisch fielen Sätze, die sich schwer mit dem Leben und den Dingen draußen vereinbaren ließen, zumindest mit deren öffentlicher Seite. Wir streiften durch Dorothee Sölles Glaubenswelt, ihre Gedichte in Ormig-Kopien auf den Knien, erfuhren von einer alternativen ökonomischen Konzeption des Sozialismus, an der ein Mitarbeiter im Bereich Wirtschaftswissenschaften der Hochschule arbeitete, und lauschten den öligen, nasalen Erzählungen eines Dichters im prächtigen Rollkragenpullover aus Schafswolle. Es wurde viel geraucht und kaum getrunken, ein Student mit furchterregend dicken Brillengläsern forderte den Aufbruch in eine kultisch-orgiastische Konfession, ein anderer sprach mit sachter, leiser Stimme von seiner Mutter, die ihn allein aufgezogen und dabei den Vater zu ersetzen versucht hatte, den Vater,

derin russischer Kriegsgefangenschaft geblieben war. Die Gräuel des Stalinismus, sagte jemand, seien selbst angesichts jener, die die Deutschen auf dem Gewissen hätten, nicht unter den Teppich zu kehren. Es gab viel Neues unter Schollenmachers Zimmerdeckenlampe, die eigentlich nur aus einer einfachen Glühbirne bestand und von Zeit zu Zeit von einem Papierstern umkleidet wurde. Johannes gewann so etwas wie den Rang eines Meisters, er versammelte nicht so sehr Gläubige als flirrende Geister. Zum ersten Mal erlebte ich die energischen Bedrängungen, es einem anderen nachtun zu wollen. Dieser Pfarrer entwickelte Faszination, und ich sah mich schon selbst in einem solchen Haus, umduftet von alten Möbeln, Büchern und Waschmitteln aus dem Westen. Schollenmacher erfuhr nicht von der ungewollten Initiation, die er bei mir ausgelöst hatte. Er wurde – für mich überraschend – nach Wittenberg versetzt. Sein Nachfolger erwies sich keineswegs als ein Ermutiger meines unreiflichen Entschlusses. Überhaupt fiel die Spannung im Kreise schnell ab, auch fehlten bald die Besucher mit Rollkragenpullover aus Schafswolle und ihren respektbietenden Meinungen und herbstbelaubten Versen. Es wurde nicht mehr geraucht, der Waschmittelgeruch verstärkte sich peinlich. Trotzdem trug sich das Tauziehen um meine Zukunft im elterlichen Hause aus. Der Kampf war fair und kurz. Im Grunde hätte ich mir vorab im Klaren sein müssen, dass es mit meinen Eltern kein Zurück gab.«)

Die sogenannten Staatsorgane hielten es für eine besondere Perfidie der Kirche, ausgerechnet an der »Roten Hochschule«, die den Namen des Karl-Marx-Freundes Carl Schorlemmer trug, einen Studentnepfarrer mit dem nicht oft vorkommenden Namen Schorlemmer zu installieren, »zur gezielten Verwirrung« der Studenten, wie man kolportierte. Man streute dumme Gerüchte, bis hin zur Behauptung, ich sei nicht ganz dicht im Kopfe. Kurios, dass der evangelische Studentenpfarrer Schorlemmer, der katholische Studentenpfarrer Engels und der Hochschulprofessor für Gesellschaftswissenschaften Heiland hieß. Es gab auch sehr bittere Dinge. Assistent Thomas Heinemann hatte aus meinem eingeschmuggelten »Spiegel« die Gefängnistagebücher von Jürgen Fuchs 1976 abgeschrieben, in seiner Wohnung fand eine Haussuchung statt. In mehreren Verhören hat ihn die Stasi so erpresst, dass er in eine schwere Psychose geriet, in deren Folge er starb. Sein Tod ist nie wirklich aufgeklärt worden. Er hatte sich schwer belastet gefühlt, weil er einen Namen preisgegeben hatte – nämlich meinen. Ich habe vergeblich versucht, ihn von diesem Schulddruck zu befreien.

Wann begann die systematische Bespitzelung durch die Staatssicherheit?

1962, als ich zu studieren anfing. In meinem Studienjahr waren fünfundzwanzig Studenten, fünf waren bei der Stasi, bei zweien wurde es ziemlich früh bekannt. Die anderen drei enttarnten wir erst später. Einer arbeitete dann beim CDU-Chef Götting. Einer meiner besten Studienfreunde war auch IM. Mit ihm habe ich immer vertrauensvoll gesprochen, wenn ich mal wieder vermutete oder herausgefunden hatte, wie man gegen mich vorging. Einige der Spitzel hatte man direkt zum Theologiestudium abkommandiert. Klassenauftrag: Arbeit in Feindesland; eine Art Kundschaftertätigkeit im »geistigen« Ausland. Aber angefangen hat eigentlich alles viel früher. Als ich vierzehn war, stand bibbernd ein Mann vorm Pfarrhaus. Er würde von der Stasi verfolgt, seine Frau sei schon im Westen, auch er wolle weg, aber er habe Angst und brauche Rat vom Pfarrer, wie er »rüberkommen« könne. Mein Vater war gerade bei einer Beerdigung, ich setzte den armen, verunsicherten Mann ins Arbeitszimmer meines Vaters, raste zur Trauerfamilie, zog meinen Vater angstvoll und im Gestus des Retters nach Hause. Es war im Winter, der Flüchtling war viele Kilometer herumgeirrt, und mein Vater – schickte ihn weg, gab ihm nicht mal ein Abendessen, riet ihm lediglich, in seinen Heimatort zurückzukehren und dort abzuwarten. Es kam zum ersten großen Streit zwischen mir und meinem Vater, den ich hartherzig und »angstopportunistisch« nannte. Wenig später erfuhr er von Kollegen, der vermeintliche Flüchtling habe bereits mehrere Pfarrer aufgesucht. Die Stasi hatte mein Mitgefühl, meine Barmherzigkeit übel missbraucht. Diese Methode wurde auch später praktiziert: Als ich Studentenpfarrer war, gab es welche, die eine seelische Notlage vorspielten und wegen vermeintlicher politischer Verfolgungen meinen Rat einholten: Es waren, wie ich später erfuhr, Mitarbeiter der Stasi. Als ich ins Internat der Mittelschule gekommen war, erhielt ich einen FDJler quasi als Bewacher, der sagte mir gleich zu Beginn klipp und klar, dass er meine »religiöse Agitation« – die ich gar nicht im Sinn hatte – rigoros zu unterbinden trachte. Er hatte einen Auftrag von der Schulleitung, vorher hatte er in einem Zweibettzimmer gewohnt, nur wegen seines Auftrags musste er in unser Fünfbettzimmer umziehen, er belegte das Bett über mir, er umkreiste mich wie ein hämischer böser Geist; ich sagte mir, das ist die Versuchung, das ist der Antichrist, das ist Luzifer – jetzt weißt du, dass es den Teufel gibt, der dich piesackt und peinigt. Der Kerl hat mich geradezu angestachelt, geistig aktiv zu werden, die Gegenposition aufzubauen. Ich weiß inzwischen, dass später, in Schulungen für Polizisten in Wittenberg, gesagt wurde, es könne doch nicht so schwer sein, das »Problem Schorlemmer« durch einen Verkehrsunfall zu lösen. Ich war unter »Johannes« registriert, und schon 1977 schreibt die Stasi, es sei »der Verdacht erarbeitet« worden, »daß der ›Johannes‹ unter Missbrauch seiner beruflichen Tätigkeit staatsfeindliche Hetze durchführt«, und es wurden die Paragraphen aufgezählt, die zur sofortigen Verhaftung wegen »politischer Untergrundtätigkeit« hätten führen können. Zu den »Zersetzungsmaßnahmen« gegen mich und unsere Gruppe zählten unter anderem: »Erzeugen von Misstrauen und gegenseitigen Verdächtigungen … Verwendung anonymer oder pseudonymer Briefe, Telegramme, Telefonanrufe usw.; kompromittierenden Fotos, z. B. von stattgefundenen oder vorgetäuschten Begegnungen; die gezielte Verbreitung von Gerüchten über bestimmte Personen; gezielte Indiskretionen …« Verhaftet wurde ich nur nicht »auf Grund der kirchenpolitischen Situation«. Der Journalist Michael Dorndorf beschrieb 1991 eine Szene zu DDR-Zeiten vor der Schlosskirche, bei einem offiziellen Anlass, bei dem auch Staatsvertreter anwesend waren. »Plötzlich bemerkte einer: Den müsste man aufhängen! Alles guckte, ich drehte mich auch um. Pfarrer Schorlemmer war eben aus der Tür getreten. Er war gemeint.« 1988 gehörte ich in Wittenberg zu jenen »gefährlichen Konterrevolutionären«, die in der »Aktion Sandkasten« verhaftet werden sollten, falls sich nur der geringste Anlass böte. In einem Papier des Leiters der Bezirksverwaltung für Staatssicherheit Halle wurde die »Überführung der Personen in das Isolierungsobjekt der Bezirksverwaltung Halle, Am Kirchtor 20« verfügt. »Es sind alle Voraussetzungen zur Sicherung der Personen zu treffen, um ein mögliches Entweichen oder Flüchtigwerden zu verhindern.« Bewaffnung, »je Mitarbeiter: 1 Pistole und 14 Schuß Munition, je Festnahmegruppe 2 Mpi -K- und 60 Schuß Munition, Ausrüstung je 91 Festnahmegruppe 1 Führungskette, 1 Normteil 3-tlg. (Schlagstock), 1 Taschenlampe«. Von zwölf zu Internierenden waren fünf aus unserer Gruppe … Ach, Schluss jetzt, ich höre auf mit dem Ekel dieser Perfidien. Auch ich könnte mein ganzes Leben in der DDR anhand der Stasi erzählen. Aber ich hatte ein ganz anderes Leben, innere Freiheit in der Unfreiheit.

Sie haben die Veranstaltung organisiert, zu der auch der Dichter Reiner Kunze kam – eine Woche später verließ er mit seiner Frau die DDR.

In Roßbach, 1977. Diese Veranstaltung, zu der er kam, hatte ich so konzipiert, dass ich nur ganz persönlich eingeladen hatte, so, als sei es ein rein privates Treffen. Ich wollte die Studentengemeinde nicht mit hineinziehen. Eine der treuesten, sogenannten Vertrauensstudentinnen, die ich später sogar für eine Arbeit im Magdeburger Konsistorium empfahl, gehörte zum engsten Vorbereitungskreis. Sie war seit ihrem siebzehnten Lebensjahr von der Stasi angeheuert. Sie schrieb über dieses Treffen mit Kunze einen siebzehnseitigen Bericht, den man 1990 mit anderen Spitzeltexten auf einer Müllhalde in Gera fand. In dem Bericht steht: »Kunze zu F. S.: ›Sie haben doch die Glucke.‹ F. S.: ›Die Kirche. Sie doch auch.‹. Kunze: ›Die aber hat nicht die Macht.‹ Darauf F. S.: ›Macht ein Feuer, ein fressend Feuer.‹ Jeremia 10 oder 16. Kunze war begeistert von diesem Ausspruch. Er nahm sich vor, ihn sich zu merken.« Nur eben: Bei Jeremia heißt es ganz anders. »Ist mein Wort, sprach der Herr, nicht wie ein fressend Feuer und wie ein Hammer, der Felsen zerschmeißt?« Gott, das Wort Gottes ist wie ein fressend Feuer. In der Akte aber steht »Machte Feuer«. Das ist schon ein Unterschied. Und es wirft die Frage auf, inwieweit man diesen Akten blind glauben darf, in der Illusion, man werde nunmehr klarer sehen. Es sind Berichte mit denunziatorischer Absicht!

1978, so heißt es in einem Ihrer Texte, hätten Sie selber Kontakt mit der Stasi aufgenommen. Sie sind auf Mitarbeit angesprochen worden?

Nein, um Gottes willen!

Sie sind hingegangen?

Nein, ich hatte 1977 die Überlegung gehabt, in die Kreisdienststelle zu gehen, um denen zu erläutern, dass unsere Untschriftensammlung gegen die Neutronenbombe für die amerikanische Botschaft nichts mit staatsfeindlichen Aktivitäten und geheim zu haltenden Kontakten zu tun habe. Ich überlegte mir, ob ich die Studenten und Jugendlichen dadurch vor dem Verdacht staatsfeindlicher Verbindungsaufnahme schützen könnte. Schließlich hatte der Stasi-Mann aus Halle, der sich Jakobi genannt hatte, mir nach der Affäre mit dem Studenten Christoph L. gesagt, er würde sich weiter um mich »kümmern«.

Was warfen Ihnen die Eltern vor?

Da ich Pfarrer war, betrieb ich selbstverständlich Friedenserziehung. Da gab es Eltern, die haben gesagt: Hören Sie auf! Lassen Sie unser Kind in Ruhe! Als ich Seminare leitete, 1978 in Merseburg, über Wehrkundeunterricht und über Friedenserziehung, da habe ich mit den Fünfzehn- bis Achtzehnjährigen auch über die Frage der Wehrdienstverweigerung gesprochen. Das war für diese jungen Menschen so überzeugend, dass mancher daheim eine Entscheidung für sich traf, welche aber die Eltern in Sorge stürzte. Da kam also manche Mutter und sagte: Lieber Herr Pfarrer Schorlemmer, wir schicken unsere Kinder nicht zu Ihnen, damit sie später keinen Beruf kriegen. So war das. Worte aus Familien, die christlich engagiert waren, mit denen es ansonsten großes Einvernehmen gab. Ich kann mich besonders an eine Frau erinnern, mit der ich heute noch befreundet bin. Auch sie kam damals zu mir. Ich verstand sie sehr gut, aber ich war auch erschüttert.

Machten Sie sich Vorwürfe?

Ich prüfte mich, und ich sann dem wirklich nach, was ich gesagt hatte. Aber ich hatte die Jungen nicht bedrängt, war nicht suggestiv geworden, nein, ich glaube schon, dass die Betroffenen eine eigene reife Entscheidung trafen. Ich war der Auslöser, das allerdings. Ich konnte, etwa der Frau, die zu mir kam, nicht sagen: Ich bitte Sie um Entschuldigung, ich habe Ihren Sohn zu einem falschen Schritt verholfen. Nein, es war ja richtig, dass Sohn Stefan verweigern wollte!

Hat er verweigert?

Er war ein sehr guter Schüler, er hatte gute Perspektiven, er hat nicht verweigert. Diese Familie gehörte ganz engagiert zur Gemeinde, vor allen Dingen die Frau. Sie kam als einzige der Mütter zu Jugendseminaren. Weil sie sich dafür interessierte. So also, dachte ich mir, kann Gemeindearbeit auch sein: dass Eltern bei den Veranstaltungen dabei sind, ohne als Störfaktor zu wirken – indem sie sich nicht als Kontrolleure, sondern selber als Lernende und Mitdenkende verstehen. Und ausgerechnet diese Frau kommt zu mir und sagt plötzlich: Jetzt ist aber Schluss! Er hat mich fast zerrissen, dieser Konflikt. Oder ein anders gelagerter Fall: Einem jungen Mädchen wurde von ihrer Mutter verboten, weiter zu den Jugendseminaren zu kommen. Diese Mutter hatte von einem anderen Pfarrer gehört, also der Schorlemmer, aufgepasst!, der ist ein verkappter Marxist. Der bringt den jungen Leuten eher Marx bei als Gott. Daraufhin das Verbot. Das war für mich ein schönes bitteres Beispiel für die gebräuchliche Verhaltensweise: Man war innerlich absolut gegen das Sytem, lebte aber lebte äußerlich angepasst in diesem Land. Ich aber wollte immer die Auseinandersetzung, ich wollte mich der Widersprüchlichkeit der Dinge hingeben, ja, ich hatte keine Angst vor sogenannter Feindberührung – weil ich wusste, dass auch beim schärfsten Gegner Wahrheit zu finden ist. Das führte dann bei der erwähnten Frau zur Verkürzung, ich sei gleichsam ein Diener des Systems. Aber diese Hinwendung zum Problem, zum Gespräch über das Problem, das möglichst keinen ausschließt, der an einem Problem beteiligt ist, das ist mein Prinzip bis heute. Das habe ich bei Martin Buber gelernt … Jedenfalls hat diese Mutter ihrer Tochter verboten, weiterhin zu mir zu kommen. Woraufhin das Mädchen jedes Mal gesagt hat, sie gehe zur Disko. Sie ging aber zum Jugendseminar. Wissen Sie, da ist man als junger Pfarrer stolz darauf, was man doch für tolle junge Leute versammelt. Die Schwierigkeit war nur: Sie durfte nicht zu früh nach Hause kommen, Diskos sind erst spät zu Ende, also blieb sie häufig noch ein bisschen länger, als das Seminar dauerte, und wir hatten gute Gespräche miteinander. Sie war ein sehr interessiertes, ein sehr apartes Mädchen, wunderbar, sagt Disko, aber tut Jugendseminar – wo es um anthropologische Grundfragen ging, um Philosophie, um Politik, um Literatur …

Und offenbar auch um Marx!

Vor allem um seine Frühschriften.

Spannendere Zeiten – damals?

Ja, obwohl ich sie nicht wiederhaben will. Heute, in einer Welt, in der es auf nichts ankommt, ist alles so furchtbar gleich gültig. Und weil alles gleich gültig ist, wird alles gleichgültig. Und dann kommen junge Leute und machen sich über diejenigen her, denen noch nicht alles gleichgültig ist.

Ich weiß, Sie meinen junge Schriftsteller.

Ich meine jene, die sich mit gutem Ausdruck aus der gemeinen Welt zurückziehen. Die sich gerechtfertigt fühlen durch sich selber. Die sich genügen, und sei es auf höchstem Niveau. Nein, ich darf mich nicht selber dahin bringen, Lust und Kraft an der Einmischung zu verlieren.

In einem Stasi-Auskunftsbericht von 1971 über Sie hieß es: »Als Wehrdienstverweigerer nahm er ständig Einfluss auf Theologiestudenten, damit diese in ihrer Absicht gestärkt werden, den militärischen Dienst mit der Waffe zu verweigern. Während der heftigen Auseinandersetzung betreffs der militärischen Ausbildung für die Theologiestudenten des zweiten Studienjahres im Jahre 1970 war der Einfluss des Schorlemmers unverkennbar.«

Hübscher Genitiv, nicht? Des Schorlemmers. Ich war damals Studieninspektor im Sprachenkonvikt. Eine Aktennotiz, kalt, denunziatorisch … Man kann von Menschen her Aktenberge erklären, aber nicht von Akten her die Menschen … Ich erinnere mich an nächtelange Gespräche, an Angst, an gemeinsam erfochtene und durchgestandene Entscheidungen. Mehrere Studenten, drei davon aus dem Sprachenkonvikt, mussten ihr Studium unterbrechen und für achtzehn Monate zu den Bausoldaten. Den Auskunftsbericht, den Sie zitieren, habe ich im Übrigen gut in Erinnerung, denn er zitierte einen abgefangenen Brief, den ich als Neunzehnjähriger an einen Hamburger Freund geschrieben hatte. Darin war ich sehr deutlich geworden, im Grunde hatte ich den Brief als meine Meinungsäußerung zum Staat betrachtet – ich wusste doch und wollte sogar, dass der abgefangen würde. In den Stasi-Akten habe ich den Brief folgerichtig 1997 wiedergefunden.

Sie waren Studieninspektor. Das klingt nach Dienstzeiten, nach Arbeitskontrolle. Hatten Sie auch mit der Freizeit der Studenten zu tun?

Ja. Wir hatten ein Haus, das sogenannte Sprachenkonvikt, für

Theologiestudenten in den Franckeschen Stiftungen. Das Wort Heim vermieden wir. Convivere heißt zusammenleben, und ich habe als Inspektor sehr auf eine Atmosphäre freiwilliger Gemeinsamkeit geachtet. Abends haben wir gemeinsam gegessen, zur Agape in der Bibliothek. Wer wollte, saß mit am Tisch. Wir kauften den Käse nicht gemeinsam, man sagte höchstens: Gibst du mir bitte etwas von deinem Käse? Verstehen Sie? Jeder hat das Seine mitgebracht, und jeder gab. Außerdem folgte dieses »Abendmahl« sehr praktischen Erwägungen: Mit 140 Ostmark, wenn man da immer in die Kneipe gehen wollte … Manchmal hatten wir nur Margarine, Zwiebel und Salz. Brot oder Kartoffeln natürlich. Aber es war schön für uns. Wir wurden ein Anziehungspunkt. Irgendwann wohnten auch Studenten anderer Fächer bei uns. Da gab es zum Beispiel zwei Biologiestudenten. Biologie war ein Numerus-clausus-Fach. Die beiden waren hochintelligent, die machten gleichsam das ganze Haus verrückt. Der eine, Oskar, hatte sich mit Determinismus beschäftigt, und er überfiel jeden, sei es auf dem Flur oder sonst wo, mit seinen Determinationstheorien. Er wollte gierig, manisch wissen, ob seine so logische Determinismus-Ansicht widerlegbar sei, und er war davon überzeugt, sie sei unwiderlegbar. Plötzlich liefen alle wie angesteckt herum und sagten: »Mensch, es gibt gar keine Freiheit – gegen das, was der Oskar sagt, kannst du gar nichts machen! So, wie der argumentiert!« Der gute Kerl besaß einen deterministischen Furor, der an Fanatismus grenzte. Noch mehr hat durchgeschmuggelter Freud aufgeregt. Ein freier Philosoph führte uns in Hegel ein. Mitscherlichs »Unfähigkeit zu trauern« wühlte auf. Ein Exemplar für zwanzig Interessierte … Oskar wohnte mit Konni zusammen. Eines Tages malten die ihr Zimmer aus und ahnten nicht, was das für Folgen haben sollte. Das war im April 1968. Wahljahr. Die gesamte Stadt war gepflastert mit »Ja!«-Plakaten. In jedem Fleischerladen hing eins, im Miederladen lag neben den Büstenhaltern im Schaufenster die öde frohe Botschaft: »Wir stimmen offen mit JA ab.« An den Straßenbahnen, überall. Du machtest früh einen Schritt hinaus in die Welt und warst umzingelt vom »Ja«. Nachts sind wir losgezogen und haben, wo wir in der Stadt eine Gelegenheit fanden, mit Fettstift oder Kreide »Nein« dagegen gemalt. Das war meine erste öffentliche Tat, und seltsamerweise, wenn ich darüber nachdenke: Wahrscheinlich hat da ausgerechnet das Vorbild von Kommunisten in der Nazizeit eine Rolle gespielt – einfach nachts was zu machen, was am Morgen viele sehen. Die Nacht ist die Stunde des Widerstandes. Unterwegs trafen wir auf Polizisten mit Hunden und Wassereimern. Wir waren offensichtlich nicht die Einzigen, die losgegangen waren. So, und was passierte in dem Zusammenhang? Auf dem Gelände der Franckeschen Stiftungen befand sich die ABF, jene Arbeiter-und-Bauern-Fakultät, die durch Kants »Aula« bekannt geworden war. Die ABF-Studenten wohnten auf dem gleichen Areal wie unsere. Ein Stück weiter hinten lag ihre Schule. Und da, am Giebel dieser Schule, prangte plötzlich, mit Ölfarbe auf Naturstein, ein großes schwarzes »Nein«, so, wie man auf dem Wahlzettel normalerweise das »Ja« ankreuzt. Da bekam ich wahnsinnige Angst um unser Haus. Ich hatte einen Freund bei der ABF, durch unsere gemeinsamen Einsätze bei der Kartoffelernte. Uns Theologen hat man ja im Studentensommer stets mit den Zuverlässigen zusammengebracht, also entweder mit ABF-Studenten oder mit Juristen. Und wie ich inzwischen weiß, waren diejenigen, die am freundlichsten zu uns waren, die stasimäßig Bestausgebildeten. Ob auch dieser Freund dabei war, ich weiß es nicht, und ich will es nicht wissen. Jedenfalls hat der mir damals erzählt, wie der Teufel los war an der ABF. Mensch, sagte er, dreh dich doch mal um, da malen welche ihr Zimmer, das zieht doch sofort den Verdacht auf euch, auch das »Nein« auf dem ABF-Gebäude gepinselt zu haben … Oskar hat mir nach zwei Jahren anvertraut, er wolle in die Wissenschaft, aber der Professor könne ihn als Assistenten nicht nehmen, wenn er weiter in unserem Theologenhaus wohne. Er solle sich, so die Order, eine Wohnung suchen. Oskar gestand mir, er habe gegen seinen Willen, gegen seine Überzeugung ein Schreiben an die Universität aufgesetzt, in dem er offenbarte, aus ideologischen Gründen nicht mehr bei den Theologen wohnen zu können. So war Oskar, denn so war die DDR. Oskar hat so gehandelt und gleichzeitig zu mir gesagt: Es ist schrecklich, lügen zu müssen, aber ich möchte Assistent werden. Er kriegte keine Wohnung. Also blieb er bei uns wohnen, aber er hatte erfolgreich geheuchelt.

Waren Sie oft in der Bezirksverwaltung der Staatssicherheit, in Halle?

Nein. In zwei Fällen zu Verhören. Befragungen nannten die das, und ich ging ja immer davon aus, dass Termine mit dem Rat des Bezirkes oder Kreises halbe Stasi-Termine waren. Anfang der siebziger Jahre habe ich dem Chef der Bezirksverwaltung bei der Befragung über den einsitzenden Studenten mal unverblümt gesagt: Hören Sie, ich möchte endlich mein Buch wiederhaben, das Ihre Genossen konfisziert haben. Kam der Herr Jakobi, den kannte ich, und er brachte mir tatsächlich das Buch zurück. Dieser Staatssicherheitsoffizier hatte sich bei Gesprächen immer sehr interessiert an Theologie gezeigt und borgte sich eines Tages ein Buch über die südamerikanische Befreiungstheologie aus. Herr Jakobi, sagte ich, danke für das Buch, vielleicht können Sie mir bei der Gelegenheit auch noch sagen, wie Sie wirklich heißen. Auf solche Witze waren die nicht so scharf. Er gab mir das Buch und sagte: Sie können sich darauf verlassen, Herr Schorlemmer, Sie können sich darauf verlassen. Ich habe nur zurückgefragt: Worauf denn? Er wieder: Sie können sich darauf verlassen. Es war in den Franckeschen Stiftungen, ich brachte ihn bis unten vor die Tür, nicht aus Höflichkeit, ich wollte nicht, dass er sich womöglich im Hause umschaut. Ich weiß noch seinen Satz: Herr Schorlemmer, wir werden noch weiter miteinander zu tun haben, denn auch Merseburg gehört zu unserem Bereich, verlassen Sie sich drauf. »Zu tun haben«, wiederholte ich, aber wieso miteinander? Und, Herr Jakobi, warum sind Sie denn heute so aggressiv? Sagt er zu mir: »Ja, Herr Schorlemmer, sonst waren Sie immer aggressiv.« Aha, dachte ich mir: Weil du Fragen an den Staat hast, weil dessen Logik nicht deine eigene Logik ist, giltst du schon als aggressiv. Später, als alles zusammengebrochen war, ging er immer schnell auf die andere Straßenseite, wie jemand, der nicht gesehen werden will. Solche Gefühle, solch ein Schleichen durch die Zeit, das sind die wahren Strafen für diese Leute.

Was wurde aus Oskar?

Er hat, glaube ich, in der DDR promoviert. Aber hier war ihm auf Dauer alles zu eng. Seine Frau litt an schweren psychischen Schmerzen. Es gab in der DDR keine richtigen Therapiemöglichkeiten für sie. Meine Frau hat 1984 Helmut Schmidt, als er Wittenberg besuchte, das Gesuch Oskars übergeben können, mit Familie in den Westen ausreisen zu dürfen. Sie hat Schmidt diesen Brief zugesteckt, quasi heimlich, beim Gespräch des Bundeskanzlers a.D. mit dem Propst. Dem Gesuch wurde stattgegeben, Oskar konnte mit seiner Frau, einer Mathematikerin, die DDR verlassen. Schmidt im Lutherhof! Das war übrigens gespenstisch. Ich habe Fotos davon. Da standen Autos über Autos. Es herrschte eisige Stille, obwohl der Hof total überfüllt war. Überfüllt von stummen, versteinerten Männern, die kein Wort miteinander sprachen. Drückendste Überwachungsatmosphäre. Es wurde einem mulmig, und zugleich hätte man am liebsten laut loslachen können.

Hatten Sie in der DDR Angst, ins Gefängnis zu kommen?

Angst hatte ich gelegentlich, nicht ständig. Im Jahre 1975 brachte der RIAS einen kleinen Beitrag über mich, es ging um die Umweltverschmutzung in der Leipzig-Hallenser Gegend. Unser Generalsekretär bei der Studentenpfarrer-Konferenz Jens Langer nahm mich zur Seite und flüsterte, das sei etwas ganz Schlimmes. Ein Student in Karl-Marx-Stadt flog von der Uni, weil er diesen Beitrag mitgeschnitten und weiterverbreitet hatte. So waren die Zeiten. Zweimal hat die Stasi bewirkt, dass mir sogar die Kirchenleitung ein Predigtverbot aussprach, in Potsdam beim Umweltreffen 1984 und auf Rügen bei einem Gottesdienst unter freiem Himmel 1985. Ich wollte auf keinen Fall ins Gefängnis. Mir waren drei Dinge bewusst: Erstens, dass die mich kaputtmachen können, die würden ganz schnell mein Lindenblatt, meine Verletzlichkeitsstellen finden. Da genügte Weniges. Die bräuchten zum Beispiel bloß einen scharfgemachten Hund reinführen, und ich verlöre vielleicht da schon allen Verstand, alle Courage. Ich hab eine frühkindliche Hundephobie. Die hatten die Macht, mein Leben zu zerstören, psychisch vor allem … Zum zweiten wollte ich nicht in den Westen abgeschoben werden … Und das Dritte, das für mich Wichtigste: Ich wollte bei den Leuten bleiben, für die ich da war. Schließlich wusste ich, dass einer, der als sogenannter Staatsgegner in die Fänge der Stasi und in deren Gefängnisse kommt, als Antikommunist wieder rauskommt, *wenn* er rauskommt. Jedenfalls mit anhaltenden psychischen Schäden. Wie wir es heute erleben müssen. Neurotische Langzeitfixierungen. Man muß auch diese Leute verstehen, ihr nachwirkendes Leiden nicht kleinreden. Und andere weigern sich, das Vergangene auch vergangen sein zu lassen und pflegen ihren Schmerz.

Sie müssen doch aber zugeben, dass dies ein sehr missverständliches Ansinnen war.

Kein Antikommunist zu werden? Mein Vater war es, der mir erklärte, dass Thomas Manns Wort vom Antikommunismus als der Grundtorheit des Jahrhunderts von den Stalinisten immer falsch interpretiert werde, indem sie die kommunistischen Ideen für sich vereinnahmten. Ich habe die originale Textstelle übrigens in keiner DDR-Ausgabe von Manns Werken gefunden. Seltsam. Thomas Mann hat das, was so oft auch in der DDR zitiert wurde, ganz anders gemeint. Er unterscheidet zwischen dem Kommunismus als großer humaner Menschheitsidee und dem Stalinismus als dem praktischen Verrat an dieser Idee. Aber der prinzipielle Antikommunismus sei eine Grundtorheit. Diese wichtige Unterscheidung sei zu machen, also mit der Distanz zum Stalinismus nicht gleich das Menschheitsideal zu verdammen. Mein Vater hat mir diese Sicht eröffnet, hinter der eine klare Botschaft steckt: Bloß dagegen zu sein, nur in der Negation zu leben, Ideal und konkrete Umsetzung in eins zu setzen – das ist eine Torheit! Dieser Torheit nicht anheimzufallen heißt auch: dem Fremden zuhören, es wahrnehmen, nicht einfach und a priori draufzudreschen, seine Vorurteile nicht immer zu bestätigen suchen. Das Vorverständnis ist noch kein Verständnis, aber auch nicht gleich ein Vorurteil.

Was unterscheidet es vom Vorurteil?

Vorverständnis ist nötig, um überhaupt zu verstehen und sich auseinandersetzen zu können. Als ich Inspektor wurde und damit an den Giftschrank des eigenen Hauses durfte, fand ich neben Nietzsche auch die Frühschriften von Marx. Ich dachte: Wenn das verboten sei, dann müsse was Wahres dran sein. Also las ich, korrigierte mein Vorverständnis, bekam ein neues Gefühl dafür, was dieser Philosoph und Ökonom wollte. Aus diesem Fund entwickelte sich richtiger Ehrgeiz: Ich wollte lesen, was verboten war.

Zum Beispiel?

Zum Beispiel die fantastische Persiflage von Hans-Joachim Schädlich auf den Schalmeien-Spieler Honecker. Die Nobelpreisrede von Solshenizyn, die musste ich mir damals un bedingt besorgen. Früher wurden noch ganz andere Reden gehalten als heute, auch beim Heine-Preis oder beim Büchner-Preis. Von 1958 fand ich die große Rede von Heinrich Böll für Büchner, die prägend für mich werden sollte. Ich kriegte sie aus dem Westen. Ich war früh dieser eigentümlichen Magie der Wörter verfallen, der Wörter! – nicht bloß der Worte. Das ist mein bleibendes Thema, als Theologe. Da denke ich sofort wieder an Franz Fühmann, an seine wunderbare Vorlesung, die dann auch gedruckt wurde, 1972 an der Humboldt-Universität – eine Vorlesung über das Wort und die Wörter, über Verstehen von Mythologie und Poesie. Für mich einer der wichtigsten hermeneutischen Texte. Das heißt, ich habe versucht, an untersagte, zensierte, weggeschlossene, ausgebürgerte Literatur heranzukommen, weil ich in diesen Texten ein Wissen vermutete, das mir hilfreich sein könnte – im fordernden, kritischen, unerbittlich einredenden Kontakt auch mit denen, die solche Literatur verboten hatten. Man muss doch seinen Gegner mit dessen eigenen Waffen konfrontieren.

Sie haben gleichsam die dialektische Methode von Marx angewandt …

Friedrich Schorlemmer: Hier stehe ich und will nicht anders …

Familien-Kreis, 1962

Mit Sohn Martin

Schwerter zu Pflugscharen – Schmied Stefan Nau in der Nacht vom 24. zum 25. September 1983 im Lutherhof der Schlosskirche zu Wittenberg. Eine der prägenden Aktionen der unabhängigen Friedensbewegung in der DDR

Mit dem Dichter Reiner Kunze (M.), April 1977 in Rossbach bei Naumburg

»Zur Person: Friedrich Schorlemmer« – TV-Interview bei Günter Gaus, 13. Februar 1990 im Fernsehen der DDR

Der Prediger: an der Elbe (1998) …

… und in der Schlosskirche von Lutherstadt Wittenberg (1991)

Mit Egon Bahr und Günter Grass (r.)

Mit Gregor Gysi

Protestant und Revolutionärin - eine Veranstaltung der Rosa-Luxemburg-Stiftung, Brüssel 2008

Lust am Streit über – Deutschland

Zeichnung von
Manfred Butzmann,
2001

unten:
Im Präsidentenflugzeug,
v. l.: Bärbel Bohley,
Roman Herzog,
Jürgen Fuchs,
Marianne Birthler,
Friedrich Schorlemmer,
Ulrike Poppe,
Konrad Weiß

Zwei mit dem Attribut »Vordenker«. André Brie (PDS) …

… und Erhard Eppler

Hören, Reden, Verstehen …

Mit Lew Kopelew bei der Verleihung des Friedenspreises des Deutschen Buchhandels, Frankfurt am Main, 1994

rechte Seite: Kopelews Widmung für Schorlemmer

Knaus
K

18.IV.97

Für Friedrich Schorlemmer –

meinen lieben Freund, dessen Weltsicht und Weltempfindung ich brüderlich teile.

Dieses Büchlein erschien vor 12 Jahren; sollte jetzt ein bibliographisches Kuriosum sein. Aber ich würde heute das gleiche fragen was damals (s. S. 58-60)

Was meinst Du über diese Fragen und Antworten?

Herzlich Dein Jak.

Blick auf Werben

Die Kirche in Werben

Der Lieblingsblick aus dem Fenster in Werben

Gottesdienst unter freiem Himmel, 2003: Disput des roten mit dem schwarzen Luther. Friedrich Schorlemmer zu Füßen des roten Luther …

Es war der große Sündenfall von Dr. Karl Heinrich Marx, dass er seine frühen philosophischen Überlegungen nicht weiter verfolgt hat und als Ideologiekritiker selber zu einem Ideologen wurde. Wenn er dem Gedanken der zweiten Feuerbachthese weiter nachgegangen wäre, wenn der gesamte praktische Kommunismus das auch getan hätte, und die zweite und die dritte Feuerbachthese dazu und nicht immer nur die elfte in Engels'scher Fassung – wer weiß , was anders geworden wäre … Meine Zeit als Inspektor ist übrigens mit dem Schlusspunkt verbunden, den ich gewissermaßen unter die DDR setzte. Ich war Verantwortlicher für das Studentenheim, dreiunddreißig junge Leute lebten da – eine wunderschöne Zeit: etwas älter zu sein als die anderen, und doch dieses Jungsein mitzuerleben, darin bereichert aufzugehen … 1971 kam ein Student des Konvikts vor Gericht. Es war ein Pastorensohn, dem man wegen Wehrdienstverweigerung das Studium verweigert hatte. Ein Uni-Professor der Chemie hat ihn, im Wissen um dessen Intelligenz, zu seinem persönlichen Assistenten gemacht, ohne Studium. Durfte nicht studieren, wurde aber persönlicher Assistent. Unglaublich. Das waren so die Tricks, durch die DDR zu kommen, und was der Professor auf seine Kappe nahm, war wunderbar subversiv. Er erreichte dann, dass sein Student doch noch studieren durfte, in Erfurt. Aber in Christoph L. gingen noch andere Dinge vor. Er wollt eigentlich Arzt werden. Eines Tages legte er Flugblätter aus, im Gelände der Franckeschen Stiftungen. Die Spur führte sofort zu uns. Etwa acht Kriminalbeamte kamen ins Haus, und ich fragte, wonach sie suchten und was geschehen sei, dass es einen so großen Einsatz um unser Haus gebe. Ob wieder ein Mord passiert sei. (Kurz zuvor war in den Stiftungen eine Studentin ermordet worden.) Da sagten die »Ja«. Ich aber wusste schon, dass Christoph verschwunden war. Mit acht Leuten waren sie angerückt, haben im Zimmer von Christoph jedes Buch durchgeblättert. Ich vermutete, sie würden auch zu mir kommen, und ich habe in dem Kinderwagen von Christel Hanewinckel meine gefährdeten Bücher und Unterlagen verstaut, in einem Windelbeutel, und sie so aus dem Haus gefahren. Darunter eine Lyrikmappe mit Gedichten von Erich Fried, Dorothee Sölle, Reiner

Kunze, Wolf Biermann. Ein Spitzel folgte uns, beim Umsteigen in eine andere Straßenbahn schüttelten wir ihn ab. Währenddessen wurde im Wohnheim weiter rumgeschnüffelt. Ich wusste zunächst nicht, was sie suchten. Später kam es raus: Sie suchten eine Umrisskarte der DDR, denn Christoph hatte den Text seines Flugblattes in einen Umrissplan der DDR hineingemalt. In einem Lexikon fanden sie eine solche Karte. Acht Leute, schweigend, fummelten da in den allen Sachen und Büchern von Christoph herum, eine Etage über mir. Für den Text des Blattes hatte er auf ein Gedicht zurückgegriffen, das ich in einer Morgenandacht zitiert hatte, Brechts »Lob des Zweifels«. Die berühmte Passage: »Das sind die Unbedenklichen, die niemals zweifeln./ Ihre Verdauung ist glänzend, ihr Urteil ist unfehlbar./ Sie glauben nicht den Fakten, sie glauben nur an sich, im Notfall/ Müssen die Fakten dran glauben. Ihre Geduld mit sich selber/ Ist unbegrenzt. Auf Argumente/ Hören sie mit dem Ohr des Spitzels.« Dazu hatte er geschrieben: »Die DDR ist ein Gefängnis.« Die Karte hatten sie also gefunden; wo das Gedicht stand, fanden sie nicht heraus. Ich musste ein Protokoll über die mitgenommenen Gegenstände unterschreiben. Damals gab es noch keine Ablichtungsgeräte, Christoph hatte das Flugblatt mit Schreibmaschine gefertigt, mit Durchschlägen, und sie dann verteilt. Mein Haus, meine 33 Studenten – alle waren gefährdet. Ich wusste damals schon: Jetzt versetzt die Stasi Studenten in Angst und sie wird Stasi-Spitzel rekrutieren. Jetzt erpressen sie Leute, jetzt laden sie den einen oder anderen ein, zum Essen ins »Rote Ross«, das feinste Hotel damals … Dann kam der Prozess gegen Christoph, und da war für mich endgültig Schluss mit dieser verruchten DDR – die Familie, die Eltern, die Schwester Christophs wurden des Saales verwiesen bei der Urteilsbegründung, sie durften erst danach wieder reinkommen, als das Strafmaß verkündet wurde. Die Anklage hatten sie natürlich auch nicht zu Gesicht bekommen. Christoph war einer der ersten DDR-Bürger, die sehr bewusst darauf gesetzt hatten, dass es Egon Bahr gab. Sein Fall wurde erfolgreich an Bahr herangetragen. Nach dem Freikauf hat Christoph im Westen Medizin studiert. Ich bin leider in Unfrieden von ihm geschieden. Ich warf ihm nicht die Flugblätter vor, sondern die Tatsache, dass er zuvor nicht den Job bei »seinem« Professor aufgegeben hatte. Dass er nicht aus dem Haus auszog und somit alle anderen Studenten mit ins Visier der Stasi trieb. Er wollte eingesperrt werden, um aus dem Land rauszukommen. Als er angeklagt wurde, habe ich mich, gar keine Frage, für ihn eingesetzt, so gut, also so wenig wie ich nur konnte. Aber wir haben, seit er im Westen war, nie wieder Kontakt aufgenommen, auch nach der Wende nicht. Es ist ein Rest geblieben, der zwischen uns liegt. (Erst vor zwei Jahren sind wir uns ganz entspannt wieder begegnet.)

Hatten Sie in Ihren Zeiten als junger Mann Frauen als Freundinnen – Freundinnen im wahren Sinn des Wortes?

Ich habe seit dem ersten Studienjahr eine Freundin, eine so wunderbare Freundin, im buchstäblichen Sinne des Wortes, wie Sie es anfragen. Sie hatte einen Verlobten, der bald eingezogen worden war. Viele konnten sich kein Bild über unser Verhältnis machen. Klatsch allenthalben. Ich hatte in meinem Leben immer mehr Freundinnen als Freunde. Studentinnen, mit denen ich stundenlang spazieren ging, uns Gedichte abschrieben oder lasen, in Konzerte gingen und Erotik sich auf einer anderen Ebene abspielte. Das waren glückliche Stunden. Junge Männer, sagte in einer Vorlesung Professor Friedrich Winnefeld, hätten zwei Erwartungen an das weibliche Geschlecht, die selten zusammenstimmen würden. Die Heilige und die Hure … die Frau fürs Gespräch, die Frau für den Sex. Ich war als junger Mensch von der Frage bewegt: Wann treffe ich eine »Heilige«, bei der auch alle Sinne explodieren? Und eine, die bereit ist, einen künftigen Pfarrer zu heiraten.

Und?

Wenn es sie denn gab, dann wollten die was anderes als mich.

Wenn man Ihre Bibelauslegungen liest, dann muss Sie vor allem auch dies am Beruf des Pfarrers gereizt haben: Menschen und ihre

Geschichten. Ist das eine Umschreibung für: Zuneigung zu Menschen, zu jedermanns Mühen und Placken? Dort, wo Leben, wie Sie sagen, hauptsächlich stattfindet: am immer drohenden Abgrund.

Ja. Mich hat sehr überzeugt, was Luther über das Amt und die Würde jedes Berufes schrieb, über die Hochschätzung von Arbeit. Ich hielt deshalb die Wertschätzung jeder Arbeit in der DDR für eine gute Idee. Ich fand es richtig, dass die Frau an der Kasse Selbstbewusstsein haben durfte und sollte. So rührend verquer sich das auch anhörte: Es hatte seinen Sinn, dass man nicht Reinigungskraft oder Saubermachfrau sagte, sondern von Raumpflegerin sprach. Das sollte Hochachtung ausdrücken. Obwohl es immer ein wenig lächerlich und gestelzt klang – na und? Ich habe hohe Achtung vor denen, die in den Konzertsälen die Toiletten reinigen. Was wäre der Besuch eines Konzertes mit einer längeren Pause zwischen zwei größeren Stücken wert, wenn man zwischendurch in einen stinkigen Ort gehen müsste? Es klang vielleicht ein bisschen absurd, dieses Beispiel eben, mir wird aber immer wieder bewusst: Das Leben ist ein Gemeinschaftsprodukt. Es ist jeder dafür nötig, gewissermaßen auch die letzte Geige.

Der Regisseur Benno Besson hat in einem ND-Interview gesagt: »Sehen Sie, ich hatte in der Volksbühne in Berlin aus ethischen Gründen die Pflicht und den Willen, einer Putzfrau zu begegnen – und zwar anders als in einem bürgerlichen Theater. Die Autorität der Werktätigen war eine große gesellschaftliche Qualität. Sie hatte mit der Freiheit zu tun, sich nicht zu beugen. Die Arroganz der Parteileute, ihr verderblicher Hang zur Hierarchie hat alles wieder zerstört.«

Sie haben mich gefragt, ob ich lieber Einzelkind gewesen wäre. Das Thema jetzt hat mit meiner Antwort zu tun. Nein, nein, ich möchte das nicht missen, diese Gleichzeitigkeit der unterschiedlichen Bedürfnisse von mehreren Kindern, und das alles in einer sehr karg ausgerichteten Zeit und einer karg eingerichteten familiären Welt – diese Notwendigkeit, die Dinge miteinander teilen zu dürfen, aber auch: sie teilen zu müssen, es also auch klaglos hinzunehmen wie ein Gesetz, dass mal ein anderer den Vorzug vor einem selber erhält, hinzunehmen besonders, dass die Kleinen stets die Bevorzugten sind und man selber, als »Großer«, zuvörderst die Verantwortung angehängt kriegt. Am Ende war ich an jedem Konflikt schuld, den einer meiner Geschwistern irgendwann mit den Eltern bekam – denn von mir mussten sie ja das Aufbegehren, den Unwillen, das störrische Verhalten gelernt haben. Ich wurde zeitweise das schlechte Vorbild.

Einer Ihrer Brüder ist früh gestorben.

An Kinderlähmung. Er ist noch am Tag vorher Rad gefahren. Er hätte aber jede Anstrengung vermeiden müssen, so sehr war die Krankheit vorangeschritten. Das ahnten wir aber nicht. Er war schon sehr, sehr schwach und wir haben ihm Mut gemacht: Hansi, los, das schaffst du, komm! Am nächsten Tag war er tot. Wir Kinder kamen alle in Quarantäne und durften vier Wochen oder sechs Wochen nicht das Haus verlassen. Ich habe das für mich gar nicht so einschneidend in Erinnerung, aber anderen in der Familie drückte das alles sehr, sehr auf die Seele – das hing mit der unterschiedlichen Art zusammen, die Trauer zu leben. Meine Eltern trauerten stark und geradezu vereinnahmend; einige meiner Geschwister gerieten unter das Gefühl, es würde ihnen eigenes Leben weggenommen. Jeden Samstag ist die gesamte Familie zum Grab gegangen, und das jahrelang. Das bleibt nicht ohne Wirkung. Auf der einen Seite war da die Würdigung des Einmaligen, das mit jedem Menschen in die Welt kommt und mit ihm wieder die Welt verlässt – andererseits war da der Druck eines Beispiels. Ich habe immer gedacht, schöne Gewissheit, wenn du selber da unter der Erde lägest, auch um dich würde dann so lang und ausdauernd getrauert, nicht nur ein bisschen Zeit, und dann ist alles aus. Unser Bruder blieb lebendig durch die Trauer, und er blieb lebendig durch die Liebe, die in dieser Trauer ihren Ausdruck fand. Aber ich war der Älteste, ich war schon dreizehn, für andere von uns war die Situation schwieriger. Ich hatte die Nachkriegsjahre viel bewusster erlebt, ich war gewissermaßen ein bisschen besser vorbereitet. Vielleicht liegen da Ursachen dafür, dass ich später, wenn ich als Pfarrer zu einem sterbenden Menschen gerufen wurde, nie wirklich Angst gehabt habe. Dieser Tod des Bruders war für die Familie ein schwerer, schwerer Einschnitt. Jeder von uns Geschwistern hat diesen Verlust anders, ja, furchtbares Wort: verarbeiten müssen. Aber so etwas ist tatsächlich eine schwere, bittere Arbeit. Sie muss getan werden. Die räumt keiner für dich weg. Und es ist überhaupt kein Trost, wenn da von sieben Kindern sechs noch leben. Vom Moment eines solchen Todes an existiert in der Familie ein Trauma. Nur die Jüngste von uns kam unbeschädigt davon, sie war erst ein Jahr, als der Bruder starb. Ich habe meinen Eltern nie einen Vorwurf gemacht, wie könnte ich! – aber dem Samstag war durch diesen Gang zum Friedhof eine Fessel angelegt. Woche für Woche die Beschwörung dieses Schicksalsschlages, die bei uns Kindern eine merkwürdige psychologische Wirkung hatte. Ich will diese Wirkung keinesfalls ins Mystische steigern, aber: Man kam sich, als Lebender, klein und gering vor. Als läge eine Schuld vor, über die nicht gesprochen wurde, aber gegen die man sich auch nicht wehren konnte.

Besteht zwischen Ihnen und Ihren Geschwistern noch heute das Grundgefühl einer zusammengehörigen Großfamilie?

Ja, wir haben eine feste Bindung aneinander, die nicht ohne Konflikte und geistige Differenzen ist. Die Kohäsion ist groß, und zugleich hat jeder seinen sehr eigenen Lebensraum. Einer meiner Brüder ist ja sogar in der Heimatstadt geblieben und hält dort gewissermaßen die Stellung. Auch meine jüngste Schwester hat da vor Jahren ein kleines Haus gekauft, das Nebenhaus dazu, in einer Gasse – und ich habe gleich gegenüber ein wunderbares kleines Haus, ich musste ja nichts selber bauen, es war bezugsfertig, schön und praktisch. Es ist mein Refugium. Die Verbindung zu unseren Wurzeln wird, je älter wir werden, wieder größer.

Ist es schwer, mit Ihnen zusammenzuleben?

Wenn man Ältester in einer großen Geschwisterrunde ist, ist man meistens das sogenannte Alpha-Tier. Oder der Generalversager. Aber dazwischen gibt es nichts. Ich galt als dominant, und wenn ich mal ruhig war, weil ich mich zurücknehmen wollte, fragten die anderen: Was ist denn los mit dir? Das heißt: Du hast eine Rolle weg und kriegst sie nicht los. Zum anderen: Ist man dann in so einer Rolle, produziert man ständig Anti-Alphas, also Leute, die dir unbedingt entgegentreten müssen. In dieser Lage lebe ich, seitdem ich denken kann. Ich halte mich selber nicht für einen unverträglichen Menschen, aber ich denke, dass es Menschen gibt, bei denen automatisch und von vornherein, wenn sie mir begegnen, die Stacheln hochgehen. Ich habe noch gar nichts gesagt oder getan, da polarisiere ich bereits. Das ist schon absurd.

Würden Sie wieder hinziehen, nach Werben?

Nein.

Obwohl Sie das Häuschen dort haben?

Das ist ein Haus, in dem ich an die Decke stoße, wenn ich mein Hemd ausziehe.

Das alte Werben Ihrer Kindheit – es lebt noch in Ihnen?

Ja. Die vielen kleinen Häuser, die alles überragende Johanniskirche, das gotische Kleinod Salzkirche; das Erinnerungsgefühl, dass die Menschen karg und beschwerlich, aber dennoch nicht unglücklich lebten. Die große Kuhherde, die täglich auf den Werder getrieben wurde; wenn die Kühe, die noch Namen trugen, allabendlich zurückkamen, durch das prachtvoll Elbtor trabten und sich ihre heimischen Toreinfahrten und Hausflure suchten – das war das große Erlebnis der Sommerabende. Zwei- bis dreimal im Jahr gab es Elbe-Hochwasser. Gefischt wurde im Wettlauf mit den Fischreihern. Ich denke auch an den Revolver, den mein Freund und ich im Gewölbe der Kirche – gut geölt – versteckt hatten. Auf den Elbwiesen probierten wir das Ding aus, sechzehn Schuss Munition hatten wir. Das war unsere Vorsorge für »die Revolution« – wir würden nicht schießen, hatten wir uns versprochen, aber drohen, drohen wollten wir kräftig. Als mein Vater nach der Wende von dieser Waffe erfuhr, sprach er wochenlang kein Wort mit mir. Alles war wohl wieder in ihm hochgekommen. Wie lange wäre er womöglich in Bautzen oder Waldheim verschwunden – und wir in einem Jugendwerkhof?

Lesen Ihre Geschwister Ihre Bücher?

Nein.

Das kam jetzt sehr entschieden.

Es ist auch nicht ganz wahr. Manche freuen sich, wenn ich ihnen ein Buch gebe. Aber ich frage nicht, ob sie's lesen. Ich habe freilich sehr stark den Eindruck, dass sie an mir selber schon genug haben, da brauchen sie nicht auch noch die Bücher.

DAS VIERTE GESPRÄCH

über

Ausreiseanträge und Innenpolitik
Bohley, Eppelmann und Neidgefühle
Herzschmerzen im Lutherhof
Katz-und-Maus-Spiele auf der Straße
Wahlzettel und vereiste Luft
Demokratische Aufbrüche im Herbst
Ärger mit dem Wort Sozialismus
Dürrenmatts Augiasstall
Tagebücher aus Russland

Ich besaß es doch einmal
Was so köstlich ist!
Dass man doch zu seiner Qual
Nimmer es vergisst!

JOHANN WOLFGANG GOETHE

Friedrich Schorlemmer schlägt das Tagebuch seines Vaters auf.

»21. Juni 1941: Wir liegen seit vorgestern Nacht in einem kleinen Wäldchen, das nur wenige Kilometer vom Bug entfernt sein soll. Wir haben ein Zelt-Camp aufgebaut und faulenzen in den wunderschönen Tag hinein. Gegen Abend und in der Nacht hören wir ferne Detonationen. Die Russen scheinen zu sprengen. Der Sonnenuntergang tauchte das flache Land mit zahlreichen Waldstücken in ein goldenes Licht, dass man den Krieg vergessen konnte. Doch das stumpfe Sprenggeräusch jenseits des Flusses ließ uns immer wieder an das bevorstehende Ereignis denken. Gestern wurde uns das allgemeine Marschroutenziel bekannt gegeben. Unsere Division soll in Verbindung mit den anderen nach Erzwingung des Bugübergangs und Durchbrechung der feindlichen Befestigungslinien in Gewaltmärschen auf Moskau vorstoßen. Die Verproviantisierung der Truppe soll ohne Rücksicht auf die Bedürfnisse der Zivilbevölkerung aus dem Gebiet selbst gewonnen werden, da man wahrscheinlich vom Nachschub abgeschnitten wird. Heute Nacht sollen wir in das Dorf, dessen Kirchturm man vom Waldrand aus sehen kann, abrücken. Eine Schule wird der Ort unseres ersten Hauptverbandsplatzes sein. In dieser Nacht soll der erste Stuka-Angriff auf die russischen Linien erfolgen. Die letzte Post geht heute fort. Wer weiß, wann sich wieder einmal die Gelegenheit zum Schreiben bietet. An Mutter und Anne – das ist meine Mutter, F. Sch. – habe ich ganz knapp geschrieben und sie auf die Ereignisse vorbereitet, von denen beide wohl schon wissen werden, wenn mein Brief sie erreicht.
Sonntag, 22. Juni 1941. Um 12 Abmarsch des zweiten Zuges zur Schule Zablorie.«

FRIEDRICH SCHORLEMMER: Diese Stelle wollte ich Ihnen gewissermaßen noch nachreichen, zu unserem Gespräch über Krieg und Frieden. Was mich an diesen Zeilen immer wieder tief bewegt, ist die Unmerklichkeit, mit der Menschen quasi über Nacht in die Katastrophe gehen, sie schreiben Tagebuch und Briefe noch mit einem gewissen Atem des Alltags, der ihnen selbst noch im Krieg für eine Weile blieb und der in den Kampfpausen wohl immer auch zurückkehrt. Und dann, plötzlich: die Hölle, das Inferno, der grausame Tod. Es reicht die Logistik der Befehle, und man setzt sich in Bewegung. Erschütternd einfach. Ich lese das ja heute mit dem ganzen Wissen darum, wie es endete, und das Ende ist im Grunde schon dem Beginn unweigerlich eingeschrieben. Nur die Beteiligten wissen es nicht, sie leben, indem sie hoffen, und das noch hart an der Klippe ins Nichts …

HANS-DIETER SCHÜTT: *Hat Ihr Vater außerhalb des Krieges auch Tagebuch geführt?*

Nur im Krieg. Überhaupt hat sich mein Vater in seiner letzten Lebenszeit fast ausschließlich mit dem Zweiten Weltkrieg befasst. Er las und las, er wollte das Geschehene, das Gesehene begreifen, und er wollte mit etwas fertig werden, womit man vielleicht gar nicht fertig werden kann. Er war Sanitätsobergefreiter. Die Tagebücher aus jener Zeit sind mein Erbstück. Ich habe sonst nichts weiter. Meine Geschwister waren da findiger. Nein, das ist ein Scherz, es gab nicht viel zu erben.

Haben Sie diese Kriegs-Tagebücher schon zu Lebzeiten Ihres Vaters gelesen?

Nein. Ich bedaure das sehr, ich hätte gern mit ihm darüber gesprochen. Doch er wollte das offenbar nicht. Ich wusste, dass es diese Hefte gibt, aber nicht im Traume wäre mir eingefallen, auf eigene Faust darin herumzukramen. Ich fand das wunderschön in unserer Familie: Alles stand jedem offen, aber keiner hat ohne Erlaubnis je in den Sachen des anderen gestöbert. Ich wäre nie auf den Gedanken gekommen, an einen Schreibtisch meiner Geschwister zu gehen oder an den meiner Mutter. Die Dinge lagen da, und jeder ließ, was ihm nicht gehörte, unangetastet. Wir konnten uns aufeinander verlassen. In den Tagebüchern meines Vaters wird die starke Bindung an seine Mutter sehr deutlich; man kann daraus ablesen, wie schwer es mitunter seine Frau gehabt haben muss, sich zu behaupten. Damit erklären sich bestimmte Spannungen in dieser Ehe. Zudem erzählen diese Tagebücher, welch poetischer Mensch mein Vater war. Ich verdanke ihm in dieser Hinsicht bekanntlich sehr viel. Ein poetischer Mensch – und dort im Krieg ein sehr einsamer Mensch. Bewundernswert ist, dass er angesichts dessen, was er sehen und erleben musste, doch nie abstumpfte. Die wenigen Sätze, die ich aus diesem Tagebuch schon einmal öffentlich machte, sind der Kern seines großen deutschen Erschreckens. Beim »Russlandfeldzug« notierte er am 28. Februar 1942: »Am Morgen wurde noch ein Befehl verlesen, der zum verschärften Vorgehen gegen die Zivilbevölkerung mahnt. Sie soll mehr Furcht vor den deutschen Soldaten bekommen als vor den Russen und Partisanen. Dörfer, wo Partisanen sich zeigen, sollen ausgerottet werden. Mann, Weib und Kind. Die letzte Kuh, das Saatgetreide – alles kann geholt werden. Es ist kein ritterlicher Kampf, es ist Vernichtungskrieg in seiner blutigsten Form. – Am Abend kommt der Divisionspfarrer zu uns. Unsere Gespräche sind ernst. Die Zukunft liegt dunkel und drohend über unserem Volk. Wie mag es aus diesem Krieg kommen? Dörfer wurden ausgemerzt – Mann, Weib, Greis, Kind. Selbst die Rohesten gingen nur mit Widerwillen an solche Arbeit. Und in diesem Land müssen wir weiter bleiben, dieses Gemetzel müssen wir weiter erleben. Wie lange? Dass wir nicht rausgezogen werden, keinen Urlaub bekommen und im Sommer wieder mit antreten, das zu begreifen, fällt so schwer.«

Herr Schorlemmer, Sie waren in der DDR hoher Kirchenfunktionär. Bundessynode!

Funktionär niemals! Mich hat die Synode der Kirchenprovinz Sachsen 1981 in die Bundessynode gewählt. Ich wollte gar nicht in ein solch hohes Gremium, aber auf Landesebene war man unzufrieden mit der Laschheit der damaligen Bundessynode; sie sei, so lautete das Urteil in der Provinz, zu diplomatisch – also sollten Leute in den »Bund«, die etwas schärfer und direkter auftraten. Deshalb wurde ich gewählt. Als ich 1982 auf einer Bundessynode gegen die Militarisierung des Lebens in der DDR redete, mit großem Herzklopfen und vehementer Unsicherheit, da fühlte ich mich danach völlig isoliert. Nur zwei Leute sprachen noch mit mir, ich war plötzlich grundeinsam, niemand ist mir beigesprungen, denn ich war zu deutlich geworden, ich hatte ein ungeschriebenes Gesetz gebrochen, das hieß: Vorsicht! Die ARD-Fernsehsendung »Panorama« sendete Auszüge, die Staatssicherheit kriegte wieder ganz spitze Ohren. Manchmal war es aber nur deren Blödheit, die eine Staatsfeindlichkeit konstruierte. Bezogen auf unsere Leichtfertigkeit der Schöpfung gegenüber hatte ich mal gesagt: »Das Maß ist verloren.« Die Kerle schrieben daraufhin in meine Akte, ich hätte die DDR-Regierung angegriffen, denn ich hätte öffentlich gesagt: »Das Maß ist verlogen.« Auf manche Assoziationen kommt man doch aber nur, wenn man selber so hinterlistig denkt …

Wo ist eigentlich das legendäre Schwert, das Sie 1983 umschmieden ließen?

Im Museum in Leipzig. Bis vor ein paar Jahren hatte ich es bei mir hier in der Wohnung.

Wir sprachen bereits über diese Aktion. Erzählen Sie deren Geschichte, etwas ausführlicher als bislang.

1982 wurde untersagt, dieses Schwert-Pflug-Zeichen öffentlich zu tragen. Stolpe arbeitete dann den Kompromiss heraus, es in kirchlichen Räumen weiter zeigen zu können, auch als kleines Lesezeichen durfte es noch verwendet werden. Der Widerstand wurde gleichsam in einen inneren Zirkel abgedrängt. Wobei dieses Symbol am Ärmel der Parkas oder Jeansjacken für viele Jugendliche überhaupt erst interessant wurde, nachdem man es verboten hatte. Plötzlich war da eine ungeheure Nachfrage nach diesem Abzeichen aus Flanell. Ohne uns selber zu schmälern: Wahrscheinlich wäre es gar nicht zu einer größeren Aktion gekommen, wenn der Staat nicht so repressiv gehandelt hätte. Er nahm das gepredigte Wort wahrlich sehr ernst. Wenn wir in der Kirche mein kleines Liedlein sangen:

»Lehr deinen Sohn, fürcht keinen Thron, verbind das Leid, schwör keinen Eid. Und sag es weiter ...«, so wurde das als Aufforderung gesehen, den Wehrdienst zu verweigern und überhaupt DDR-Gesetze zu brechen. »Reich die Hand, brich die Wand«, das wurde ausgelegt als Ermunterung zur Beschädigung von Grenzsicherungsanlagen. Es war sehr, sehr schwer, nicht missverstanden zu werden.

Ich habe gelesen, Sie hätten es eines Tages abgelehnt, jungen Menschen das Zeichen »Schwerter zu Pflugscharen« auszuhändigen. War das nicht auch eine Art vorauseilender Gehorsam, dem Staat gegenüber?

Als das Zeichen verboten wurde, habe ich es nicht mehr an Leute ausgegeben, von denen ich wusste, sie hatten es bis dahin nie getragen. Ich wollte im Streit um die Friedensfrage mehr, als nur die Lust an der Provokation zu befriedigen.

Das hat eine ähnliche Strenge wie Ihr Satz, den Sie bereits 1975 formuliert hatten: »Den Ausreiseantrag muss man sich verdienen.«

Das war ein Satz gegen diejenigen, die wegwollten, ohne je irgendwie Rückgrat gezeigt zu haben, die nie ihren Kopf für etwas Widerständisches hingehalten hatten, die nie den Mund aufgemacht, die nie verbotene freiheitliche Schriften verbreitet, die nie ihre Kinder vor dem Wehreid geschützt, die nie das Jugendweihegelöbnis abgelehnt hatten.

Also doch: Leistung vor Gnade. Die Leistung des Dagegenseins als Preis für die Freiheit. Klingt hart. Beinahe dogmatisch.

Mir ging es damals um ein Problem, das über die Jahre hinweg bis zum Ende der DDR und wohl auch darüber hinaus die Opposition bewegt und in Streit gehalten hat: Wie sollte, wie konnte sich eine wirkliche politische Gegenkraft zur SED entwickeln, wenn alle abhauten?! Darin bestand der Konflikt: Freiheit als grundsätzliches, voraussetzungslos zu gewährendes

Menschenrecht, aber doch gleichzeitig die Notwendigkeit, für diese Freiheit dort zu arbeiten, wo sie den Menschen verweigert wird.

Prominente Namen aus der Friedensgruppe – sie standen eher für Gegensätzlichkeit als für einheitliches Handeln.

Natürlich gab es bald Eifersüchteleien. Einige wollten, dass die Basisgruppe mit ihrem Namen verbunden bleibt, sie wollten nicht aufgehen in einer überregionalen Initiative – alles menschlich, aber letzten Endes hinderlich. Die Stasi schürte die Rivalitäten zwischen Berlin und der Provinz, auch zwischen Bärbel Bohley und Rainer Eppelmann. Bohley hielt Eppelmann für einen Rechten, für den geborenen CDU-Mann, was ich damals für undenkbar hielt. Natürlich wurde er beneidet wegen seiner Berliner Blues-Messen, so etwas hätten wir in der Provinz nie wagen dürfen, aber man darf nicht vergessen, dass er Stolpe in seiner Nähe hatte.

Wer war der Schmied bei der Aktion im Lutherhof?

Stefan Nau. Er hatte im Auftrag der Gemeinde einen Friedensleuchter für die Schlosskirche geschmiedet. Und die beiden verrosteten Schwerter für die beiden Kurfürsten, die Schwerter ihrer Würde, die hatte er im Auftrag der Stadt zuvor geschmiedet. Er war in unsere Gruppe gekommen, und eines Tages war, im Zusammenhang mit dem bevorstehenden Kirchentag, die Idee mit dem Umschmieden des Malchusschwertes geboren. Knecht Malchus, der römische Söldner, hat dem Petrus das Ohr abgehauen, und Jesus sagt den denkwürdigen Satz: Stecke das Schwert in die Scheide, denn wer mit dem Schwert umgeht, wird durch das Schwert umkommen. Das Malchusschwert, das zur Mythologie des Schmiedehandwerks gehört, ist ein Schwert, das kein Ohr mehr abhauen kann. Unser Schmied wurde einfach nicht fertig mit dem Herstellen des Schwertes, die Arbeit zog sich hin. Eigentlich sollte es im Sommer fertig werden, wir wollten uns zunächst als kleiner Friedenskreis vor die Schlosskirche stellen und Texte lesen, mehr oder weniger für uns selbst. Die Sache verzögerte sich. Ich wurde nervös. Dann kam ein neues Problem auf. Die Leute, die nach Wittenberg zum Kirchentag kämen, die würden nicht in die Versammlungsräume und Kirchen hineinpassen. Also kamen wir mit Popst Hans Treu auf die Idee, einen »Abend der Begegnung« im Lutherhof zu organisieren. Dafür musste ein Programm ausgedacht werden. Also drängte ich auch unseren Schmied, jetzt unbedingt das Schwert fertigzustellen. Vorgesehen war eine Ecke, inmitten einer Vielfalt von Aktivitäten, von Waffelbäckerei über Kunsthandwerk und Gesang. Über die Sache mit dem Schwert wurde strengstes Schweigen vereinbart. Nichts sollte nach draußen sickern. Am Tag vor der Veranstaltung kamen wir zu der Überlegung, man könne gerade diesen Programmpunkt nicht in irgendeine Ecke abdrängen. So eine schöne, sinnstiftende Idee! Man stelle sich vor, der Hof würde gefüllt sein, und die meisten sähen nichts. Da kam Dieter Trautwein mit seinem Lied und sagte, Mensch, das ist doch wunderbar, ich singe dazu mein Lied, meine Band Baltruweit kommt auch, das ziehen wir groß auf. Alles war für Samstagabend relativ spontan geplant. Bis zum Samstagnachmittag saßen wir zusammen. Ich hatte eine eine sogenannte Schmiede-Liturgie entworfen. Aus Simbabwe war jemand da. Er würde von der Situation in seinem Land erzählen. Aber wer könnte die vorbereiteten Texte von Biermann, Michalkow, Fried mit vortragen? Gabi Joestel aus unserem Gemeindekreis und ihre Schwester, die Frau des Schmieds, die noch nie öffentlich etwas gelesen hatte, sollten sich beteiligen. Wir haben noch schnell im Kaninchenstall geübt. Das Schwert war endlich fertig geworden. Es wurde im Schlafzimmerschrank des Hausmeisters des Predigerseminars Mathias Wolf versteckt. Wir hatten Wahnsinnsangst, dass irgendjemand was rauskriegt und die Veranstaltung unterbunden wird. Peter Merseburger, der Westkorrespondent des Fernsehens, nahm mir im Nachhinein übel, dass ich ihm nichts gesagt hatte. Aber die Gefahr eines Verrats durch irgendeinen seiner Mitarbeiter oder Aufpasser war zu groß. Und wieder ließ ich mich von meinem Prinzip leiten: Sinn geht vor Provokation. Was geplant war, sollte nicht vorrangig in die Welt gesendet werden. Es sollte vor allem jene Menschen ermutigen, die unmittelbar dabei sein würden. Freunde. Der Abend sollte vermitteln: Wir lassen uns nicht unterkriegen. Dieses Symbol, Schwerter zu Pflugscharen, ist so schlagkräftig für den Frieden. Schlagkräftig? Ein schwieriges Wort, aber so motivierend, so begeisternd, so bildhaft, so stark, so warm, so menschlich. Erst nach 21 Uhr begannen wir mit dem Schmiedeprogramm – so spät deshalb, weil wir den anderen Veranstaltungen des Kirchentages keine Konkurrenz machen wollten. Aber seltsam, der gesamte Hof war schon um sieben Uhr proppenvoll. Erst hatten wir daran gedacht, dass jeder ein kleines Namensschildchen tragen solle, denn es wäre doch schön, wenn sich die Besucher miteinander bekannt machen und Fremde besser miteinander redeten könnten. Aber das Vorhaben brach schnell zusammen, die Übersicht ging verloren, zu viele Menschen. Ich hatte am Abend vorher in einem Gottesdienst gesagt, in New York sähe es zur Zeit nicht gut aus, dort fände gerade die UNO-Vollversammlung statt, und zwischen den Großmächten herrsche eisiges Klima. Aber bei uns, morgen im Lutherhof, würde es sehr gut aussehen. Offenbar hatten alle verstanden …

Sie hatten Westkorrespondenten also nichts von der Aktion gesagt. Es gibt doch aber Filmaufnahmen davon.

Ein kleines freischaffendes Team drehte, aber sie verwendeten kein Scheinwerferlicht, das hatten wir untersagt. Ein Glück, weiß ich heute. Dass die Sache auch auf diese Weise letztlich doch öffentlich wurde, hat uns geschützt. Ich sah dieses Team auch nicht als Verstoß gegen meine Abneigung von zu viel Marketing. Auf dem Film sieht man den Schmied immer nur dann, wenn er im Blitzlicht der vielen Hobbyfotografen steht. Sonst war kein Licht an. Ich halte es immer noch für ein Wunder, dass sie uns das Schwert nicht entwanden, denn wir haben die Waffe um halb zehn abends durch die Massen getragen. Man hätte es leicht herunterreißen können. Vornweg gingen zwei Frauen mit weißen Blusen, dahinter ein Theologiestudent, der sich eine Kapuze übergezogen hatte – und dann der Zug mit dem Schwert. Es war eine geheimnisvolle Stimmung. Die

Leute blieben ganz leise. Erst als der Schmied zu hämmern begann, lohte nicht nur das Feuer, auch die Menschen feuerten ihn an. Ich hatte noch immer Angst. Die Leute bauten sich eine Pyramide Sitze aus Pappkartons, um erhöht sitzen und also besser zuschauen zu können. Die Sitze mussten sofort weg, nur ein einziger bräuchte herunterzufallen, und schon wäre das ein Anlass, ordnungssichernd einzugreifen. Der Lyriker Jürgen Rennert las einen großartigen Text. (Franz Fühmann konnte leider nicht mehr kommen, er war schon zu sehr vom Krebs geschwächt.) Plötzlich hieß es, die Feuerwehr würde gleich anrücken, denn es hätte die Meldung die Runde gemacht, im Lutherhof brenne es. Es war ja nicht angemeldet, dass wir mit Feuer hantieren würden. Nichts war angemeldet, bei niemandem. Es hätte alles schiefgehen können. Vertrauen wagen, so hieß das Thema des Kirchentages – und dann treibt dieser Schorlemmer so etwas? Stolpe weiß nichts, die Stasi weiß nichts, der Staat weiß nichts, Schorlemmer bricht Vertrauen – mit dieser Interpretation mußte ich mich fortan auseinandersetzen. Aber die Feuerwehr? Die Schmiedeaktion, die Lesungen, Lieder, Gebete, die Statements, das war längst über die Bühne gegangen. Ich sagte zum Schluss unter dem Gejohl der Leute, es sei im Rathaus mitgeteilt worden, es brenne auf dem Lutherhof. Ja, fuhr ich fort, aber was brennt, sind einzig und allein unsere Herzen. Ehrlich gesagt, der Satz hat mich, als ich ihn aussprach, selber bewegt. Ich spürte das an mir, in mir. Und dann sind wir still auseinandergegangen. Still. Berührt. Erfüllt. Ehe die Staatsorgane mit ihren »Löschfahrzeugen« anrücken konnten, war der Lutherhof leer.

Sie sprachen von Angst …

Meine Frau hatte Herzschmerzen, die ganze Zeit über. Sie war sehr bedrückt. Sie wollte nicht mehr – ständig unter einem solchen Druck leben. Sie war vorher krankgeschrieben worden, und mein Kollege, der Direktor des Predigerseminars, war in jener Zeit glücklicherweise zur Herzkur. Er hätte niemals erlaubt, dass wir diese Aktion durchführen. Nicht, dass er feige gewesen wäre. Er fühlte sich verantwortlich für das

Ganze und meinte, das Verhältnis zwischen Staat und Kirche dürfe man durch unangemeldete Aktionen nicht belasten. Aber eine Anmeldung wäre der Tod der Idee gewesen.

War es trotzdem Ihre euphorischste Zeit?

Wahrscheinlich, ja. Anfang der achtziger Jahre war nicht nur eine neue Eiszeit zwischen Ost und West ausgebrochen, Honecker hat auch erstmalig gewagt, eine eigene Politik zu machen, gegen die allgemeine Rüstungshysterie. Er sprach immerhin vom »Teufelszeug«. Und wir hier in Wittenberg hatten viele Querelen hinter uns. Die einseitigen Parolen »Frieden schaffen ohne NATO-Waffen«, die Aufmärsche der FDJ zum 1. Mai, mit Kordons der Berufsjugendlichen um die Schlosskirche herum. Es war eine Zeit der Depression. Die Zahl der Ausreiseanträge schwoll unglaublich an, im Kreis Wittenberg wurden die Einreise- und Ausreisebestimmungen am hartherzigsten, am engsten im ganzen Bezirk Halle ausgelegt. Nun erlebte ich Menschen, die wollten kämpfen. Freilich gewaltlos. Das war mein großes Erlebnis. Ich habe Menschen ermutigen können. Ich habe Mut machen können, gemeinsam mit Menschen, die Mut hatten. Die ihre Arbeit, ihr Leben gefährdeten, die nicht gesichert waren wie ich, der die Kirche hinter sich hatte und nicht um seinen Job bangen musste. Das war etwas Wunderschönes bei diesem Kirchentag, auch am folgenden Sonntag – diese Fröhlichkeit, Offenheit, Ernsthaftigkeit …

Offenheit … Obwohl das IM-Netz enger wurde?

Ich habe eine seelsorgerliche Maxime: Lieber täusche ich mich in einem Menschen, als dass ich ihn verdächtige. Ich danke meinem Herrgott, dass er mich mit der Fähigkeit ausgestattet hat, mich nicht neurotisieren zu lassen. Da wirkten wohl auch jene Erfahrungen mit, die ich bereits in der Kindheit und in der Jugend gemacht hatte … Doch, ich hatte später Angst. Böhme, der Erste Sekretär der Partei im Bezirk, behauptete im September 1989, ich hätte die DDR als hohle Nuss bezeichnet, die man knacken müsse. Also hätte ich zur Gewalt aufgerufen – und dazu, Kommunisten aufzuhängen. Das wurde hier in Schulen verbreitet. Propst Treu ging sofort protestierend zum Rat des Kreises. Jetzt hatte ich doch Lebensangst. Weil ich wusste: Wenn so etwas über mich verbreitet wird, lässt sich die geballte Kraft der Funktionärsclique mobilisieren, die sich dann tückisch Zorn des Volkes nennt.

Bei den Säuberungen Stalins im Jahre 1937 hieß die Justizlosung: »Das Urteil des Gerichts ist das Urteil des Volkes.« – Was hatten Sie denn in Wahrheit geäußert?

In einem Interview, das im Westfernsehen gelaufen war, hatte ich gesagt, die DDR habe eine harte Schale, aber darinnen, unter dieser Schale, sei nichts. Wir hätten einen starken Sicherheitsapparat um etwas Leeres, geschützt würde etwas Hohles. Das sei paradox. Und hinzugefügt hatte ich die Befürchtung, es komme entweder zu einer Explosion oder zu einer Implosion – ich wolle beides nicht. Deshalb sei Erneuerung unabdingbar.

Die DDR gibt es nicht mehr. Spüren Sie an Ihren beiden Kindern, dass Erzählungen Ihres Lebens doch Berichte aus einer Zeit sind, die jüngere Generationen kaum mehr interessiert?

Meine Tochter Uta hat die Konflikte selber durchstanden. Sie hatte sich sehr aktiv mit der gesellschaftliche Situation in der DDR auseinandergesetzt, oft an meiner Seite, wenn ich das mal so sagen darf. (Inzwischen lebt sie doch ganz im Heute, aber sehr interessiert an jener überwundenen Zeit. Mein Sohn ebenso.) Uta hatte ich die Namen zweier Anwälte gegeben, falls ich mal nicht wiederkäme.

Wer waren die beiden?

Gysi und de Maizière. Ja, meine Tochter war am ehesten an meinem Denken, Leiden und Hoffen beteiligt. Im Januar 1988 zum Beispiel, in der elften Klasse, schrieb sie, von sich aus, eine

Hausarbeit zum Thema »Rosa Luxemburg und die Demokratie«. Es gab dazu eine Nachgeschichte. Die Lehrerin bat später, sich die Hausarbeit noch mal ansehen zu dürfen. Das hatte ganz klar mit der Stasi zu tun, die suchten nach Ansatzpunkten für die verbotenen Plakattexte, die auf der Liebknecht-Luxemburg-Demonstration in Berlin getragen worden waren. Die dachten, ich hätte meine Hand mit drin, und sie meinten ihren Verdacht im Aufsatz der Tochter bestätigt zu finden. Ich weiß auch noch, Ende der siebziger Jahre, Uta war neun, da hörten wir einen Vortrag von Robert Jungk, und das Mädchen saß die ganze Zeit dabei und hörte gespannt zu. Sie malte und blickte manchmal auf. Das Bild hat sich mir als Mischung von Entspannung und Anspannung eingeprägt. Es war gnauso, wie wenn ein Kind in den Gottesdienst geht, es versteht viele Dinge nicht, kann manches noch nicht in die eigene Sprache übersetzen, aber es nimmt tief etwas auf … Für meinen Sohn Martin ist der Sozialismus weg, und Punkt. Ihn bewegt, ob er seinen Arbeitsplatz behält, um seine Familie zu ernähren. Er ging in die Garten- und Landschaftsgestaltung, nun als Vorarbeiter, früher sagte man Brigadier dazu; das ist schwere körperliche Arbeit, da haben die Sorgen eine andere, drängendere Realität. Und er ist politisch wach. Schön, das zu sehen.

Welchen Beruf hat Ihre Tochter?

Sie ist promovierte Theaterwissenschaftlerin. Sie promovierte über den polnischen Regisseur Krystian Lupa, hat neben Paris auch in Krakow studiert, hat inzwischen zwei Bücher über den großen Tadeusz Kantor veröffentlicht.

Woher kannten Sie Gysi und de Maizière?

Lothar de Maizière kannte ich durch die Synode. Von Gregor Gysi hatte ich im »Neuen Deutschland« gelesen: Da war ein junger Rechtsanwalt, der sich für eine Verwaltungsgerichtsbarkeit eingesetzt hatte. Ich dachte, wenn die DDR eine Institution schafft, mit der man staatliche Entscheidungen anfechten kann, dann ist das ein Schritt hin zum Rechtsstaat. Das war 1988.

Hatten Sie auch mit Gregor Gysis Vater zu tun? Klaus Gysi war Staatssekretär für Kirchenfragen.

Ich hatte ein einziges Gespräch mit ihm. Es war nach 1984, also nach unserer Aktion mit dem Schwert, das zur Pflugschar wurde. Da galt ich als spezieller Staatsfeind und Provokateur – übrigens gar nicht so sehr wegen des Schmiedens selber, sondern weil darüber dann im Westfernsehen berichtet wurde. Die Obrigkeit hatte wohl das Gefühl, sie stünde nun als Depp da, die gesamte DDR erfuhr somit, dass man nicht in der Lage gewesen war, die Aktion zu verhindern. Man fürchtete, das könne Schule machen. Aber auch auf unserer Seite gab es Befürchtungen. Damals hatte Reagan während einer Sprechprobe im Fernsehen spaßeshalber den Atomkrieg ausgerufen, das war aufgezeichnet worden. Ich wollte öffentlich gegen diesen Ungeist protestieren. Da sagte einer auf der Synode zu mir: Bruder Schorlemmer, wollen Sie denn, dass wir morgen im »Neuen Deutschland« stehen? So war die Lage. Auf dieser Synode gab es einen Empfang, zu dem der Staatssekretär einlud. Die Synode hatte lange überlegt, ob sie diese Einladung annehmen solle. Auch ich war unschlüssig, dann sagte ich mir, wenn wir da hingehen, ist das nicht Käuflichkeit, sondern eine Chance, mit denen zu reden. Nicht alle gingen hin, ich aber nahm an diesem Empfang teil. Plötzlich nahm mich Manfred Stolpe am Ärmel, zog mich ein Stück weiter, da stand Klaus Gysi, und Stolpe sagte: Herr Staatssekretär, ich wollte Ihnen gern mal – und jetzt spürte man die Ironie – einen unserer jungen Provokateure vorstellen, am besten ist, Sie beide reden einfach mal miteinander. Sagte es und ging weg. Er war ein bisschen zynisch, der alte Gysi, aber wir unterhielten uns tatsächlich sehr ernsthaft. Der Vertreter der Macht sagte einen Satz, den ich nicht wieder vergaß: Herr Pfarrer, wir müssen uns doch über eines klar werden – Sie und wir vertreten beide nur Minderheiten, je etwa fünf Prozent. Das war die Verständigung über eine tiefe Wahrheit: Wir folgen beide jeweils einer hohen, hehren Idee, aber so etwas hat nie die wirkliche Chance einer Mehrheit.

Das erinnert an den Sohn Hanns Eislers, der mit einem Freund in den fünfziger Jahren auf dem Friedrichshain in Berlin stand, in der Abenddämmerung gingen in den ersten Neubauwohnungen die Lichter an, und er sagte: Hinter vielen Fenstern der Wohnungen, die wir für Arbeiter bauten, sitzen jetzt Arbeiter, die überlegen, wie sie uns Kommunisten wieder loswerden können. Heiner Müller hat das erzählt. Eisler soll es sogar schärfer ausgedrückt haben: Hinter jedem Fenster überlegt einer, wie er uns Kommunisten die Gurgel durchschneiden kann.

Mit einem Staatssekretär für Kirchenfragen hatte ich übrigens noch eine weitere denkwürdige Begegnung. Das war 1987, zum 70. Geburtstag von Bischof Werner Krusche, auf einem Empfang in Magdeburg. Es war eine sehr angespannte Atmosphäre, und der Staatssekretär versuchte, auf Leute zuzugehen, und immer stand, etwa zwei Meter von ihm entfernt, ein Mann. Er wurde vorgestellt, sprach aber selber kein einziges Wort. Das war ein gewisser Herr Heinrich. Ging der Staatssekretär ein Stück weiter, ging auch Herr Heinrich ein Stück weiter, hielt aber den Abstand von zwei Metern. Der Staatssekretär in Begleitung der Staatssicherheit. Ein gespenstisches Abbild des Systems. Die Staatsmacht wurde bewacht von denen, die Staat im Staate waren. Ein Bild des Jammers und der Agonie. Und dieser Herr Heinrich wirkte böse, kalt, gefährlich. Eine Stasi-Ausgeburt, ich kann das nicht anders sagen.

Wann sind Sie das erste Mal demonstrierend auf die Straße gegangen?

Hier in Wittenberg? Am 4. September 1987, als unabhängige Friedensbewegung. Es war die Demonstration zum Olof-Palme-Friedensmarsch, es kam da zu einem ersten Zusammengehen von staatlicher und kirchlicher Friedensbewegung. Wir haben es geschafft, mit keiner anderen Formation vermischt zu werden. Wir sind vom Friedhof aus, von den Grabstätten der Soldaten beider Weltkriege, losgelaufen. Ich hätte nie gedacht, dass wir überhaupt jemals mit anderen auf die Straße gehen würden. Wir wurden der Kirchenblock genannt. Wir kamen bis zum Marktplatz, und dann ging es los, das Katz-und-Maus-Spiel. Die Staatssicherheit versuchte, unsere Plakate und Transparente so zuzustellen, dass man nichts mehr davon sah. Einerseits konnte man fast keine Fotos mehr von uns machen, andererseits behinderte die Stasi so ihre eigenen Fotografen, die uns dingfest zu machen suchten. Es entbrannte vor dem Rathaus ein heftiger Kampf um Aufmerksamkeit und die Lufthoheit der Losungen. Wir luden auch mit einem großen Plakat zur Diskussion über Gemeinsame Sicherheit ein. Viel Stasi war anwesend und zersetzte die Diskussion. Sehr geschulte Leute. (Im Juni 1988 blieb der Platz für den SED-Vertreter für die Diskussion auf dem Kirchentag leer. Keiner der von mir Eingeladenen war gekommen.) Die Veranstaltung im Anschluss an die Demo 1987 hatte der Staat richtig unterwandert. Diese Leute machten uns in der Diskussion regelrecht zur Sau. Die griffen auch mich an, Menschen, die ich noch nie gesehen hatte, die aber allerhand wussten von mir, das war schon öffentliche Zersetzung, richtig böse. 1988, im Januar, nach besagter Liebknecht-Luxemburg-Demonstration, waren auch hier in Wittenberg erstmals Massen zu uns in die Kirche gekommen, sie wollten wissen, was da in Berlin geschehen sei. Die dortige Verhaftung der Gegendemonstranten mit den Luxemburg-Texten schwächte uns, aber immerhin: Der Staat stellte sich auf eine peinliche Weise bloß. Unsere Kirchenführung wurde, auf Bundesebene, zu Jarowinsky bestellt, dem verantwortlichen ZK-Sekretär, und der hat unsere Leute zusammengeniest, das war kein Gespräch, das war eine Vergatterung. Mein Superintendent aus Merseburg, Martin Ziegler, der zur Wende dann so bravourös den Runden Tisch leitete, kann Stenografie, er hatte die Ausführungen von Jarowinsky vollständig dokumentiert und als Information an alle Gemeinden geschickt. Es war unglaublich ermutigend, was Ziegler da getan hatte. Er war damals der Nachfolger von Stolpe, war Sekretär des Bundes der evangelischen Kirchen – ein wunderbares Zeichen, solche staatliche Verwarnung einfach pur weiterzugeben. Wir sahen: Wer so brüllt, der zittert vor Angst. Herrlich!

Gehörten Sie bei den Kommunalwahlen 1989 auch zu den Wahlbeobachtern?

Es gab ja eine Menge zu spät Gekommener, die plötzlich die Wahlbeobachtung für sich entdeckten. Ich habe das vorher schon gemacht, jahrelang. Und ich kann nur sagen, die Wahlergebnisse waren nie wesentlich gefälscht. Viele Menschen trotteten zum »Ja« wie erschöpfte Pferde zu einer Tränke. Die SED muss aber eine so tief verinnerlichte Angst vorm Volk gehabt haben, dass sie nicht mal mehr jene Realität sah, die noch für sie sprach. Selbst wenn es in einem Wahllokal, sagen wir zwanzig »Nein«-Stimmen gab, hat der Staat das bestimmt auf zehn Stimmen heruntergelogen. Das wäre überhaupt nicht nötig gewesen, bei insgesamt so wenigen Gegenstimmen. Das zettelfaltende Volk bewies doch vierzig Jahre kluge Unterwürfigkeit. Die unnötige Angst des Staates schlug sich verwirrend auf sein taktisches Vermögen.

Wahlbeobachtung, wie ging denn das vonstatten?

Ich bin reingegangen ins Wahllokal, habe mich hingestellt und bin dann nach kurzer Zeit gefragt worden, was ich wolle.

Allein?

Ja, oder mit meiner Verlobten, etwa 1968, als es um die Verfassung ging. Wir sind zusammen ins Wahllokal und sind da drin einfach stehen geblieben. Die fragten: Was möchten Sie? Ich sagte: Ich möchte gar nichts, ich möchte nur zugucken, nur beobachten, es ist doch alles öffentlich hier, oder? Später bin ich dann auch zur Auszählung gegangen. Ich war immer der Einzige. Auch wenn ich natürlich nicht zur Wahl ging – zur Auszählung bin ich sehr wohl gegangen.

Wie haben die denn reagiert im Wahllokal?

Man spürte, wie sich die Luft veränderte. Es wurde still. Eisige Luft. Es war beklemmend, als sauge einer den letzten Sauerstoff aus dem ohnehin miefigen Raum. Die wussten nicht, wie sie reagieren sollten, man sah ihnen aber an, was sie dachten: Der Feind ist im Raum! Nicht zu fassen. Ich stand da und dachte: Ist doch trotzdem unglaublich, was du als Einzelner machen kannst, du kannst die Atmosphäre eines ganzen Raumes verändern. Ich war total gefangen von der negativen Energie, die sie mir sozusagen drüberhauten. Aber ich hielt das aus, und mehr und mehr merkte ich, dass die anderen viel unsicherer waren, als ich es war. Es passierte im Grunde gar nichts, aber es war trotzdem ein Kampf. Wahrscheinlich habe ich damals nirgendwo als bei meinen Wahlbeobachtungen so stark die Gewissheit empfunden, dass ein einzelner Mensch etwas gilt – und zwar mit seiner Kraft, einfach nur überraschend und für sich feststehend da zu sein und stehen zu bleiben.

Wie war es bei der Kommunalwahl im Mai 1989?

Bei dieser Wahl im Mai 1989 haben wir uns richtig organisiert. Die Stasi hörte seit längerer Zeit meine Wohnung ab, die wussten also genau, wer wo hingehen würde. Es war wie an anderen Orten zu dieser Kommunalwahl: Nach dem Gottesdienst trafen wir uns spontan und haben verabredet, wer wohin geht, uns interessierte, wer überhaupt noch »Nein« sagte zu diesem eingeschlafenen System. Im Mai 1989 bin ich gegen 17 Uhr 30 in ein Wahllokal gefahren und wurde dort gleich mit der Frage empfangen: Kommen Sie, um zu beobachten? Ja, habe ich gesagt – und wurde umgehend des Raumes verwiesen. Ich könne nachher wiederkommen, zur Auszählung. Das habe ich getan, die Wahlzettel lagen schon geordnet, immer wenn ich etwas näher treten wollte, um die Dinge genauer beobachten zu können, hieß es barsch: Bitte treten Sie zurück! Einer ging raus, kam wieder rein und sagte: Ich kenne Sie doch, Sie waren doch auch bei dem Gespräch mit der Nationalen Front dabei, Sie wissen schon, als der »Schwatte« da war. Der »Schwatte«? Ich erinnerte mich, es war eine Veranstaltung mit einem Vertreter des ANC, der vom Antiapartheid-Kampf in Südafrika erzählt hatte. Ich habe diesen Mann aus dem Wahllokal nicht vergessen. Da zählten sie ihre Zettel aus, registrierten die braven Stimmen des Volkes, das sich ihnen in diesem Mai 1989 merklich entzog, spielten ihr Theater aus Sozialismus, Solidarität und Völkerfreundschaft und sprachen von einem »Schwatten«. Ekelhaft.

Wie kam es im Herbst 1989 zum »Demokratischen Aufbruch«?

Er ist eher zufällig entstanden – in der Küche von Rainer Eppelmann. Ausgangspunkt für mich, im Widerspruch gegen den Staat nun wirklich eine politische Struktur zu wagen, war im April 1989 eine Diskussion zum SED-SPD-Papier in der Samariterkirche in Berlin – Rainer Eppelmann hatte Bärbel Bohley und mich eingeladen, mit dabei auch Thomas Meyer von der SPD. Wer nicht kam, war der SED-Vertreter Rolf Reißig. Den Stuhl für ihn ließen wir demonstrativ stehen. Großer Raum, viel Westjournalisten, wenig Volk. Das war für mich der Punkt, endgültig eine Lebensentscheidung zu treffen: So, die wollen nicht mit uns reden, jetzt gehen wir in die organisierte, offene Opposition. Im Reflex auf die Wiener Konferenz der KSZE schrieb meine Tochter aus dem »Neuen Deutschland« jene Wiener-Dokument-Passagen heraus, in denen es darum ging, dass eine funktionierende Gesellschaft zur Kräftigung der Demokratie auch kritische Gruppierungen benötige. Darauf beriefen wir uns, nun aber erstmalig ohne jede vorherige Absicherung bei staatlichen Stellen. Das Gründungstreffen des »Demokratischen Aufbruchs« fand dann im August in Dresden statt – alles sorgsam dokumentiert von unserem späteren Vorsitzenden, dem Stasi-Spitzel Wolfgang Schnur.

Warum von Beginn an diese Zersplitterung? Vor Ihnen hatte sich »Demokratie Jetzt« gegründet, es gab auch das »Neue Forum« …

Meine Rede am 4. November auf dem Alexanderplatz war der Versuch, diese unterschiedliche Bemühungen zusammenzuführen. Aber zwischen dem Impuls der Gründer und dem, was das Volk wollte, bestanden ziemliche Differenzen. Ich zum Beispiel wollte, dass wir ein Verein, eine Bewegung bleiben, Schnur und andere insistierten auf die unbedingte Gründung einer Partei. Bald gab es eine eindeutige Links-Rechts-Trennung der Mitglieder. Die Bürgerbewegung hatte überhaupt große Probleme damit, dass es in den Oppositionsgruppen zu viele Alpha-Ansprüche gab.

Eines der Alpha-»Tiere« hieß Schorlemmer?

Das kann man vielleicht so sagen, ja. Aber vieles hing auch damit zusammen, dass es keine strukturierte Opposition in der DDR gab. Es wurde an Parolen und Programmen vieles aufgesogen, was nur Westmustern folgte, Hauptsache, es ging gegen die SED! Leute aus anderen Zusammenschlüssen von Bürgerrechtlern wunderten sich über unser Chaos, ich konnte ihnen, nach der Erfahrung unseres ersten Parteitages im Dezember in Leipzig, nur sagen: Macht ihr mal erst eure erste DDR-weite Konferenz, ihr werdet euer blaues Wunder erleben. Es wurde auf jenem Parteitag auch sofort dramatisch. Was Thüringer Delegierte da abzogen, Nachbarn des schwarzen Bayern, das war für mich nicht zu ertragen. Ich wusste ganz schnell, ich muss da raus und weg! Das war ein böser Antikommunismus, der im Nachhinein der Stasi recht gab: Die Opposition als Hort rabiater, unversöhnlicher, giftspeiender Staatsfeinde! Manchmal ertappe ich mich bei dem furchtbaren Gedanken, dass diese entsetzliche Mielke-Organisation klarer als unsereins sah, was für eine Feindschaft im Volk lauerte. Ich hatte über das Volk zu schöne Illusionen – die freilich bis zum 9. November 1989 keinesfalls nur Illusionen waren, sondern eine traumhaft erfahrene Wirklichkeit. Das grandiose Fest einer kurzzeitig erlebten Unwirklichkeit, jene friedliche Oktoberrevolution in der DDR.

Ein Herbst-Fest, wie von der großen Französin Ariane Mnouch-

kine inszeniert. Das auch Sie vergessen ließ, was vierzig Jahre DDR bewirkt hatten? Ich habe hier nur eine kleine Sammlung von Attributen, mit denen Sie den Staat bezeichneten – gleichsam auch als Warnung an Nostalgiker, die Ihre differenzierte Sicht auf das verjagte System als Einladung verstehen, dieses System immer wieder zu relativieren. Also, Schorlemmers Synonyme für DDR: Gemisch aus Apathie, organisierter Verantwortungslosigkeit, Tabuisierung und Verleumdung von Problemen. Mixtur aus Bürokratismus und Amtsmissbrauch, Konformismus und Dogmatismus, Behördenwillkür und Obrigkeitsfurcht. Stalinistisch-sozialistisches Grundmuster. Schule, Armee und Sicherheitsdienst – Machttrias über anvertraute und ausgelieferte Menschen: denunzieren, militarisieren, indoktrinieren. Bürokratischer Zentralismus. Kasernenhofsystem. Pervertierung einer emanzipatorischen Idee. Schule als Mischung aus Inkompetenz und Gesinnungsterror, als Ideologieanstalt der SED mit stasiistisch-militaristisch-dogmatischen Geschwülsten. Verfolgungssystem. Eingemauerte Provinz. Hündischer Staat. Poststalinistischer Sozialismus. Geistiges Kastratentum. Permanente Parteidiktatur. Ordnung des Big Brother. Mielke-Sozialismus. Befehlssystem. Kleingeist im Gewand des historischen Fortschritts. Roter Militarismus. Kleinwüchsige Neurotik der roten Macht. Vierzig verlorene Jahre. Eine nicht legitimierte, sondern von einer Ideologie inthronisierte Staatsmacht mit Welterlösungsanspruch. Diktatorisch, inquisitorisch und geistig borniert agierende SED. Einparteiendiktatur. Vater- und Mutterstaat der Rundum-Versorgung und Rundum-Bewachung.

Da gibt es nichts zurückzunehmen. Aber das ist eben nicht alles.

Die Gründungsversammlung des »Demokratischen Aufbruchs« fand in Berlin statt.

Wir hatten uns für den Herbst verabredet. Es war der 1. Oktober 1989. Mehrfach mussten wir den Ort wechseln, weil Polizei die Versammlung verhinderte. Ich bin in Wittenberg angerufen worden von meinem Freund Edelbert Richter aus Weimar, er sagte, er könne nicht weg, man habe ihn am Bahnhof daran gehindert, Weimar zu verlassen. Die haben den gar nicht erst in den Zug steigen lassen. Auch mein Freund Heiko Litzt in Güstrow wurde abgefangen. Wir kamen merkwürdigerweise aus Wittenberg raus; wir trafen uns am Auto außerhalb der Stadt, vorher war ich mit dem Fahrrad durch viele Gärten gefahren, so dass man von außen nicht vordergründig annehmen konnte, ich wolle Wittenberg verlassen. Vorm Samariter-Gemeindehaus in Berlin standen Stasi-Leute und Polizisten, ein ganz riesiger Polizeioffizier dabei, der sagte: Hier können Sie nicht rein, das ist alles mit Ihrem Bischof abgesprochen, hier sollte eine nicht genehmigte Versammlung stattfinden. Aus einer Telefonzelle riefen wir Eppelmann an, der im Nebenhaus wohnte. Wir kamen auch in sein Haus nicht rein, um ihm zu berichten, was los ist. Immerhin durfte er rauskommen und uns den ersten Ausweichort zuflüstern. Immer mehr Leute kamen, Teilnehmer aus der ganzen DDR. Manche kannte ich nicht. Auch am nächsten verabredeten Sammelpunkt: Polizei. Plötzlich hielt Schnurs Auto, ein Volvo. Er hielt nur kurz an, rief uns zu: Weg hier! Wir treffen uns da und da, bei Neubert! In der Wilhelm-Pieck-Straße. Ich musste aber noch dableiben, weil noch nicht alle Leute eingetroffen waren, die ich eingeladen hatte. Als ich später vors Haus von Ehrhart Neubert kam, stand die Polizei breitbeinig vor der Haustür, man kam nicht rein. Wir wussten natürlich nicht, ob überhaupt schon jemand im Haus drin war, und wer? Wenn auch dieser Treffpunkt geblockt würde, dann bliebe nur Pankow. Wir also nach Pankow, ins dortige Gemeindehaus. Wir parkten das Auto weit weg. Zuvor waren wir von einem Polizeiauto verfolgt worden – um die loszuwerden, fuhren wir in die Wohnung meiner Tochter in Friedrichshain. Sie war nicht da. Ich hatte den Schlüssel. Wir tranken Kaffee und dachten, beim Blick aus dem Fenster, Mann, die müssen doch irgendwann müde werden. Und dann machte ein Freund von mir etwas, das ich schreiend witzig fand. Er ging zu den Polizisten raus und sagte, also, es sei ja offenbar geworden, dass man mit uns gemeinsam fahren wolle. Aber wissen Sie, meine Herren, wir sind so unsicher, denn wir sind keine Berliner, wie wäre es, wenn Sie uns, hin zum Gemeindehaus Pankow, vorausfahren würden? Kein Ton aus dem Polizeiauto. Totale Versteinerung. Wir hätten am liebsten losgeprustet vor Lachen. Wir sind dann losgefahren, die Polizei brav uns nach. Vorm Gemeindehaus wieder Bereitschaftspolizei und Verladewagen. Drinnen waren schon viele Leute, draußen ebenso viele. Bischof Forck wurde gerufen, nicht mal er kam da rein. Ich dachte an die Ereignisse um den den Januar 1988 herum und mutmaßte, wenn du jetzt drängst, da reinzugehen, und es kommt zu Übergriffen, wirst du womöglich binnen kurzem in den Westen abgeschoben, oder sie verknacken dich. Jetzt hier kämpfen, das kam mir sinnlos vor. Ich hatte Angst. Ich wollte kein Abräumobjekt sein. Dem Schnur, der beim Gemeindehaus rein und raus durfte, dem habe ich nur noch schnell eine Adresse zugeflüstert, wo wir uns treffen würden, um weitere Schritte zu beraten, er solle die Adresse, Sophienstraße 2 bei Passauer, weitersagen, und dann sind wir, ein paar Freunde und ich, weg. Kein Mensch kam zu dem angegebenen Ort, Schnur, der Hund – ich bin damals leider nicht skeptisch geworden, er hatte natürlich nichts weitergegeben. Wir trafen uns dann am 30. Oktober in einem evangelischen Krankenhaus, in der Diakonieanstalt »Königin Luise«. Den Ort konnten sie nicht besetzen. Aber Schnur war da.

Was geschah auf jenem Parteitag, Mitte Dezember in Leipzig, womit wurden Sie von den Thüringer Delegierten des Demokratischen Aufbruchs attackiert?

Nicht nur von denen, aber sie waren besonders schlimm. In einem Interview hatte ich mich dafür ausgesprochen, die Regierung Modrow zu unterstützen, diese Regierung sei zwar nicht durch freie Wahlen legitimiert, aber sie ebne glaubwürdig den Weg zur Demokratie. Das haben Leute vom »Demokratischen Aufbruch« im Rundfunk gehört und verbreitet, Schorlemmer paktiere mit den Kommunisten, wolle eine Koalition mit der SED. Es gehört zu den Schlüsselerlebnissen meiner kleinen politischen Laufbahn, was daraufhin geschah. Die bugsierten mich in einen Nebenraum, es war frühmorgens, und im Handumdrehen saß ich einem inquisitionsähnlichen Gericht von etwa zwanzig Leuten gegenüber. Kommandeuren und Kommandeusen, wie von der Tscheka. Ich solle sofort abschwören und öffentlich widerrufen. Ich erschrak und wusste: Die hatten zu lange Feindberührung, das hatte auf den eigenen Charakter abgefärbt. Die Lippen dieser Menschen – eben noch waren wir Gemeinsame! – wurden schmal wie Messer, ich erkannte die Gesichter nicht mehr. Aber in meinem Erschrecken über die Verwandlung bekam ich nicht Angst, sondern seltsamerweise ein Glücksgefühl, dass ich nicht zu Zeiten früherer Revolutionen lebte: Die hätten mich an die Wand gestellt, als eindeutigen Verräter. Endgültig aus war es für mich, als die abstimmten, welche politischen Begriffe künftig unbedingt auf dem Index stehen müssten. Auch das Wort »Sozialismus« wurde von denen verboten. Mit gleichem Recht hätte man auch, mit durchaus triftigen Gründen, aus der Politikgeschichte der Kirche »Gott« verbieten können. Der »linke Flügel« auf dem Parteitag drängte mich, gegen Schnur als Vorsitzenden anzutreten, aber ich war nicht als Pfarrer nach Leipzig gefahren, um als Parteivorsitzender heimzukehren. Ich ahnte viel Hass, viele Intrigen, starke Machtkämpfe. Ich bin dann nach Berlin gefahren, zum Parteitag der Sozialdemokraten, zu dem ich als Gast eingeladen worden war. Auch meine Freunde verließen den »Demokratischen Aufbruch« und fragten mich später entgeistert, wohin ich sie denn da gelockt hätte.

Welches war das bewegendste Erlebnis der Wende?

Das kann ich ziemlich genau sagen. Etwa eine Woche nach dem Fall der Mauer in Berlin klingelte es hier bei mir in Wittenberg an der Wohnungstür. Ich öffnete, draußen stand ein Kohlefahrer, er drückte mir nur eine Klappkarte in die Hand und verabschiedete sich wieder. Auf der Karte stand: »Unser Dank gilt denjenigen, die uns geholfen haben, unsere Sprache wiederzufinden. VEB Kohlehandel Wittenberg, Brigade Einzelhandel, 17. November 1989.

Die »kleine politische Laufbahn« – ist das Kleine, Geringe nicht vielleicht überhaupt ein Merkmal des politisch Möglichen? Sozialdemokratie als großes Programm der kleinen Schritte?

Als Pfarrer spielte ich in der Studentengemeinde den König Augias in »Herkules und der Stall des Augias« von Friedrich Dürrenmatt. Das Stück müsste heute in den Schulen gelesen, durchgenommen werden. Es ist eines der tollsten Gleichnisse über die Funktionsmechanismen von Weltveränderungen angesichts des Mistes, der mehr und mehr anwächst. Herkules scheitert, auch der Sohn des Augias ist verzweifelt. Augias selbst aber zeigt den wahrscheinlich einzig möglichen Weg – was er am Schluss des Hörspiels sagt, ist noch heute mein Credo. Er hat nämlich in aller Stille einen Garten angelegt: »Aus Mist ist Erde geworden. Gute Erde. Siehst du, mein Sohn, an diesem Garten habe ich ein Leben lang im Geheimen gearbeitet, und so schön er ist, er ist ein etwas trauriger Garten. Ich bin kein Herkules, und wenn nicht einmal er der Welt seinen Willen aufzuzwingen vermag, wie wenig erst vermag ich es. So ist dies der Garten meiner Entsagung. Ich bin Politiker, mein Sohn, kein Held, und die Politik schafft keine Wunder. Sie ist so schwach wie die Menschen selbst, nicht stärker, ein Bild nur ihrer Zerbrechlichkeit. Sie schafft nie das Gute, wenn wir selbst nicht das Gute tun. Und so tat ich denn das Gute. Ich verwandelte den Mist in Humus. Es ist eine schwere Zeit, in der man nur so wenig für die Welt zu tun vermag, aber dieses wenige sollten wir wenigstens tun: das Eigene. Die Gnade, dass unsere Welt sich erhelle, kannst du nicht erzwingen, doch die Voraussetzung in dir kannst du schaffen, dass die Gnade – wenn sie kommt – in dir einen reinen Spiegel finde für ihr Licht.« Auf einem Gemeindefest bei Bad Dürrenberg führten wir das Stück auf. Der Gemeindekirchenrat beschloss damals, mich nie wieder auftreten zu lassen. Die Bauern, hieß es, würden durch diese Mist-Geschichte mit dem Oberausmister Herkules und dem folgenlosen Kommissions-Unwesen beleidigt. Unsere freie Gottesdienstauslegung missfiel – mit Sprechmotetten, in denen auch Zitate von Atheisten vorkamen. Da verhielten sich unsere katholischen Mitchristen in der Studentengemeinde übrigens weit vorsichtiger, obwohl sie im Herzen wahrscheinlich weit antikommunistischer waren, zugleich viel angepasster. Ihr Programm wich eher ins Künstlerisch-Literarische ab, während wir uns gesellschaftlich brisanten Fragen zuwandten.

1969 haben Sie geheiratet. Ihre Frau war Ärztin. Zitat Friedrich Schorlemmer: »Zu den wirklich schmerzlichen Erfahrungen gehört das Ende der Beziehung zu meiner Frau. Wir hatten beide gedacht, dass wir ein Leben lang zusammenbleiben könnten. Wir mussten uns nach zwanzig Jahren Ehe eingestehen, dass das, was uns im Innersten verband, aufgebraucht war. Es war ein tiefer Bruch. Dennoch kann ich heute auch sagen, dass die Trennung eine Befreiung für uns beide geworden ist.« Ist Ihre Ehe an der DDR gescheitert, an den Überforderungen durch Arbeit, an der Notwendigkeit, viel Druck zu erleben und aushalten zu müssen?

Ja und nein. Die haben alles dafür getan, uns, wie es so schön hieß, zu »zersetzen«. Aber nun zu sagen, sie hätten es geschafft, das würde uns doch völlig entmündigen. Nein, ich bestehe auf meiner Zuständigkeit für mein Glück und mein Scheitern, fürs private Gelingen und Versagen.

Ist Ihre Profession eine schwere Prüfung für eine Frau?

Das Pfarrhaus muss ein offenes Haus bleiben, und nach den Maßgaben dieser Offenheit muss der Pfarrer sich auch die Frau aussuchen. Der kann sich nicht in jede Frau verlieben, die eine geschlossene Wohnung haben will. Kann er einfach nicht machen! Liebst du mich, und zwar bei offener Wohnung? – so muss ein Pfarrer die Frau fragen, bevor er sich in sie verliebt. Eigentlich unmöglich, so zu verfahren. Doch so hart ist das, wirklich, exakt so hart.

Ist das auch die Quintessenz vom Miteinander Ihrer Eltern?

Eine der Quintessenzen ist es, ja.

Wir sind mit unseren Gesprächen nun gleichsam am Ende der DDR. Ich möchte doch noch mal auf jenen entscheidenden 4. No-

vember 1989 zurückkommen. Sie halten da jene Rede, die auf Bündelung der reformerischen Kräfte zielt, wie Sie erzählt haben. Niemand wollte vorher den Text sehen, den Sie auf dem Alexanderplatz vortragen würden. Es gab kein Tabu.

Doch: die Mauer.

War das abgesprochen? Über alles reden zu dürfen, nur nicht darüber?

Nein. Aber ich, wie die anderen Redner auch, hatte einerseits Angst, mit falschen offenen Appellen könne der Staat ermuntert werden, zuzuschlagen, andererseits empfand ich eine Art Eigensinn, und es ging wohl vielen so: Wir wollten das vereinigte Deutschland durch eigene Souveränität, durch Gestaltung des eigenen Staates angehen, aber nicht die bundesrepublikanischen Verhältnisse pur übernehmen. Nicht auszudenken, was geschehen wäre, wenn wir die Mauer angesprochen und also nicht genügend (unbewusste) Geduld bis zu diesem hingeschnodderten Satz Schabowskis fünf Tage später gehabt hätten.

Wie man doch diplomatisch wird, wenn die Lage es fordert! Wenige Monate vorher, beim Kirchentag in West-Berlin haben Sie deutlicher gesagt, was Sie denken: »Diese Grenze, die Mauer, ist eine fortwährende Belastung, eine Last, eine schwärende Wunde für die Menschen. Viele fühlen sich buchstäblich eingesperrt in dieses kleine Land, von Verteidigungslasten gebeutelt.« Es gibt in genau diesem Sinne eine fiktive Rede von Ihnen, für den 4. November.

Ja. Hier ist sie. Man stelle sich einmal diese wahrlich ungehaltene Rede als gesprochenes Wort vor: »Das Maß ist voll. Diese Regierung muss weg. Die Staatssicherheit muss weg. Die SED muss sich auflösen. Wir brauchen Demokratie und demokratische Parteien. Keine Rache! Keine Gewalt! Aber das sofortige Abdanken dieses abgewirtschafteten Systems und seiner Repräsentanten ist auf der Tagesordnung. Wir wollen und wir können nicht länger warten. Wir wollen niemandem ans Leben – aber wir wollen frei leben. Zur Freiheit gehört, dass wir uns keinen Tag länger einmauern lassen. Diese Schnittwunde mitten durch diese Stadt, mitten durch unser Land muss verschwinden. Diese Mauer muss weg. Sie ist einzig und allein dazu da, dieses bankrotte System zu schützen. Das ist kein antifaschistischer Schutzwall, sondern ein Schandmal für ein Land, das permanent behauptet, den gesellschaftlichen Fortschritt zu verkörpern. Die Zeit des Schweigens ist vorbei. Wir hören auf, die Schüsse an der Mauer stumm-betroffen hinzunehmen. Noch im Februar 1989 wurde Chris Gueffroy Opfer an dieser Mauer, hinterrücks erschossen. Das muss das letzte Opfer gewesen sein! Die Verantwortlichen gehören vor Gericht. Ein ganzes Volk kann man nicht erschießen – so lasst uns nicht morgen oder ›in 100 Jahren‹, sondern jetzt den Westberlinern ›Guten Tag‹ sagen. Wir befreien sie aus ihrem Insel-Dasein und uns aus unserer Ummauerung. Friedliche Vereinigung in Freiheit! Wir wollen West-Berlin nicht einverleiben oder ›sozialistisch befreien‹, sondern eine Stadt auf demokratische Weise wieder eine Stadt sein lassen. Wir lassen uns nicht weiter, nicht einen Tag länger, einmauern. Wir füllen keine weiteren Behördenbittformulare aus. Wir reisen nicht über Warschau oder Prag aus, sondern gehen miteinander aufrecht durchs Brandenburger Tor. Die Steine räumen wir schnell mal aus dem Weg. Dieses Jahrhundertbauwerk des Dachdeckers ist nach 28 Jahren ohnehin ziemlich brüchig geworden. Wenn Außenminister Fischer die Mauer zu einer tragenden Wand des europäischen Hauses zählt, dann würde dieses Haus bald einstürzen. Nun aber, liebe Mitbürgerinnen und Mitbürger, noch einen Moment Geduld. Alle sollen hier noch ausreden. Wenn wir etwa in einer Stunde losgehen, dann wissen die Grenzer schon, dass wir kommen. Sie bekommen Gelegenheit, inzwischen schweres Räumgerät heranzufahren, damit wir reibungslos durchs Brandenburger Tor gehen können. Oder sie bauen eine große Notbrücke über die Mauer hinweg. Also ran, ›junge Pioniere‹! Wenn hier der Worte genug gewechselt sind, lasst uns Taten sehen! Auf zum großen Spaziergang des Volkes in die Freiheit!

Ich hab da noch ein kleines Friedensangebot: Egon Krenz möge nach Wandlitz gehen und zusammen mit seinem Vorgänger, diesem epochalen Mauerbaumeister Honecker, eine schöne große Mauer um ihr Funktionärsparadies bauen. Dort können sie ihren antifaschistischen Schutzwall für die sozialistischen Ideale behalten. Dort sollen sie miteinander im Kreis der guten Genossen, ohne jede Störung durch Feinde, ihren sozialistischen Machttraum im Kleinformat vollenden. Eine sozialistische Menschenrechtsgemeinschaft der Parteielite, ein M.-L.-Kloster mit Mauer. Im Kreise der Ihren sollen sie mit ihren Genossen einträchtig ihren Sozialismus genießen. Dabei wollen wir sie nicht stören. Aber sie sollen uns endgültig mit ihrem Großversuch in Ruhe lassen. Auf den alten Schießplätzen der NVA und der Roten Armee können sie Kartoffeln, rote Rüben und Mais anbauen. Sie sollen ruhig ihre vertraute Mauer, allerdings in verkleinertem Gelände, behalten.
Falls ihr betagten Obergenossen jedoch der Meinung seid, dass das Volk eurer nicht wert ist, so sind wir bereit, euch ein Sonderflugzeug nach Korea bereitzustellen. Oder wollt ihr vielleicht lieber nach China, weil es dort eine jahrtausendealte stabile Mauer gibt? Eins ist jedenfalls klar: Eure Jagdreviere werden wir euch abnehmen. Das werden Naturreservate. Da werden nicht weiterhin große Tiere auf große Tiere schießen. Wir sind keine Unmenschen. Wir werden euch den Auslauf aus dem ummauerten Sozialismusgehege Wandlitz jederzeit erlauben – unter der Voraussetzung, daß ihr keine konspirativen revolutionären Zellen bildet und euer Experiment unter euch zu Ende führt und uns eure Ergebnisse sodann vorweist. Wir werden sehen, ob das überzeugt. Ihr sollt den Sozialismus ganz ungestört aufbauen können. ›Unter weltoffenen Bedingungen‹ lässt er sich offenbar nicht realisieren. Eines sollte klar sein: Wir wenden keine Gewalt an! Wir machen euch auch keine Schauprozesse, machen mit euch schon gar nicht ›kurzen Prozess‹. Aber dankt ab und erwartet nicht, dass wir euch ›Danke‹ sagen. Wir sagen: ›Alles Gute – auf Nimmerwiedersehen!‹
Dass wir hier heute überhaupt stehen können, verdanken wir einem mutigen Mann. Wie das hier 40 Jahre üblich war, so

schlage ich vor, heute eine Grußadresse an Michail Gorbatschow zu richten. Ihm haben wir die bisherigen Schritte zur Demokratisierung und Freiheit wesentlich zu verdanken. Michail Sergejewitsch ist kein neuer Pharao; er ist einer, der selber die Befreiung seines Vielvölkerstaates aus Bevormundung will. Schreiben wir ihm diese einfachen Zeilen: ›Let my people go! Lass das deutsche Volk gehen! Wir werden nie wieder kommen, um andere Völker zu überfallen. Wir wollen Freundschaft mit allen Völkern der Sowjetunion, Freundschaft mit all unseren Nachbarn! Wir wollen Frieden, Freiheit, Abrüstung und Entspannung. Diesem Prozess steht die Mauer im Wege. Deshalb haben wir heute die Straße durchs Brandenburger Tor freigemacht.‹«
Ich frage mich: Wären nach solchen Worten alle chaotisch losgestürmt oder aber erstarrt? Es wäre verhängnisvoll gewesen, eine solche Rede zu halten. Keiner der Redenden auf dem Alex ließ sich zu sowas hinreißen. Um den Preis freilich, dass wir am Ende belächelt wurden. Weil die Idee einer Reform dieser DDR illusorisch war, verbunden mit Täuschungen und Selbsttäuschungen, mit Unkenntnis über die ökonomische Lage und vor allem mit intellektueller Ahnungslosigkeit, was die unterdrückten Gefühle und Sehnsüchte der ostdeutschen Mehrheit betrifft.

Die Wahrheit ist dem Menschen nicht immer und an jedem Ort zumutbar.

Egon Krenz sagte mir später, dass die »natürlich bereitgestellten Kräfte« der Volksarmee und der Bereitschaftspolizei für den Fall des Demonstrationszuges an die Mauer die Weisung gehabt hätten, lediglich körperliche Gegenwehr anzuwenden.

DAS FÜNFTE GESPRÄCH

über

Passionsgeschichte und
»Opium des Volkes«

Wenn die Niedrigen nicht
An das Niedrige denken
Kommen sie nicht hoch

BERTOLT BRECHT

HANS-DIETER SCHÜTT: *Herr Schorlemmer, wenn man es gleichsam unreligiös, also »lediglich« kulturhistorisch betrachtet, gehört die Passionsgeschichte zu den unverlierbaren großen Erzählungen der Menschheitsgeschichte, wie die »Ilias«, die »Odyssee«, wie »Faust« oder »Krieg und Frieden« oder »König Lear«. Ganz einfach gefragt: Worauf zielt sie?*

FRIEDRICH SCHORLEMMER: Darauf, *Mitleid* mit allem zu wecken, was »vor unseren Augen« geschieht, also: zu sensibilisieren. Mitleid ist eines der Gefühle, die im Menschen wachsen sollen, die uns wegbringen sollen von der ewigen Selbstbezogenheit – Mitleiden als Haltung, die aktiv Leiden mindert oder vermeidet. Es geht um die ermutigende Botschaft dessen, der anderen die Füße wäscht und der auf dem Berg der Seligpreisungen in die Zukunft des »Reiches Gottes« schaut, die in Menschen und unter Menschen heute schon möglich wird. Es geht um ganz praktische aufopfernde Liebe.

Die Passionsgeschichte ist aber nicht Geschichtsschreibung, sondern Literatur.

Ja, sie ist Literatur, die sich aber an historische Vorgänge anlehnt, die sich fortwährend in unserem Werden als gesellschaftliches Wesen wiederholten und wiederholen. Sie ist Erzählung und Prophezeiung. Ein Blick in die Welt zeigt, wie wahr sie noch immer ist. Da geht es um den bestechlichen Freund, die schlafenden Anhänger, die geifernde Magd, den Verleugner unter den Getreuen, den rechtgläubigen Theologen, die mutigen Frauen, den einspringenden Helfer, die gewissensgeplagte Gattin, den zweifelnden Potentaten, den überwältigten Besatzungsoffizier und den »Menschen in der Masse«. Erzählt wird von der Angst der Gewaltigen, von der Kraft der Nicht-Gewalt, vom Scheitern, von Missverständnissen, Entsagung und Widerstand, Verzweiflungsschrei und Hoffnungsschimmer.

Es werden menschliche Verhaltensweisen durchgespielt.

Die handelnden Personen fragen auch den heutigen Leser. Also, zum Beispiel: Wer hat den Mut mitzugehen, bis zum bitteren Ende, wenn der Mob den »Kopf des Königs« fordert und die Staatsmacht im Einklang mit religiösem, lobbyistischem Eiferertum das Gesetz gnadenlos exekutiert? Diese Frage: Wer geht mit bis ans Ende? In ganz anderem Zusammenhang: Der Pastor Uwe Holmer, Leiter des Evangelischen Lobetaler Behindertenheimes, nahm aufgrund einer Bitte der Kirchenleitung die Honeckers auf, die nach dem Ende ihrer Macht Asyl im eigenen Land suchen mussten. Viele traten daraufhin empört aus der Kirche aus. Holmer sagte später, er würde vor der Öffnung seiner Stasi-Akte über dieser Akte die Hände falten und sprechen: »Gott, ich vergebe jetzt jedem, der hier drinsteht und etwas Böses gegen mich gehabt hat. Ich vergifte mein Herz, wenn ich nicht vergebe, sondern Groll und Hass in meinem Herzen behalte.«

Die Kreuzigung ist ein bitteres Scheitern.

Und das vor aller Öffentlichkeit. Es ist ein brutal blutiger Sieg der cäsarischen Welt.

Und dann geschieht im Grunde, was allen geistigen, sozialen Bewegungen eigen ist: Man will nicht zulassen, dass die Leiche erkaltet.

Man hält den Hoffnungsträger lebendig, indem man seinen Tod variationsreich deutet, ihn sozusagen als Teil des weitergehenden Lebens betrachtet. Dem Sterben wird ein Sinn abgewonnen. Das Scheitern gilt es zu verkraften, bis die Gegner begreifen: Der Getötete ist nicht tot. Eine ungeheuerliche Tatsache, die man nur mit Zittern und Furcht und Erschütterung entgegennehmen kann: Ein Werk wird fortgesetzt; was der Gerichtete getan und gesagt hat, ist nicht totzukriegen. Es wird durch Zeiten und Welten getragen. Dass Vergeltung und Geld die Welt nicht tragen, sehen wir jeden Abend in der »Tagesschau«. Angesichts dessen bleiben die so einfachen wie tiefgründigen, die erwärmenden wie klarsichtigen Sentenzen, Bildworte und Gleichnisse des Zimmermannssohnes aus Nazareth ermutigende Provokationen.

Im Weg zum gelingenden Leben bleiben einem Leiden nicht erspart?

Diese Leiden sind leichter zu ertragen, wo man das Mit-Leiden anderer erfährt. Und: das Mit-Kämpfen.

1918 schrieb Rosa Luxemburg: »Die proletarische Revolution kann sich nur stufenweise, Schritt für Schritt, auf dem Golgathaweg eigener bitterer Erfahrung, durch Niederlage und Siege zur vollen Klarheit und Reife durchringen.«

Die »proletarische Revolution« war auch eine Utopie. Aber nur wenn etwas durchgängig praktizierte Menschlichkeit ist, dann und nur dann findet der Weg zu »Klarheit und Reife« statt. Wenn, dann … Wir wissen, was proletarische Revolution bislang war. Die bessere Welt über den Weg einer Erziehungsdiktatur funktioniert nicht.

Die Utopie ist ein gedanklicher Überschuss unseres Bewusstseins. Er entzündet sich am Elend der Systeme. Edel sei der Mensch, hilfreich und gut. Sagte in fast volksmundgerechter Sinnfälligkeit Goethe. Der ebenso wenig Kommunist war wie alle Gattungsträumer vor ihm. Die Tragik der Kommunisten bestand darin, dass ihnen zwei Dinge gleichzeitig widerfuhren: Sie wurden zur großen Hoffnung von der endlich menschenfreundlichen Beherrschbarkeit der gesellschaftlichen Sphäre, und plötzlich beherrschten sie die gesellschaftliche Sphäre wirklich. Macht und Hoffnung aber vertragen sich nur bedingt. Deshalb ist es gut, der Macht nicht allzu viel Hoffnung zu lassen, sie währe ewig. Das nennt man Demokratie, und es musste erst ein blutiges Jahrhundert zu Ende gehen, bis Kommunisten wieder von der Macht getrennt wurden und aus der märtyrerischen Losung, sie hätten nichts zu verlieren, die Erkenntnis wuchs: Wir haben nichts mehr zu verlangen.

Das Dramatischste am Kollaps des Sozialismus war der Idealverlust. Es ist nicht einzig nur der Kapitalismus, der strukturell ein Wolfsgesetz impliziert. Das Gesetz wirkt auch in anderen Systemen. Die Dialektik wurde auf dem Altar der Macht geopfert. Konsequent war dann die Höherbewertung des Kollektivs vor dem Einzelnen. Das Kollektiv aber wurde außengesteuert, es war das Herrschaftsmittel der Parteiführer und ihrer Ideologie.

Es bleibt schwer, aus der Erfahrung des Albtraums in die Unschuld eines Traums zurückzukehren. Der Kommunismus ist wohl nur als hochschäumende Poesie zu retten, als Fahnenschmuck für Politik wohl kaum. Es wäre daher ein linker Vorgang von erheblicher Tragweite, wenn man sich mit dem Pathos neuer Sachlichkeit von einer »idée fixe« verabschieden würde. Man muss kein Prophet sein, um die so ganz andere Entwicklung für wahrscheinlicher zu halten: gesellschaftliches Sein und Werden als unendlich verwickelter Prozess. Das Abenteuer einer Moral, die eine kapitalistische Gesellschaft besänftigen kann, liegt im Dialog von elitären und egalitären Kräften, im Ausgleich von Aneignungstrieben und gebenden Tugenden, im Akzeptieren menschlicher Unvollkommenheit, ohne sich von ihr korrumpieren zu lassen. Nicht die Hymne: »Dem Morgenrot entgegen!«, sondern wohl eher Hans Magnus Enzensberger: »Die Natur macht Sprünge, der Mensch stolpert; ohne chaotischen Anteile gibt es keine Selbstorganisation.« – Herr Schorlemmer, Karl Marx hat vom »religiösen Elend« geschrieben, es ist »in einem der Ausdruck des wirklichen Elends und in einem die Protestation gegen das wirkliche Elend. Die Religion ist der Seufzer der bedrängten Kreatur, das Gemüt einer herzlosen Welt, wie sie der Geist geistloser Zustände ist. Sie ist das Opium des Volkes.« Das ist Religionskritik pur.

So? Für mich heißt das: In der Kirche wird gebetet, also, es wird auch geklagt. Es wird ein Ausdruck gefunden für das Elend, aber das Gebet führt auch in den Kampf gegen das Elend, ganz innen, als geläuterte Kraft fürs Außen. In einer Welt, die oft genug als herzlos empfunden wird, finden Menschen einen Zusammenhalt, sind das »Gemüt einer herzlosen

Welt«, indem man den entfremdeten Menschen Sprachräume gibt, Raum für den Selbstausdruck, für den Wiedergewinn der Zuwendung. Es geht um Zorn und Zuwendung. Natürlich kann die christliche Gemeinde auch, wie alles, »Geist geistloser Zustände« sein: dann, wenn der Geist unterdrückt oder banal wird. Und was das Opium betrifft, an dem immer ganz schnell festgemacht wird, Marx attackiere die Kirche gnadenlos: Ja, der Glaube kann durchaus »Opium des Volkes« werden, dann nämlich, wenn er hilft, solche Schmerzen zu überstehen, die im Moment nicht zu überwinden sind. Das ist für mich sehr nah am Menschen und seiner Existenz.

Herr Schorlemmer, es gibt kein Motiv, das so oft gemalt wurde wie der Gekreuzigte. Ist das nicht eine fragwürdige Ästhetisierung von Gewalt?

In einer bestimmten theologischen Tradition meint das: Seht, das ist der Mensch, und zwar der Mensch, der vom Menschen geschändet wurde – und der das Leid der Welt auf sich nimmt.

Trotzdem darf man fragen, ob man Kinder zum Beten in einen Raum führen muss, in dem ein Gekreuzigter hängt.

Weshalb inzwischen oft nur das blanke Kreuz an der Wand angebracht ist. Der Apostel Paulus sagt, wir sollten die Wahrheit nicht kaschieren. Wenn ich gefragt würde, willst du lieber einen triumphierenden Auferstehenden vor dir sehen oder den Angenagelten, dann würde ich mich für den gekreuzigten entscheiden. Weil er mich auf diese Erde zurückweist. Der Triumphierende nimmt mich weg von dieser Welt. Das ist freilich auch eine Art zu glauben. Der Gekreuzigte stößt mich zurück auf die Welt, in der ich lebe – als Täter und Opfer, als Mittäter und als Schweiger, als Gleichgültiger und als folgenlos Betroffener oder als Samariter. Die Passionsgeschichte ist von abgründiger Tiefe, die nicht vernachlässigt werden sollte. Der Gekreuzigte ist auferstanden, aber er ist auferstanden als der Gekreuzigte. Das sind die beiden Dinge, um die wir in der Theologie jahrzehntelang gerungen haben: Der Gekreuzigte ist auch der Auferstandene, aber der Auferstandene ist auch der Gekreuzigte. Das eine bewahrt davor, beim Gekreuzigten stehen zu bleiben, und das andere bewahrt davor, dass sich der Glaube ins Himmlische verflüchtigt.

Andererseits sind wir da wieder beim gegenwirkenden Bedürfnis: herauszutreten aus der Banalität. Also: aufzusteigen in die geistige Selbstvergrößerung.

Ja. Nehmen Sie den Zauber des Gedichts von Eichendorff, »Schläft ein Lied in allen Dingen«! In allen Dingen lebt ein Traum. Die Dinge träumen. Fort und fort – und die Welt fängt an zu singen. Du musst nur für dich das Zauberwort finden, mit dem du hineingelangst in den höchst lebendigen Schlaf der Dinge. An den Schlaf der Welt rühren, indem wir ihrem Lied zuhören. Meine theologische Grundlage besteht darin, dass Zuspruch vor Anspruch geht. Etwas annehmen können, das geht vor: etwas abgeben müssen. Du kannst deine guten Taten nicht aufs Konto legen und göttliche Zinsen erwarten. Du selber kannst gar kein Konto anlegen, es ist für dich angelegt. Und dieses Konto bist du. Es ist kein Zahlenkonto. Insofern nicht von dieser Welt, aber der Traum von der freundlichen Welt. Schrecklich ist es, wenn Menschen alles immer nur verändern wollen, ehe sie sich selber angenommen haben. Auch Selbstveränderung geht nur mit redlicher Annahme dessen, was ist. Das meint die Welt, in der ich lebe, und das meint auch meine unmaßgebliche Existenz – die dadurch, dass ich einen Namen bekam, maßgeblich geworden ist. Einen Namen zu haben bedeutet Anrufbarkeit, Unverwechselbarkeit, Persönlichkeit. Persönlichkeit ist nicht der Fingerabdruck, nicht der digitale Code. Obwohl auch im Fingerabdruck deutlich wird: Mich gibt es nicht noch mal, jedenfalls so lange nicht, bis wir klonen. Wenn jeder Mensch sich sagen könnte, ich bin zwar nicht toll, aber mich gibt es nicht noch mal, und wenn ein anderer einem noch sagt, du bist wirklich einmalig, das ist schon der Beginn eines möglichen Weltfriedens. Dass man einander gewähren lässt in dem, was man ist.

Sie sehen bei Jesus von Nazareth ganz viel von Glaubenskraft – dass der Glaube Berge versetzt, dass er Blinde sehend, Taube hörend, Lahme gehend macht. Wird er nicht überfordert von uns?

Das ist metaphorisch gemeint – aber es ist doch auch sehr real. Wir kämpfen doch schon erfolgreich gegen Krankheiten, die gestern noch unheilbar waren. Es gibt sie doch, die helfende Menschenhand, die schier Unmögliches vollbringt. Und wie viele Menschen haben nur aufgrund dieser letzten Kraft des Glaubens Schlimmstes überlebt. Mit welch unglaublicher Kraft bis zum letzten Atemzug! Das hat sicher auch etwas mit Naturell zu tun, aber ebenso viel mit einem Glauben, der dem Körper, dem Willen eine Kraft zusteuert, die man vorher nicht kannte, die man nicht vermutete, die einen gewissermaßen übersteigt, die zumindest jene Vorstellung übersteigt, die man von sich selber und seinen Möglichkeiten hatte.

Es heißt oft, wenn man das Denken eines Menschen bis auf den Grund kennenlernen wolle, müsse man sich auf das beziehen, was er tut, nicht darauf, was er sagt. Das ist doch aber nur eine Teilwahrheit. Vieles, was wir tun, tun wir aus Zwängen, und so sagen unsere Taten nichts wirklich Gültiges darüber aus, wer wir sind und was wir denken. Das Wort ist, zum Glück, um einige Stufen freier als unser Handeln. Es darf, es soll uns getrost übersteigen.

In uns sind zwei Gesetze, zwei Antriebe, das hat Paulus im Römerbrief sehr trefflich dargelegt. Das eine ist das Mitwissen, das ich von mir habe. Ich verfüge über einen inneren Gerichtshof, ein Sensorium, das gut funktioniert, das ich aber auch abtöten, einschläfern kann. Zum anderen lauert und wühlt in uns das darwinistische Denken und Empfinden. Die gesamte Menschheitsgeschichte kann man als einen Kampf beider Gesetze betrachten, Solidarprinzip gegen Durchsetzungsprinzip, Prinzip Handlungsbewusstsein gegen Prinzip Mitgefühl. Wir stehen gerade wieder an einem Scheideweg in Bezug auf diesen Konflikt. Der sich für und mit Leistung verausgabt, beansprucht den moralisch höheren Stand gegenüber dem, der sagen muss: Ich bin auf Erbarmen angewiesen. Erbarmungsfähigkeit aber ist die Substanz des Christlichen – Erbarmungsfähigkeit und ein gesellschaftlicher Zustand, in dem derjenige, der um Erbarmen bittet, sich nicht schämen muss. Aber ein solcher Mensch hat es in der Welt, in der wir leben, schwer und schwerer. Die Kirche steht vor der Frage: Lässt sich mit Jesus Kirche machen oder mit der Kirche Staat machen? Luther sagt: Staat? Nein! Blickt man in die Realität der Kirchen, muss man leider den Versuch feststellen, das starke »Nein« in ein kleines »Ja« zu übersetzen.

Sie haben es auch in unseren Gesprächen bekräftigt: Theologie ist Auslegung. Schadet das nicht der Lebendigkeit des Staunens, der Verwunderung?

Das ist ein Problem, ja. Man muss bestimmte Dinge unmittelbar erleben, darf sie nicht mit der Vorproduktion eines Gefühls von Größe oder Bedeutung belasten, darf sie vorher nicht totanalysiert haben. Es geht um die Gabe, sich ganz dem zu überlassen, was kommt, sich ihm zu öffnen und anzuvertrauen. Ich kann entweder sagen: Oh, wie gut und köstlich, ein Stück Brot!, oder: Ehe ich es zerkaue, kann ich es zerdenken, na klar. Aber dann ist man doch gar nicht mehr dabei beim wirklichen Genuss. Gerade der kritische Mensch muss sich eine Unmittelbarkeit bewahren, sonst wird er kalt, leer, manche werden auch zynisch, und dann ist man eigentlich nicht mehr wirklich Mensch. Man muss auch im Religiösen unmittelbar sein, aber: Einzig nur unmittelbar zu bleiben, wäre wiederum auch zu wenig.

Wie feierlich muss ein Gottesdienst sein?

Die Leute haben ein Recht darauf, hinterher, nach einem Gottesdienst zu sagen: Es war schön feierlich. Zur Kirche gehört die Symbolhandlung, das Mysterium. Wer das so nicht gestaltet, weil er dazu nicht in der Lage ist, der sollte nicht Pfarrer werden. Es ist ein Fehler zu denken, Kirche käme dem Menschen umso näher, je banaler und rationaler sie als Veranstaltungsort wird. Das ist falsch. Es muss in jedem Gottesdienst das Bedürfnis nach Erhabenheit leben. Es muss möglich sein, sich zu versenken. Wenn man diesen besonderen Raum Kirche betritt, betritt man eine ganz andere Wirklichkeit – weshalb ja Orthodoxe einen Gottesdienst unter vier Stunden gar nicht machen. Das hat seinen guten Grund: Zwei Stunden braucht man doch erst einmal, um sich von dieser Welt zu entschlacken, die man von draußen mit hereinschleppt.

Wie oft halten Sie Gottesdienst?

Ich bin kein Gemeindepfarrer mehr, also mache ich Gottesdienste dann, wenn ich eingeladen werde. Zum Beispiel zu Weihnachten bei meiner Schwester in Herzberg oder jetzt in der Altmark, in zwei Dörfern.

Wie lange waren Sie Gemeindepfarrer?

Ich war sieben Jahre für zwei Dörfer verantwortlich, war Jungendpfarrer und Studentenpfarrer. Und dann war ich in Wittenberg an der Schlosskirche. Da kam ich so etwa alle drei Wochen dran, wir waren mehrere Pfarrer. Es ist im Grunde sehr unschöpferisch, wenn man regelmäßig jeden Sonntag dran ist, und manchmal jeden Sonntag gleich drei Mal nacheinander. Da spürt man am Ende gar nicht mehr, was man sagt.

DAS SECHSTE GESPRÄCH

über

Wassersuppen mit Bestgeschmack
Sinkende Wählerzahlen und Billigbier
Polenwitze in der SED
Christa Wolfs Mahnung
Großbürger und Kleinbürger
Hoffnungsrausch in Prag
Glockenläuten und Bildverluste
Todesnähe im Wasser und in der Luft

auch unerkannt
kauert dein schatten in den kühlen bögen
der dome

ECKHARD ULRICH

HANS-DIETER SCHÜTT: *Hatten Sie je den Ehrgeiz, mehr als Pfarrer zu sein? Die Reihe der Kirchenmänner, die im Zusammenhang mit dem Herbst 1989 in die Politik gingen, ist beträchtlich.*

FRIEDRICH SCHORLEMMER: Es sind damals einige mögliche Funktionen an mich herangetragen worden, etwa bis 1992, da ging es teilweise um recht herausgehobene Positionen. Bis man merkte, ich würde in der Ablehnung standhaft bleiben.

Sogar als Bundespräsident waren Sie im Gespräch.

Ja, aber vieles war auch nur Rhetorik, unverbindliches Pathos im Meinungsgeschäft. Ich habe das alles jeweils sehr schnell zurückgewiesen, sehr freundlich, aber sehr bestimmt. Meine Lebensentscheidung bestand darin, etwas anderes zu versuchen und daran den Wert der Demokratie für mich zu erproben: Wird es einem wie mir, einem doch relativ unbekannten Menschen aus dem Osten, möglich sein, ohne die Schubkraft eines Postens, ohne die Stütze einer Funktion mit seinen Gedanken und Vorschlägen, mit seinen Thesen und kritischen Anmerkungen in der Öffentlichkeit zu wirken? Es ging mir um öffentliches Predigen, Vermitteln, Anstoßen, aber dies nur kraft der eigenen Wassersuppe, nicht kraft einer Position.

Wassersuppe – trifft's das denn wirklich?

Das trifft es ziemlich genau. Ich weiß, dass das, was ich beizutragen in der Lage bin, wirklich nur Wassersuppe ist – aber es ist immerhin Suppe. Die wird nur eben nicht dadurch würziger, dass ich Minister bin oder ein anderer Amtsträger. Die Suppe wird nicht nahrhafter dadurch, dass ich sie als Intendant oder was weiß ich darreiche. Die DDR hatte so gut wie keine kritische Öffentlichkeit, außer ein paar Schriftstellern, plötzlich aber kamen Menschen wie ich zu öffentlichem Wort. Das Wort wurde mit gewisser Reichweite gehört, und nun wollte ich nicht, dass jede künftige Rede, jeder weitere Text unter dem Verdacht stünde, einen politischen Aufstieg zu begleiten oder ihn gar vorzubereiten oder abzustützen. Ich wollte meine Ansichten nicht in den Ruf der Taktik bringen. Sie sollten gewissermaßen frei bleiben und durch nichts außer durch mich selber gerechtfertigt sein. Nur so wollte ich als hörbarer, stimmhafter, kenntlicher Teil der demokratischen Öffentlichkeit wirken. Ich habe damals, in der Aufbruchs- und Umbruchsphase, schnell gemerkt, wie ostdeutsche Stimmen konjunkturellen Aufschwung bekamen. Mit einem Male saß ich auf Podien, zwischen Staatsmännern wie Helmut Schmidt oder Tadeusz Masowiecki. Ich, das Ostprodukt aus der Provinz Sachsen-Anhalt. Mir gefiel das, und zugleich klopfte das Herz bis zum Hals. Ich fühlte mich bestätigt und sofort auch gewarnt.

Es gab doch bestimmt Situationen, in denen Sie dadurch, dass Sie medial vorkamen und bei immer mehr Leuten im Lande bekannt wurden, so etwas wie ein Pflichtgefühl bekamen – ein Gefühl der Vertretungspflicht gegenüber diesen Menschen. Förderte das nicht die Einsicht, eine politische Funktion übernehmen zu müssen?

Solche Situationen gab es, solche Bedrängnisse auch. Ich bin aber mir gegenüber, so glaube ich jedenfalls, der erste Skeptiker geblieben. Ich weiß, was ich wirklich leisten kann, und also weiß ich auch, was ich nicht schaffe oder nicht kann, selbst wenn ich alle Kräfte einsetzen würde. Dann enttäuscht man Menschen weit mehr als in Momenten der Absagen, die freilich zu Missverständnissen einladen: Der ist feige, der scheut den entscheidenden Schritt, ach, der redet bloß. Ja, ich bekenne: Ich rede bloß.

Mangelt es Ihnen an bestimmten Fähigkeiten, die das politische Geschäft benötigt?

Mir fehlt wahrscheinlich der taktische Blick für den jeweils richtigen Lobbyismus. Wer ist jetzt dein Mann, wer ist gerade nicht dein Mann – diese Einteilung der Leute in wechselnde Konstellationen, je nach aktuell politischer Bedarfslage würde ich nicht packen. Ich würde sie auch gar nicht packen wollen, diese Spielchen mit Informationen, dieses Abklopfen aller Bedingungen auf Nützlichkeit und Brauchbarkeit. In der Politik lebt man meist nur in äußeren Zusammenhängen. Wirklich innere Beteiligung, eine feste Überzeugung, da bin ich mir sicher, kann man sich in Parteien und Kabinetten auf Dauer nicht leisten. Denken ist dort funktional, der Kompromiss ist das oberste Ziel, alles zielt auf eine Konsequenz, die variabel bleiben muss.

In dieser gegenwärtigen Zeit schrumpfender Lager und Großkollektive sind Parteien größtenteils mit Flexibilitätstraining beschäftigt, mit Milieuverzicht, mit Fließeleganz. Um beweglich zu werden in zivilgesellschaftlicher Freiheit. Um offen zu sein für noch unbekannte Lösungen der Modernisierungskrise. Um biegsam zu bleiben für jede Richtung, in welcher Koalition und also machtbeteiligtes Überleben möglich ist. Nichts mehr mit Generationenverankerung, mit normativ geprägtem Leitbild und ebensolchem Personal. Der Politologe Franz Walter von der Universität Göttingen verweist auf das, was dem Milieu, als dem eigentlichen Bindemittel von Parteien, folgen wird: »neue Vernetzungen, neue Kontaktkreise, nur nicht mehr so großflächig und lebenslang angelegt wie einst, sondern beliebig kombinierbar, schnell kündbar, leicht ersetzbar.«

Ja. Und zum anderen, warum ich nicht für Politik geeignet bin, ich sage das sehr überspitzt: Ich bin kein Chef, ich bin mir zu schade, um für jeden Idioten die Verantwortung übernehmen zu sollen. Dieser organisatorische Aufwand, diese Rücksicht auf rechtliche Rahmen, diese unendliche Mühe, auch das mittragen zu müssen, was die Wadenbeißer aus der zweiten, dritten Reihe tun – nein, das würde mich anwidern und meine Duldungskraft übersteigen. Da bin ich gar nicht neidisch auf Pfarrerkollegen, die diesen anderen Weg gegangen und auf diese Weise, meist auch nur kurzfristig, in die deutsche Prominenz eingegangen sind. Kurzum, ich, aus den niederen Provinzen kommend, würde mir nie einbilden können, etwa zum Außenminister zu taugen. Wenn ich die heutige Politikerkaste so sehe – also die Hälfte dieser Leute würde ich nur als Einlassdienst für den Whirlpool zulassen. Aber die andere Hälfte darf man auch nicht übersehen, sie braucht und verdient Anerkennung.

Ihre Zweifel an der Fähigkeit zu einem politischen Amt in allen Ehren, aber offenbar war das Ende der DDR die Stunde der Pfarrer, Sie wären nicht der erste und einzige gewesen.

Vielleicht ist das, was Sie da ansprechen, der Hauptgrund für meine Zurückhaltung gewesen, genau dieser Punkt: die Stunde der Pfarrer. Die Stunde des Pfarrers schlägt nie außerhalb von Seelsorge und Gottesdienst. Ich wollte, dass in der Öffentlichkeit klar bleibt, vor allem im Osten: Ich bin und bleibe evangelischer Pfarrer, ich bin kein in der Kirche geparkter Politiker. Ich wollte auch fürderhin deutlich machen, dass die Arbeit mit dem Evangelium und die Arbeit in der Politik zwei Dinge sind, die nicht deckungsgleich sind. Nur in der Reibung beider, im produktiven Streit beider Bereiche liegt eine Möglichkeit, etwas zu bewegen, etwas zu verändern.

Es gab eine Zeit, da waren Sie Stammgast auf allen Podien. Siegte da der Ehrgeiz über das, sagen wir: verträgliche Maß an Öffentlichkeit?

(*Lacht.*) Man hat mich auch schon den »Unvermeidlichen« genannt … Gesprächsrunden und Podien sind immer ein Risiko, man kann den Leuten überdrüssig werden, man kann sich elend wiederholen, man kann entsetzlich einbrechen, und ich bin oft genug eingebrochen. Man ist von so vielen Faktoren abhängig, und ich fahre zu Veranstaltungen noch heute mit banger Brust. Mir gelingt keine Routine, die mich ruhig und gelassen hält. Ja, ich bin zu Vorträgen sonst wohin gefahren, weil ich mir gesagt habe: Das musst du jetzt annehmen, eben weil du kein anderes Amt hast und willst. Anders aber als durch Präsenz ist Einfluss auf Öffentlichkeit nicht zu haben. Manchmal wusste ich gar nicht, wozu ich geladen war. Da habe ich halt vor den Chefs von »Unilever« geredet und hatte keine Ahnung, dass dies einer der größten Lebensmittelkonzerne ist. Ich stand vorm Hamburger Hochhaus der Firma und war erschrocken. Freundliche aufgenommen. Aufmerksame Zuhörer. Die luden mich anschließend in Lokale ein, die werde ich im Leben nie wieder sehen, geschweige denn besuchen können. Französische Lokale, in denen es nicht nur teuer ist, sondern wo es auch noch schmeckte. Also ich habe da eine ganze Menge erlebt, habe das Staunen gekriegt, wohin es mich verschlug, aber ich habe das als Möglichkeit gesehen, meinen Weltkreis zu erweitern und mir doch gleichzeitig treu bleiben zu können.

Warum lehnten Sie 1992 das Bundesverdienstkreuz ab?

Inzwischen hab ich's, und es gibt gewisslich Leute, die das ärgert. Damals aber, so kurz nach dem Ende der DDR, hatte ich mir vier Fragen gestellt. Was sind meine Verdienste um das Gemeinwohl im Vergleich zu den Verdiensten vieler anderer, von denen ich nun abgehoben würde? Was darf ein Pfarrer an Auszeichnung und äußerer Heraushebung annehmen – widerspricht es nicht seiner Aufgabe, wenn er für das Selbstverständliche Auszeichnungen annimmt? Wie nähmen meine (ostdeutschen) Mitbürger diese Auszeichnung auf? Würde ich mich womöglich auf eine Ehrungsebene heben lassen, die mir weder zukommt noch guttut? Die Antworten auf dieser Fragen bewogen mich zur freundlichen Absage an den hochverehrten Richard von Weizsäcker.

Mit welchem Gefühl sind Sie Sozialdemokrat?

Illusionslos. Wenn man will, dass eine Erkenntnis, eine Wahrheit sich durchsetzt, dann muss man sich rumplagen mit Leuten, muss Menschen suchen, mit denen zusammen man etwas tun kann. Ich empfinde diese Suche mehr und mehr mühsam – und ich entziehe mich dem häufiger als früher, gerade in Bezug auf die Partei. Aufs Ganze gesehen, ist die Auswahl derer, deren Nähe ich suche, nicht groß. Denn der Normalfall ist nicht die geistige Auseinandersetzung, sondern das Taktieren: Wie kriegen wir bei den nächsten Wahlen eine bessere Stimmung hin – und mehr Stimmen? Wie werden wir gleichzeitig von der Wirtschaft angenommen und von den Hartz-IV-Empfängern? Wo ich mitwirke, will ich Kenntlichkeit haben. Die ist nicht sehr geachtet in der politischen Landschaft.

Sie sind nicht mehr im Stadtparlament?

Nein, schon seit 1994 nicht mehr.

Sie waren Fraktionsvorsitzender.

Vier Jahre, ja. Dann habe ich nicht wieder kandidiert. Die in der Politik dachten, ich wolle ihnen predigen, und die in der Kirche hatten den Eindruck, ich wolle sie auf Parteilinie bringen. Es kann aber nicht darum gehen, die Politik zu klerikalisieren und die Kirche zu politisieren. Irgendwann wollte ich in beiden Bereichen wieder meine Unabhängigkeit.

Folgten auch Ihre unmittelbaren politischen Reden einem Grundsatz, einem Prinzip, einer Sehnsucht nach Perfektion?

Was ich sage, möge An-Sprache sein. Das Prinzip meines Redens stammt von dem DDR-Dichter Kurt Bartsch, der auch zu denen gehörte, die das Land verließen. Eines seiner Gedichte lautet: »Als der Redner ankündigte,/ er würde jetzt zur Sache sprechen,/ fragten sich viele/ warum nicht zu uns.«

Welches war die bitterste politische Erfahrung?

Wenn jetzt immer weniger Leute zur Wahl gehen, dann kommt mir der heilige Zorn hoch. Da sage ich: Zurück in die Diktatur, Freunde. Ihr habt es nicht anders verdient. Dann schleicht ihr wieder zu 99,98 Prozent gebückt in die Wahlkabine und macht ergebenst eure Kreuzchen. Ihr haltet es für Freiheit, euch nicht dafür zu interessieren, wer in eurer Stadt die Geschicke bestimmt. Sitzt lieber zu Hause und guckt euch beim Billigbier den nächsten Thriller auf RTL an, na toll. Das ist eine gefährliche Verproletarisierung im Sinne eines dumpfen Rechthabens der Desinteressierten. Das ist eine furchtbare Machtausübung von unten. Bei aller berechtigter Kritik: Es ist gefährlich, Politik und Politikverdrossenheit zu pflegen.

Wer Unbestechlichkeit versucht, erfährt Distanz. Sind Sie so ein viel beschäftigter Einsamer geworden?

Vereinsamung in bestimmten Fragen offenbart Charakter – und quält ihn gleichermaßen.

Sind Sie generell einsamer geworden?

Das wird, im Laufe des Lebens, jeder Mensch. Man wird in allem wählerischer. Was gute Freunde, was treue Nachbarn sind – das habe ich aber ausgiebig erfahren dürfen. Nur gegenwärtig geht mir das ein bisschen verloren. Das muss man hinnehmen.

Gelingt es Ihnen, allein zu leben?

Ich lebe allein, aber ich bin nicht allein. Ich habe es nicht für denkbar gehalten, dass ich das könnte. Hin und wieder, wenn ich für längere Zeit mit anderen Menschen zusammen bin, entwickle ich eine Gefühl dafür, dass es ein unglaubliches Geschenk sein kann, allein zu leben. Bin ich dann wieder allein, steigt in mir die Ahnung auf, was es für ein wunderbares Geschenk ist, mit jemandem gemeinsam Abendbrot zu essen oder jemandem regelmäßig »Guten Morgen!« sagen zu können.

Fällt es schwer, durchzuhalten?

Ich habe eine Reihe sogenannter virtueller Freundschaften – das sind Menschen, denen ich nicht oft begegne, aber ich weiß, sie denken ähnlich, und für sie spreche ich mit, wenn ich schreibe oder rede. Ich bekomme ziemlich viele Rückmeldungen von Menschen, die keine Chance haben, sich öffentlich zu äußern, die sich aber durch mich ausgedrückt finden. Das reicht mir völlig. Es übersteigt bisweilen meine Kräfte.

Reicht es wirklich?

Manchmal, wenn es richtig arg wird, und es rührt sich eine Weile niemand, ja, das macht einsam. Wenn sich niemand mehr vorstellen kann, dass es dem, der anderen Mut zu machen sucht, auch mal dreckig geht. Man ist von viel Hecheln und Zischeln umgeben, aber von wenig Solidarität. Ich habe ein paar wenige Freunde, die mir nahe sind, und diese Freundschaften hängen nicht ab von der Häufigkeit, in der man miteinander spricht.

Das Hecheln und das Zischeln … auch ein symptomatisches Mediengeräusch.

Manche Auswege liegen in Seitenwegen: So kam ausgerechnet ich zur Autorschaft im »Neuen Deutschland«. Ja, die Erfahrung mit den Medien gehört zu meinen Enttäuschungen in der Demokratie. Diese tiefe Kränkung: dass etwas Falsches in die Öffentlichkeit kommt, und du kannst es nicht zurückhalten. Dass du Opfer einer Schlagzeile wirst, aber anschließende Versuche, dich mit Richtigstellung und Differenzierung zu wehren, erreichen nicht jene, die die Schlagzeile gelesen haben. Ja, das ist für mich immer eine tiefe Kränkung gewesen. *Du* darfst alles sagen, du darfst widersprechen, was das Zeug hält – nur die Zeitung selber darfst du nicht angreifen, mit anderen Worten: Deren Methode, die auf kitzelnde Vereindeutigungen hinausläuft, die bleibt tabu. Meinungen können revidiert werden, die Technik aber wird nicht korrigiert. Und worin bestehen Methode und Technik? Die Macher bauen regelrecht darauf, dass eine Lüge, eine Halbwahrheit, ein Gerücht heftige Reaktionen hervorruft – schon ist die Maschine der emotionalen Hochspannung angeworfen. Es ist häufige journalistische Absicht, Sachen extrem zu personalisieren, Leute aufeinanderzuhetzen, einen medialen Boxkampf zu organisieren, bei dem die Fetzen fliegen. Es geht darum, wie es so unschön heißt, eine Sau durchs Dorf zu jagen, unter dem Aspekt: Viele Leute, die den Fernseher einschalten oder eine Zeitung aufschlagen, wollen verstärkt die Zerfleischung sehen. Dieses Bedürfnis wird nicht mehr nur vom Boulevard, der ohnehin immer unverschämter, hemmungsloser wird, nein, längst auch vom sonst eher seriösen Journalismus befriedigt. Diese Leute sind beim Gespräch freundlich, höflich, sittsam und zuvorkommend bis dorthinaus, und dann steht etwas im Blatt, das man vorher nicht für möglich gehalten hätte. Wenn mir fremde Journalisten begegnen, sage ich mir inzwischen: Denk an Bölls »Verlorene Ehre der Katharina Blum«, sei vorsichtig, sei misstrauisch! Freya Klier …

Bürgerrechtlerin.

Sie hat mal geäußert, ich sei jemand gewesen, der sich mit Kurt Hager traf, während andere im Gefängnis saßen. Je absurder, desto wirksamer! So eine Lawine des unfassbaren Verdachts kommt schneller in Gang, als sich neuer Schnee an einem Berg anhäufen kann. In der »Zeit« ergriff sogar Erich Loest das Wort: Er hoffe nicht, dass der Tag komme, an dem die Dunkelmännerbriefe veröffentlicht würden und damit auch die wahren Verstrickungen Friedrich Schorlemmers ans Licht kämen. Ich dachte, ich traue meinen Augen nicht. Meine Beziehungen zur Parteiführung sahen wirklich ganz anders aus.

Wie?

Ich weiß noch, Hans-Joachim Böhme …

Der SED-Parteichef des Bezirkes Halle.

Ja, er sagte im Dezember 1988 im ND: »Jenen verantwortungslosen ›Erneuerungsaposteln‹, die ihre persönlichen Rezepte über BRD-Medien als Meinung der Christen unseres Landes anzubieten haben, sagen wir klipp und klar: Die DDR-Bürger lassen sich durch nichts und niemanden zum Kapitalismus

›zurückreformieren‹«! Ich habe mich in dieser Beschimpfung nicht nur sehr angesprochen gefühlt, sondern war auch gemeint gewesen. In dem ND-Artikel stand auch: »Die breite gesellschaftliche Bewegung im Bezirk, darauf gerichtet, unser sozialistisches Haus noch wohnlicher und attraktiver zu machen, ist ein einmütiges Bekenntnis zur Strategie der Partei, die gemeinsame Arbeit zum Wohle der Menschen und zum Glück des Volkes fortzusetzen.«

Mit Ihrem Zitieren foltern Sie mich geradezu: Exakt das war unsere Sprache.

Diese Sätze wurden uns in einem sogenannten Staat-Kirche-Gespräch im Dezember 1988 von Leuten beim Rat des Bezirkes wie eine Standpauke vorgelesen. In eisiger Atmosphäre. Anfang Januar 1989 schrieb ich Böhme einen offenen Brief, zehn Seiten lang meine Fragen zu Politik und Ökologie. Den Brief las ich vorher Freunden vor, die meisten rieten mir ab: Ich würde ins offene Messer rennen, den Brief abzuschicken bedeute den selbstorganisierten Austritt aus unserem gemeinsamen sanften Widerstand. Ich habe mir alles noch einmal überlegt, die Emotionen waren inzwischen etwas abgekühlt, es wurde am Ende ein zweiseitiges Schreiben, das ich diesem Provinzfürsten schickte.

Erwarteten Sie tatsächlich eine Antwort?

Ich glaubte noch immer, Gehör zu finden. Dialog war mir wichtiger als hasserfüllte Abkehr. Nach zwölf Wochen fragte ich nach, ob denn der Brief bei Böhme angekommen sei, und kündigte bei ausbleibender Antwort an, damit an die Öffentlichkeit zu gehen. Es dauerte, nach so langer Zeit, plötzlich nur einen einzigen Tag, und ich wurde telefonisch zu einem dringenden Gespräch in den Rat des Kreises zitiert, zu einem Gespräch mit dem Stellvertreter für Inneres des Rates des Bezirkes – die Genitiv-DDR ließ wieder grüßen. Der Referent für Kirchenfragen, der mich »im Auftrage von« zitiert hatte, wusste gar nicht, worum es überhaupt ging. Informationshierarchie im Partei- und Staatsapparat! Ich war etwas früher zum Rat des Kreises gefahren, lief vor dem Gebäude herum, und da traf ich zufällig einen Mann von der Staatssicherheit, den kannte ich, der war verantwortlich für die Abteilung »Politischer Untergrund«. Bis in den Oktober 1989 hinein war er, Franz Schuster, berüchtigt für besonders üble Anwerbepraktiken – bis hin zur Erpressung. Ihm war es äußerst peinlich, mir zu begegnen. Später wurde mir klar, warum. Der hatte das folgende Gespräch wohl mit vorbereitet. Ich wurde von vier Herren in die Mangel genommen, zwei davon schwiegen die ganze Zeit. Mir kamen sie sehr entscheidend vor. Deren Schweigen war das Vielsagendste und freilich auch Bedrohlichste. Der Tenor der staatlichen Verkündigung: Damit das nur klar sei, es würde keine inhaltliche Diskussion über meinen Brief geben, sondern nur die Feststellung, ich sei keine »Ebene« für ein Gespräch mit dem Genossen Böhme. Im Übrigen sei der Standpunkt der Partei- und Staatsführung zu politischen und ökologischen Fragen, wie ich sie gestellt hätte, sehr klar. Auch hätte ich Volksbildungsfragen angeschnitten, darüber gebe es ebenfalls kein Gespräch, denn das Thema ginge die Kirche nichts an. Ich könne ja mit den Verantwortlichen auf Kreisebene reden, aber dann gefälligst auch nur jene Fragen, die den Kreis und mich direkt betreffen, nicht »den Sozialismus an sich und prinzipiell«. Abschließend sagte der Herr vom Bezirk noch mal ausdrücklich und betont scharf: »Genosse Hans-Joachim Böhme hat Ihre Briefe gelesen, aber wie gesagt, das ist nicht die Ebene«, und dann fügte er an, wörtlich, ich habe es nicht vergessen: »Das soll ich Sie sagen.«

Mit welchen Gedanken gingen Sie hinaus?

Ich bin ja immer darauf aus, zu interpretieren. Ich habe Lust an der Knüpfung von Zusammenhängen, Auslegung ist mein Beruf, vielleicht auch ein bisschen meine Berufung. Es mildert jedes Unglück, wenn man es ausdrücken kann – so wie Schreiben hilft oder Lesen. In diesem Gespräch war mir brennspiegelartig deutlich geworden, woran diese pseudosozialistische Gesellschaft letztlich scheitern würde: an einer Allmachtspartei, die meinte, alles im Griff und auf alles eine richtige Antwort zu haben. Diese Partei wies jedem zu, wofür er zuständig ist und was er zu wissen habe oder nicht zu wissen brauche. Diese Partei beherrschte Menschen bis ins Privateste hinein. Und sie verbot aus gutem Grund jenes Buch, das offenlegte, was sie machte, nämlich Orwells »1984«. Diese Partei konnte nicht davon ablassen, Menschen ständig erziehen zu wollen, und diesem Erziehungsziel ordnete sie auch alle Gesetze unter. 1988 hatte man zu einem Kollegen von mir gesagt: »Nach den Strafgesetzen müssten wir den Schorlemmer eigentlich wegfangen, aber das gibt einen zu großen Wirbel, und also nützt uns das im Moment nichts.« 1989, auf dem Kirchentag in Westberlin, sprach ich über die blutige Gewalt in Peking, auf dem Platz des Himmlischen Friedens – nach meiner Rückkehr ließ die Stasi den Kirchenbeauftragten bei mir anrufen, um mir einen Maulkorb zu verpassen. Neben dem Kirchenbeauftragten hatten zwei Staatssicherheitsoffiziere gesessen, die kontrollierten, was er am Telefon zu mir sagte. Sie hatten ihm den Text genau vorgeschrieben. Davon erzählte er mir erst 1992

Gab es vom Staat Versuche, Sie zu vereinnahmen, unter dem Stichwort des Dialogangebotes?

1987 hätte ich in kirchlichem Auftrag in den Westen fahren können. Ich habe darauf bestanden, dass jemand anderer aus unserem Kreis fährt. Da gab es in Berlin Krach, seit wann die Provinz selber bestimme, wer reisen dürfe. Die Kirche griff ein, und so fuhr ich in die ČSSR, aber es fuhren diejenigen in den Westen, die ich vorgeschlagen hatte. Man hat nie versucht, mich zu erpressen: Herr Schorlemmer, Sie wollen, dass ihre Tochter einen Studienplatz kriegt?, dann müssen Sie uns schon ein wenig mehr entgegenkommen. Nein, das haben die nie gemacht. Unser Widerstand war redlich, mutig auch, aber seine Wirkungen freilich waren ärmlich. Ich habe diese Wirkung nie unangemessen großgeredet. Wir standen einer Mehrheit gegenüber, die nicht an sich rütteln ließ. Ich sehe noch die Hallenser ABF-Leute dastehen und die sowjetischen Panzer begrüßen, die im Oktober 1968 aus Prag zurückkamen. Ich kannte diese Leute ja, vom gemeinsamen Ernteeinsatz. Eine Frage von mir, warum sie so freudig grüßten – mein lieber Mann, da war man aber rasch umringt: Warum? Weil wir das gut finden! Du findest das wohl nicht gut? Wieder die alte Leier: Du willst wohl, dass der Imperialismus bis an die Grenzen der Sowjetunion reicht? Wenn du das nicht willst, dann musst du dafür sein! Da steht man da, um einen herum gut gewachsene, gut angezogene Menschen, die keinesfalls dumm sind …

Dennoch weiterhin die Frage, ob Sie nicht manchmal mit Recht den Eindruck erwecken mussten, zu kompromissbereit gegenüber dem System zu sein. Die Hoffnung auf Dialog kann als erster Schritt der Unterwerfung betrachtet werden – und wurde es in Ihrem Falle, wenn ich die Stimmen mancher ehemaliger Bürgerrechtler heranziehe. Und bitte verzeihen Sie, dass ausgerechnet ich so eine Frage stelle, der ja nun in diesem vergangenen Staat durch eine Mischung aus Überzeugung und Feigheit, ideologischer Härte einerseits und charakterlicher Schwäche andererseits kaum zum einem seelenerhaltenden »Nein!« fand.

Natürlich kann auch ich mir nicht den Vorwurf ersparen, nicht genug getan zu haben. Ich will mir selber nicht auf den Leim gehen. Ich kenne sehr genau meine Ängste. Sehr genau weiß ich, wie schnell die mich hätten fertigmachen können, in Bautzen oder Hohenschönhausen. Ich weiß, wie rasch ein Mensch im Lebenstrauma drin ist, ich kenne meine Phobien, und ich bin mir hundertprozentig sicher, dass die Stasi diese psychischen Angriffspunkte bei mir ebenfalls kannte. Ich verfüge nicht über so ein starkes Seelengerüst, das mich in Verliesen und Verhörsituationen unantastbar hielte. Aber: Ich habe das Meinige versucht, ich wollte Menschen beeinflussen, indem ich sie mit bestimmten Gedanken konfrontierte, die eine Konsequenz für das eigene Leben bereithielten. Aber diese Konsequenz sollte jeder für sich selbst ziehen. Nie habe ich Handlungsweisen als Diktum vorgegeben; ich wollte lediglich ein geistiger Anreger sein. Immerhin kann ich von mir sagen, dass ich keine Lieder für die Kollektivierung der Landwirtschaft geschrieben habe wie Wolf Biermann. Ich habe nicht Lenin bedichtet wie Günter Kunert. Ich trug kein FDJ-Hemd wie Freya Klier oder Angela Merkel. Ich hatte kein Parteibuch wie Vera Wollenberger. Ich war kein Mitglied der Götting-CDU wie Ehrhart Neubert. Keines meiner Geschwister konnte auf normalem, selbstverständlichem Wege das Abitur machen. Und noch im September 1989 beschloss die Stasi ein Zersetzungsprogramm gegen mich und meine Familie, dessen Kälte einen gefrieren lässt. Ich danke Gott, dass er mich bewahrt hat: vor dem Verfolgungswahn, dem ich angesichts der permanenten »Umstellung« leicht hätte verfallen können. Da fällt es einem schon schwer, sachlich und unverbittert zu bleiben, wenn man solche abstrusen Anwürfe hören muss.

Hätten Sie nicht doch »abhauen« müssen, um sich selber treu zu bleiben?

Als mein Vater neunundsiebzig war, sagte er müde: »Wir haben die DDR mitjemacht, von Anfang an.« In diesem Wort »mitjemacht« steckt alles drin. Einerseits das leidvoll Erlittene, das schwer Durchlittene, mühselig Durchstandene – andererseits haben wir auch viel mitgetragen, indem wir es bewusst und mit wechselndem, aber hartnäckigem Geschick aushielten. Wer eine Diktatur übersteht, so angeblich sanft sie auch gewesen sein mag, der muss sich immer Fragen nach faulen Kompromissen gefallen lassen. »Mitjemacht«, das heißt eben vor allem: Wir haben standgehalten, sind nicht geflüchtet, auch wenn wir oft, entschuldigen Sie: die Schnauze gestrichen voll hatten. Ich wollte nicht flüchten. Ich wollte nicht davonkommen, ich wollte mich dem stellen, in das ich hineingestellt worden war.

Gab es denn trotzdem nie den Wunsch nach Ausreise? Nie einen Ruck des Unterbewusstseins?

Im Herbst 1981 war ich mit meiner Frau auf einer Predigerseminar-Dozenten-Konferenz bei Zittau, im Dreiländereck. Wir fühlten uns plötzlich sehr allein mit unserer kritischen

Position gegenüber dem System des Ostblocks. Die Atomraketen, die Zuspitzung der ökologischen Lage, der Umgang mit den rebellischen Werftarbeitern in Polen, der Umgang mit den Autoren der Prager »Charta 77«, diese permanente Selbstentleibung einer großen Idee – wir fühlten uns nicht mal mehr geborgen in den eigenen Kreisen. Das war so ein Punkt tiefer Resignation. Nur weg jetzt! Die Depression dauerte drei Tage. Wir waren dann froh, das durchgestanden und keinen Ausreiseantrag gestellt zu haben.

Sie haben mal gestanden, Sie seien zu feige, um direkt mit jenen Leuten zu reden, die am Zeitungsstand immer nur die »Bild-Zeitung« kaufen. Sie schreiben da von »Herrn Dumm und Frau Dämlich«.

Nicht nur. Auch von der schicken Dame habe ich gesprochen, die mit großem Auto vorfährt, und dem duftenden, gepflegten Herrn, dieser »Niete im Nadelstreifen«. Ja, ich bin wütend und feige. Es ist einfach so ... Trotzdem hielt ich nie viel von Auserwähltheit: Wir sind die Guten, die Masse ist doof. Das führt dazu, sich moralisch oder intellektuell selber zu erhöhen. Wenn wir das Bild vom Salz der Erde nehmen, dann heißt das: Ja, Salz sein, aber verteilt in der Erde. Nicht Salzkorn unter Salzkörnern sein, sondern als würziges Korn aufgehen im Boden.

Mitunter werden Sie verspottet – als einer dieser nervenden »Gutmenschen«.

Sollen sie mich verspotten. Solange ich lebe, werde ich gegen die Welt angehen, die mich wütend macht. Das Ab- und Wegsehen ist mir nicht gegeben, ein Freund hat das »hypochondrische Verantwortungsmanie« genannt. Er hat wohl recht damit. Meine Tochter sagte mir, als ich das Buch »Eisige Zeiten« schrieb und es »Ein Pamphlet« nannte, man könne über eisige Zeiten nicht hitzig reden. Doch! Ich kann nicht anders, als mich zu erregen. Ich neige zum Pamphlet, und Pamphlete sind flammend.Natürlich gibt es welche, die all das zum Betroffenheitskitsch niederreden, was ein Mensch in dieser ach so coolen Welt noch ernst meint. Mit solchen Leuten möchte ich nichts zu tun haben. Auch nichts mit denen aus vorwiegend jüngeren Generationen, die nichts mehr nennen können oder wollen, wofür es sich außerhalb der eigenen Fortkommens-Interessen einzusetzen lohnte. Es muss alles irgendwie nur interessant und also verkaufbar sein, und was noch nicht verkaufbar ist, wird dazu gemacht, wird dementsprechend aufbereitet, nein, wie sagt man so schön neudeutsch: wird gehypt und zum Event hochgetrieben.

Sind Sie da nicht ungerecht? Junge Menschen stehen auf den Trümmern der Aufklärung. Diese Jungen haben das Schöne, Gute, Wahre nicht zuschanden geritten. Das 20. Jahrhundert verantworten sie nicht. Es gibt Gründe, sie zu entlasten.

Ich entlaste die aber nicht! Wenn sie auf Trümmern leben – wer soll die denn wegräumen, wer soll etwas Neues errichten? Was immer an Maximen veraltet, eine Maxime bleibt doch ewig jung: Nimm die Welt nicht, wie sie ist – setz der Welt, wenn sie dir nicht gefällt, eine eigene Welt entgegen! Ich knüpfe in meiner Empfindung an Menschen an, denen ich glauben kann, die etwas Zweifelsfreies behielten, auch wenn sie tief verunsichert waren von dem, was um sie herum geschah. Wenn ich nur an Sophie und Hans Scholl denke – haben die auf Ältere geschaut und gesagt: Weil ihr uns alles kaputtgemacht habt, tun wir selber auch nichts mehr?

Vor Jahren ging durch die Medien, Sie wollten die Stasi-Akten verbrennen. Ein Thema mit Dauerbrenn-Effekt … Sie haben sich gegen den Vorwurf gewehrt – das Ganze hängt Ihnen an wie die »Schwerter«-Aktion, nur leider mit gegenteiligem Vorzeichen. Wie kam es zu diesem – Missverständnis?

Es war am 9. November 1993, abends im Zeughaus zu Berlin, ich diskutierte mit Richard Schröder, Lothar de Maizière, Rudolf Scharping über den Zustand des vereinigten Deutschlands. Wie es so üblich ist – nach so einem Gespräch will die

Presse ein paar O-Töne haben. Nun muss ich einen Einschub machen: Ich hatte keinen Fahrer. Die meisten Leute, die derartige Foren und Gesprächsrunden bestreiten, verfügen über einen Fahrer. Ich wollte gar keinen, nur möchte ich schon auf dem Fakt bestehen, dass auch ich manchmal unter stressigen Bedingungen am öffentlichen Gespräch teilnahm, ich kam vom Seminar, musste am nächsten Morgen wieder im Büro sein, fuhr also nachts zurück nach Wittenberg. Ende des Einschubs. Ich empfand die Diskussion im Zeughaus relativ anstrengend, nun also die Fragen eines Reporters. Es war die Zeit, da ich Befürchtungen geäußert hatte, die Zerstörung des tschekistischen Systems der DDR, die radikale Aufklärung der Stasi-Praktiken würde nun wiederum Menschen zerstören, indem jede Pflicht zur Differenzierung bei der Beurteilung von Tätigkeiten im MfS missachtet würde. Ich hatte 1992 ein Buch geschrieben, als dessen Titel ich sehr bewusst »Versöhnung in der Wahrheit« gewählt hatte, also keinesfalls: Versöhnung statt Wahrheit. Ein Jahr zuvor, im November 1991, hatte ich zudem eine meiner wichtigsten Reden gehalten, vor dem Alternativen Juristenkongress in Hannover, zu eben diesem Thema der komplizierten Rechts- und Morallage im Zusammenhang mit Stasi-Akten. Also, wer wissen wollte, was ich denke, besaß Auswahlmöglichkeiten für klare Belege. Jedenfalls fragte mich der Redakteur: Also, Herr Schorlemmer, was würden Sie denn mit diesen Akten machen? Da erinnerte ich mich an Helmut Kohl, der hatte gesagt: Ich wüsste, was ich mit diesem ganzen stinkenden Wust machen würde, aber ich habe dazu nicht die Macht. Hat er gesagt. Den ganzen stinkenden Wust, genau das dachte ich auch, und ich dachte zudem, dass die Beschäftigung mit diesen Akten nicht neue Belastung bringen sollte. Aufklärung, ja, natürlich, aber das Ziel müsste Befreitheit sein. Und im Geiste dieses Wunsches nach Befreitheit sagte ich dem Journalisten: Ich würde am liebsten – aber ich habe ja nicht die Macht dazu – diese Akten einem großen Freudenfeuer anvertrauen. Das heißt: Ich vertraue es dem Feuer an, nicht jemand anderem. Die Schlagzeile ging dann ganz klar in eine andere Richtung – Pfarrer Schorlemmer fordert: Verbrennt die Stasi-Akten! Das mutete denen an wie: Schwamm drüber, alles vergessen, alles vergeben, kein Wort mehr darüber, weg mit dem belastenden Zeug, Freispruch für die Täter. Das gesamte Interview war damit Makulatur. Es galt fortan nur die eine Schlagzeile, und ich war es, den sie erschlug. Ich habe im »Tagesspiegel« darauf reagiert, habe versucht, das Urteil zu differenzieren, nichts half, Schorlemmer galt nunmehr als der große Verharmloser.

Es war schwer für Sie, das zu ertragen?

Es war für mich sehr schwer. Sie können sich gar nicht vorstellen, welche Angriffslawine aus allen politischen Richtungen sich seitdem gegen mich wälzte. Ich stand da wie jemand, der die Ideale der friedlichen Revolution verraten hatte. Da dachte ich: Ein Glück, dass ich 1993 und nicht 1893 lebe. Mich hätten sie wirklich verbrannt oder unter die Guillotine gezerrt. So ein schlimmes, böses Gefühl hatte ich. Das Ganze hat mich Tage lang gelähmt, ich war unfähig, etwas Produktives zu machen … Zehn Jahre nach Verabschiedung des Stasi-Unterlagen-Gesetzes, das muss im November 2001 gewesen sein, bin ich nach Berlin zu einer Debatte im ehemaligen-Staatsratsgebäude eingeladen worden, und da stellte mich der Leiter der Diskussion, der damalige Chefredakteur des »Tagesspiegel«, Giovanni di Lorenzo, als denjenigen vor, der die Stasi-Akten verbrennen wolle – und er fügte hinzu, ich wolle das offenbar nicht gern hören. Immer die gleiche Leier, immer die gleiche Kerbe, variationslos immer die gleiche Brandmarkung. Ich entgegnete, ich hätte x-mal erklärt, wie ich das meinte – und jetzt kommen Sie wieder damit! Aber ach, das hat niemanden erreicht, auch die ganze Bürgerrächerbande nicht. Das Gleiche hatte mich schon ereilt, als 1999 in den Zeitungen stand: Schorlemmer fordert Amnestie für DDR-Täter! Ich hatte aber eingeschränkt: Wo persönliche Menschenrechtsverletzungen vorliegen, muss mit rechtsstaatlichen Mitteln vorgegangen werden; ich hatte auch auf Südafrika verwiesen, dortigen »Kommissionen für Wahrheit und Versöhnung«, mitunter würden diese öffentlichen Tribunale eine absolute Härte für die Opfer – das alles habe ich beschrieben. Aber wen interessierte das? Nur die Verkürzung ist medien-, weil massenwirksam. Dass ich zu dieser Debatte im Staatsratsgebäude hinging, die zudem noch unterm »Banner« eines Biermann-Zitats stand, das war eine ganz falsche Lebensentscheidung. Ich hatte Christa Wolf erzählt, dass ich daran teilnehmen würde, und daraufhin sagte sie gütig streng, Friedrich, du musst dich nicht immer bereitwillig in jedes bereitgestellte Schwert stürzen. Ich habe ihr geantwortet, Christa, ich will dort klarmachen, dass es noch eine andere Stimme gibt. Aber als ich vom Podium runter ging, fühlte ich so einen Hass gegen mich, dass ich sofort daran dachte, was mir unter nichtdemokratischen Bedingungen geschehen wäre, unter kommunistischen, stalinistischen Verhältnissen. Ich spürte einen Zeitsprung, so fühlte sich Diktatur an. Niemand sprach mit mir, die Leute gingen an mir vorbei, als sei ich freigegeben zur allgemeinen Verachtung. Ein Journalist hatte die Szene beobachtet, und dann stand in der »Mitteldeutschen Zeitung«, ich hätte die Veranstaltung sehr einsam, fluchtartig verlassen. Stimmt, ich fühlte mich sehr verlassen. Was im übrigen Stasi-Hysterie anrichtet, konnte man bei Eckhard Ulrich sehen, einem hoch geschätzten Arzt und Hochschullehrer in Halle, er schrieb auch Gedichte, erst 1989 durfte er Professor werden. Er wurde als Stasispitzel verunglimpft, und bis diese Lüge aus der Welt war, dauerte es ihm zu lange. Da ging lieber er aus der Welt. Er schrieb einen Abschiedsbrief, in dem es heißt: »Dies ist kein Schuldbekenntnis. Ich war kein Stasispitzel, aber das Warten auf Richtigkeit und Recht ist jetzt zu viel, zu schwer, zu lange.« Er erhängte sich. Eilfertigkeit von Schnellrichtern hatte die öffentliche Hetze in Gang gesetzt, Ulrich verlor seine Position, seine Würde. Am Ende stand eine klägliche Presseerklärung der Verantwortlichen, die aber nicht einmal das Format einer aufrichtigen Bitte um Entschuldigung hatte. Es gelingt in der demokratischen Öffentlichkeit nicht, bestimmte Sachen zu korrigieren. Mein größter Fehler war, das versucht zu haben. Ich hätte sagen müssen: Ihr habt mich zwar alle missverstanden, aber wenn ihr das so eindeutig wollt, dann bitte – ja, ich will das ganze Zeug sofort weg! Was wir über das System wissen, ist genug, jetzt müssen wir das nicht noch weiter personalisieren und dadurch Menschen in permanenter Angst halten! Viele Fälle, die später durch die Öffentlichkeit gingen, haben mich bestätigt. Zugleich bekräftigte ich das Recht von Verfolgten auf Aufklärung und Rehabilitation.

Empfinden Sie sich als Kleinbürger?

In gewisser Weise, ja. Ich mache zwar keinen Knick ins Sofakissen, aber schon meine kleine Wohnung macht mich irgendwie zum kleinen Bürger. Zum Großbürger fehlt mir der Reitstall. Ich mache es mir auch gern gemütlich, dämme ein bisschen das Licht, benehme mich vielleicht wie Spitzwegs armer Poet. Mögen Außenstehende, vor allem jüngere Menschen das schrecklich spießig finden – na und? Ich finde es ganz in Ordnung. Ein Mensch, der nicht anfällig ist für das angenehme Kleinformatige im Leben, der ist vielleicht sogar gefährlich, von dieser Art sind die militanten Ideologen, die unausgesetzt anspruchsvoll sind, ewige Überforderungsnaturen, denen keine kleine Freude gelingt. Andererseits mag ich Menschen nicht, die im Leben dauernd unter ihren Möglichkeiten bleiben. Ich kann niemanden verachten, der begrenzt ist in seinen Fähigkeiten. Aber denjenigen, der sich aus Bequemlichkeit oder Feigheit klein macht, der seine Klugheit nur dort offenbart, wo sie keine Konsequenzen hat, schon gar nicht für ihn selber, den verachte ich, das sage ich in dieser Schärfe ganz offen. Das ist das andere, das unangenehme Gesicht des Kleinbürgers, der ganz leise, ganz privat, nur im vertrauten Kreise resümiert und sonst alles beim Gewohnten lässt. Das sind die Leute, die jedem System die Stiefel putzen und sich hinterher damit herausreden, sie hätten ja nur Stiefel geputzt. Manche meiner Freunde werfen mir in diesem Punkt Arroganz vor, mit Recht – in dieser Hinsicht bin und bleibe ich arrogant.

Fühlen Sie sich in der Kirche geborgen?

In der Kirche, in einem Verbund von Schwestern und Brüdern, fühlte ich mich immer aufgehoben. Der Schoß der Kirche war für mich wirklich ein Schoß, ein Schoß der Geborgenheit. Meine Bischöfe, meine Pröbste, meine Kollegen, Kolleginnen, Leute in der Gemeinde ... Leute, die ich ausgebildet habe. Ich gestehe, dass diese Bindung in der DDR viel stärker war, als sie heute ist. Das ist heute eine andere Kirche, mir oft fremd.

In welcher Gefahr sehen Sie die Kirche als Institution? Was muss sie leisten, um sich selber gerecht zu bleiben?

Da zitiere ich, was ich schon auf dem Kirchentag in Potsdam 1993 sagte und was für mich noch immer Gültigkeit hat: »Wo die Kirche nicht mehr ›Gegenwelt‹ ist, sondern sich möglichst anschmiegt und einschmiegt, hat sie aufgehört, das Reich Gottes als inspirierende Gegenwart einer unverfügbaren Zukunft anzusagen.«

Das Hauptproblem einer Kirche, die nur reich ist, statt Volkskirche zu sein?

Die Kirche, die auf das Reich Gottes wartet, darf nicht zum Feiertagsschnörkel verkommen ...

... *nicht zum »religiösen Senfgeber«, haben Sie mal gesagt.*

Dafür ist sie entbehrlich. Wer wohltemperiert, konturenlos, proporzängstlich solch eine Volkskirche fortsteuert, wird auf Dauer nicht zur Kirche des Volkes werden können. Im Mittelpunkt der Botschaft Jesu steht ja nicht die Kirche, nicht die Gruppe, auch nicht das Seelenheil des Einzelnen, schon gar nicht der gute Mensch, sondern das Reich Gottes, eine unsere Reiche inspirierende, kritisierende und illuminierende Größe, in der das Große klein, das Unscheinbare groß, die Übersehenen ansehnlich und die Vergessenen beachtet werden. Wer ängstlich auf Austrittsdrohungen reagiert oder eher fragt, was die Mitglieder bei der Stange hält, aber nicht fragt, was bei Christus standhält, verliert seine Sache. Die Hauptsache für die Kirche muss sein, dass Christus sich uns nicht entzieht.

Wenn man Kirche durch Parteien und Christus durch Programmatik oder politische Werte ersetzt, stimmt Ihr Gedanke auch. Brechts »Heilige Johanna der Schlachthöfe«: »Sorgt nicht, wenn ihr diese Welt verlasst, dass ihr gut seid, verlasst eine gute Welt.«

Die Kirchen, die Gewerkschaften, die Parteien müssten sich eigentlich heftig darüber aufregen, dass kaum jemand mehr sich an geistigen Fragen wirklich entzündet. Es passiert einfach nicht. Lähmung. Höchstens noch Feuilleton-Geschäftigkeit, und das vorwiegend auf Nebenschauplätzen. Wir leben in einer gnadenlos uninteressierten Gesellschaft von gemütserkalteten Zöglingen des Wohlstandes. Deshalb braucht eine Gesellschaft Vor-Sprecher – Leute, an die man sich als Individuum binden kann. Sozusagen: Was der sagt, das ist wirklich! Und: Ich, der ich in Weißenfels oder sonst wo wohne, warte geradezu darauf, dass er das und das mal sagt, denn ich denke mir zwar auch etwas, aber auf mich hört niemand; was ich denke, wird gar nicht laut. Gerade in der Mediengesellschaft braucht man solche Verstärker. Wo gibt es sie noch, große Geister, groß durch Lebensgeschichte und Durchdringungsfähigkeit? Das Defizit wächst. In diesem Sinne tut mir die nächste Generation herzlich leid.

Vor Jahren haben Sie geschrieben: »Wer sich als Pfarrer unter arbeitslose Demonstranten und Betriebsräte mischt, der spürt, wie viel schwerer es ist, dort Rede und Antwort zu stehen. Man verstummt und wird hilflos, wenn diese existentiell besorgten Mitbürger einen hinterfragen, der selber einen sicheren Job hat. Aber diese Menschen müssen jemand haben, dem sie sagen können, wie es ihnen geht. Sie kommen nicht in die Kirche. Aber wenn sie den Pfarrer unter dem gemeinen Volk wissen und sehen, sagen sie ihm auch, was sie auf dem Herzen haben.«

Das werfe ich einigen meiner Kollegen vor – dass sie vorrangig vor dem PC sitzen und nicht unter die Leute gehen. Es ist das Grab der Kirche, wenn sie nicht bei den Menschen ist. Was ich da so ruhig beschrieben habe, ist meine schreiende Not: Wir entfernen uns vom Leid. Wir locken die Leute zu den wichtigen Fragen, über die wir reden müssen, mit anschließendem Empfang. Da könnte ich brüllen vor Wut.

Es ist schwerer denn je, unterm gemeinen Volk zu sein. Auch für Sie?

Klar, das hat zwei ganz einfache Gründe. Erstens, ich teile ihr Schicksal nicht; zweitens, ich kriege oft die Reisekosten bezahlt.

Sie gehören trotz allem zu den Gewinnern der Zeit.

Ja. Ich besitze zwar keine großen Güter, aber ich bekam mein Gehalt, bekomme nun meine Rente. Das verpflichtet im Besonderen, mich für die einzusetzen, die Verlierer sind. Leider wollen die Verlierer immer gern, dass auch ihre Anwälte ganz zu ihnen gehören. Es ist schwer, ihnen klarzumachen: Gehörte man ganz zu ihnen, hätte man keine Chance mehr, sich für sie einzusetzen. Das ist ein Dilemma. Das zweite Dilemma ist gravierender. Diejenigen, die Opfer sozialer und politischer Verwerfungen sind, bleiben in der Regel unfähig, die Zusammenhänge ihres Schicksals zu begreifen. Schicksal ist in erster Linie Zusammenhang – an dem die Leidtragenden durch eigene Denkschwäche aktiv beteiligt sind. Der polnische Aphoristiker Stanislaw Lec schrieb: »Man muss sich mit ganz großen Problemen beschäftigen, solange sie noch ganz klein sind.« Das heißt: Man muss sich mit Problemen beschäftigen, die mich noch nicht betreffen, aber mich jeden Tag betreffen können; deshalb setze ich mich für jene ein, die schon betroffen sind; und diejenigen, die bereits betroffen sind, dürfen ihre Lage nicht als Rechtfertigung nutzen, um nun überhaupt nicht mehr nachzudenken über Systemfragen. Das aber geschieht häufig. Es gibt einen mentalen Schaden von sozialen Opfern, für den sie leider auch selbst verantwortlich zu machen sind. Etwas böser gesagt: Man kann dem Volk nicht nur aufs Maul schauen, man muss hin und wieder auch mal draufhauen. Draufhauen heißt: Klartext reden – gegen eine bierselige Verlierermentalität, deren Jammerton genau das System, genau die Strukturen stabilisiert, die allem Unglück zugrunde liegen.

Wenn mein Pfarrersfreund in Leipzig zur Demonstration der Arbeitslosen einlud, und die kommen nicht, dann kann das nicht nur daran liegen, dass sie die Straßenbahn nicht bezahlen können. Dann hätten sie zu Fuß laufen müssen, wenn es ihnen wichtig ist. Es zählt nur, dass sie da sind!

Wann eigentlich trat Gott in Ihr Leben, so, dass Ihnen bewusst wurde, was da geschah?

Das ist bei mir nicht auf ein einschneidendes, ein sogenanntes Aha-Erlebnis zu bringen. Zunächst mal, ich hatte in meinem sozialen Umfeld von Beginn an mit Ablehnung zu kämpfen, auch mit Feindschaft, mit dem Gefühl also, dort nicht hinzugehören, wo ich war. Ich fühlte mich gebrandmarkt. Die Pfarrersfamilie als Störfaktor. Das habe ich, so lange ich zurückdenken kann, als Grundempfinden, als weltliche Mitgift erfahren. Dies ist aber eng und ebenso tief mit einem anderen Gefühl verbunden: Es gibt Helfende, es gibt Menschen, die gut zu uns sind, viele Bauern etwa. So gab es für mich von früh an Welt und Gegenwelt, Erbarmungslosigkeit und Barmherzigkeit. Zum anderen: Wie fast jedes Kind hatte ich in einem bestimmten Alter mit Gott und all dem kirchlichen Procedere meine natürlichen Schwierigkeiten. Wenn es dann doch eine Art Durchbruch gab, im Inneren, sind mir zwei Dinge in Erinnerung. Es war die besondere Inszenierung bei uns zu Hause, besonders in der Advents- und Weihnachtszeit. Inszenierung heißt: sinnliches und geistiges Bewusstmachen. Nach dem Totensonntag kam der erste Advent, und da kriegte die Welt, diese dunkle und kalte Welt, plötzlich eine wundersame, wunderbare Helligkeit. Kalt wirklich im doppelten Sinne: Es war Winter, und dann diese Kälte damals. Aber dann das eine entscheidende Licht am Adventskranz, das war es!, diese Strahlkraft, die man als Kind erlebt und die einen späterhin so erschütternd nie wieder erfüllen und ergreifen und verzaubern wird. Das war ein Symbol für die Wahrheit: Die Welt ist dunkel, aber über ihr liegt eine Hoffnung. Und davon abgeleitet, der zweite Aspekt: In diese kalte dunkle Welt wirkt eine Kraft hinein, die will eine gute Welt; es ist eine große

Kraft, aber ihrer Größe und Wucht entspricht auch eine große Verletzlichkeit, eine große Zerbrechlichkeit. Meine Gottesvorstellung ist stets verbunden geblieben mit dieser Verletzlichkeit und mit der Notwendigkeit, das Verletzliche hüten zu müssen. Die Lukasgeschichte war in diesem Sinne für mich die entscheidende. Nicht der große Gott, sondern der sich in die Verletzlichkeit hineinbegebende und, wenn man so will, der solidarische Gott war für mich eine Urerfahrung, und Weihnachten war für die Ausbildung dieser Gewissheit eine ganz starke Prägung. Ich dachte immer und denke nach wie vor: Gegen Weihnachten kann niemand argumentieren.

Martin Walser sagt, man könne nicht leben und gleichzeitig etwas darüber wissen. Das heißt, erst im Zuge von Erlebnissen erfolgt dann eine Rationalisierung des Erfahrenen, man legt sich dies Erfahrene zu einer Logik zurecht, die eine Lebenslinie ergibt.

Und die Deutung selber wird zur Wirklichkeit.

Ist das Glaube?

Ja.

Der unbedingt ein Glaube ans Gute ist?

Was mich betrifft – ich kann nicht anders! Das eine, das mich um- und umwirft, ist das Wunder der Menschwerdung, und das zweite ist das Wunder des Lebens selbst. Dieses Wunder packt mich insbesondere beim Erntedanktag. Es ist doch wunderbar, alljährlich zu sehen, was die Erde wieder hervorgebracht hat an Nützlichem und Schönem. Jedes Jahr auf gleiche geheimnisvolle Weise. Das Nützliche und Schöne als Einheit. Mich haben zum Beispiel immer Bauern begeistert, die diese Einheit leben, die nicht nur das Feld bestellen, sondern auch eine Seele für den Garten haben. Oder dieses Zusammensein von Mensch und Tier – das freilich einem Nutzenfaktor unterworfen ist, der das Leben hart, rational, klar gliedert und in dem der schlachtende Tod ganz nüchtern seinen Platz hat.

Und dennoch: In diesem Kreislauf ist Raum und Zeit für ein ganz spezielles Miteinander. Max und Moritz hießen die beiden Pferde meines Onkels. Mensch, wenn ich da vorn auf dem Kutschbock saß und rufen konnte: Max, Moritz!, und dann bewegten sich beide, da wurde das Leben groß und stark. Oder das explodierende Blühen im Mai – es ist mir nie selbstverständlich geworden, sondern immer ein Wunder geblieben. Ich kann mir sehr vieles erklären, aber ich habe nie darauf verzichten können, mich zu wundern und zu staunen. Jede Blumenexistenz: Welch eine Öffnung hin zum Licht! Die Selbstzweifel des gut Informierten, als der ich mich durchaus bezeichnen würde, die verschwinden sofort, wenn ich mir das Glück vergegenwärtige, von so vielen Wundern umgeben zu sein. Mir ist das Geschenk Leben mit den Jahren natürlich noch bewusster geworden – im Hinblick auf den heranrückenden Tod, im Hinblick auf Verwittern und Vergehen. Ich sage mir immer: Solange dir deine Sinne gegeben sind, nimm mit ihnen wahr, was du an Staunenswertem nur wahrnehmen kannst!

Ich weiß aus einem Ihrer Bücher, dass Sie das eben angeführte Euphorie-Beispiel der beiden Pferde Ihres Onkels durchaus auch anders interpretieren. Sie sprachen in dem Zusammenhang sogar von »Allmachtsfantasie«.

Ich war sieben. Ich saß auf dem Kutschbock, das Gefährt stand, mein Onkel wollte in die Post gehen. Er hatte mir die schweren Zügel in die Hand gegeben, schweres, gediegenes Leder. Von denen ging Kraft aus, da strömte von den Händen was in den Bauch, etwas Beherrschendes, Mächtiges. Zufällig kam der Sohn des Postbeamten vorbei, er sah mich mit den Zügeln und rief spöttisch: »Du kannst ja sowieso nicht fahren!« Ich erwiderte nur »Hü!«, schwang die Zügel und die Pferde zogen an. Natürlich nicht weit, beim Versuch einer Drehung drosch ich den Wagen gegen den Pfosten des Schildes, auf dem »Zum Posthaus« stand. Der Pfosten knackte weg, die Tiere schnaubten mächtig, und mir saß ein gewaltiger Schreck in den Gliedern. Mein Onkel hat nicht geschimpft, mein Vater blieb auch ruhig, ich aber schämte mich schrecklich. Ich hatte mich von dem Jungen von der Post an der empfindlichen, gefährlichen Stelle des Ehrgeizes, der Selbstüberschätzung kitzeln lassen, ich verlor für Momente das Maß der richtigen Selbsteinschätzung. Mir lief eine Sache aus der Hand, weil ich meinte, sie voll in der Hand zu haben. An diese kleine, aber wirksame Geschichte musste ich denken, als ich mal bei einem Ernteeinsatz als Student eine große russische Raupe – wir haben nachts gepflügt und tagsüber Mais geerntet – festgefahren habe. Wieder dieses Machtgefühl, diesmal auf dem Gaspedal … Die Gelegenheit kann gar nicht klein genug sein, um sich in Anmaßung zu verlieren.

Wie gehen Sie damit um, nunmehr in den Institutionen der Kirche nicht mehr so bestimmend zu sein wie früher?

Auch wer sich noch so notorisch einmischt, hat doch irgendwann das Recht auf Nichtverfügbarkeit. Man muss genügend Würde haben, ganz in Ruhe beiseitezutreten. Ich habe zum Beispiel keine Lust mehr gespürt, in einer Synode unserer Kirche zu sein. Und im Übrigen: Die wollten mich auch gar nicht mehr.

Sie sprechen jetzt einmal mehr von Enttäuschungen über die Wirksamkeit Ihrer Arbeit. Fügt sich das möglicherweise zu einer generell gewachsenen Skepsis? Dass die Dinge der Welt unbedingt gut ausgehen, ist nirgends ausgemacht.

Ich könnte Ihren Verdacht Wort für Wort unterschreiben – und trotzdem ist mein gesamtes Leben ein Protest gegen diese Wahrheit. Aber das ist freilich jene Frage, die mich in letzter Zeit mehr und mehr irritiert: Ist die Kraft des Destruktiven nicht vielleicht doch stärker als die Kraft der Freundlichkeit? Ist die Gewalt mächtiger als die Liebe? Ist die Regenerationskraft dieser Welt möglicherweise schon so stark angeschlagen, dass sie nicht mehr ausreicht zur Umkehr oder wenigstens zur Balance? Hat die prometheische Versuchung gesiegt? Sind wir, wie Goethes blinder Faust am Meeresstrand, am Ende, und die Welt, die urbar zu machen war, wurde zur Hölle? Das sind

Fragen, die mich völlig neu berühren, und ich muss mehr Kraft als früher aufwenden, um in den Antworten nicht resignativ zu werden.

Es gibt allgemein eine Lust an der Morbidität.

Gegen die ich mich aber wehre!

Da sind wir wieder beim Tod!

Es gibt einen großen Satz bei Luther: Herr, lehre uns bedenken, dass wir sterben müssen, auf dass wir klug werden. Klug werden heißt: Endlichkeit bejahen. Klug sein angesichts des Vergehens. In meine Zweifel hinein setze ich also noch immer meine Zuversicht, dass die Kraft, die das Leben will, stärker bleibt. Diese Zuversicht kann ich nicht aufgeben. Ob die finsteren Kräfte siegen, ist eine Frage, hineingestellt ins Kosmische. Beantworten kann man sie nicht, man kann nur seine eigene kleine Existenz so oder so in die Waagschale werfen. Aber ein drängendes Empfinden kann ich im Vergleich zu früher nicht leugnen: Der Mensch benimmt sich wie ein rücksichtsloser Endverbraucher seiner selbst, jede Generation steht wieder am Abgrund, aber die Fallhöhen werden immer größer, an den Küsten bricht der Sand in heftigen Brocken. Ich stelle fest, dass ich an den Schmerzstellen empfindlicher werde. Mir tut weh, dass wir keine praktisch wirkmächtige Idee mehr haben, die Schöpfung zu bewahren. Wie soll die Natur das aushalten, auf Dauer? Wenn ich im hinteren Teil der »Süddeutschen Zeitung« lese, dass wir mit unserer Fanggier den Fischbestand der Weltmeere verhängnisvoll dezimieren, dann frage ich mich, warum das nicht mit Herzbeben auf der Seite 1 platziert wird. Immer wieder! Ich lebe nur unter Mördern und Irren, aber ich bin selber ein Irrer: Ich konsumiere. In der Barentsee verrosten die Atom-U-Boote. Für Vieh-Weideflächen wird Wald abgeholzt, damit der Verbrecherkonzern McDonald's, der auch die Esskultur der Menschen zerstört, billigste Fleischnachfuhr hat. Man könnte jetzt endlos weiter derartige ökologische Kriminalität auflisten. Aber bitte, wenn die alle meinen, das sei nicht weiter schlimm, dann gucke ich auf mein Leben und sage mir, so der Herrgott will und ich Glück habe, lebe ich noch fünfzehn Jahre, und die Welt danach möchte ich eigentlich gar nicht kennenlernen. Zugleich aber denke ich an meine Kinder und lieben Enkel, und dann fällt mir so ein Gedanke der freiwilligen Abkehr wieder sehr, sehr schwer, und ich bereue ihn.

Optimismus ist die Feigheit derer, die der Wahrheit nicht ins Auge sehen wollen.

Und Pessimismus ist die Feigheit derer, die sich nicht mehr aufbäumen. Ich habe immer gegen den Satz zu leben versucht, der da lautet: Man kann eh nichts machen. Das ist der Satz derjenigen, die noch nie aufstanden von ihrem Fensterplatz hinter der Gardine. Die Welt ist doch nicht zuvörderst als Material zu jener Ausbeutung anzusehen, die wir frei und unkontrolliert betreiben. Der Psalm 24 sagt, die Erde ist des Herren und was darinnen ist, der Erdkreis und die darauf wohnen. Wunderbar übersetzt von Luther. Sehen Sie, ich kann nicht ungerührt auf unseren Landstraßen fahren, ohne dass mir die toten Bäume in den Sinn kommen. Jahr für Jahr werden Bäume abgesägt, und irgendwann weiß keiner mehr, dass da überhaupt welche standen. Mit den Bäumen sterben die Gefühle für den Verlust ab. Mir geht der Tod eines Baumes an die Seele. Ich bin ein zu dünnhäutiger Mensch für diese Welt. Ich habe einen Brief geschrieben an den Umweltminister der Republik. Ein Plädoyer für Bäume. Meine schöne Linde hier vor der Tür, auch sie ist kaputt. Was sie tötet, ist eine Form von Straßenbau, bei der die Erde so erschüttert wird, dass alle Haarwurzeln abreißen – nach vier Jahren ist so ein Baum abgestorben. Wenn hier im Zimmer das Bücherregal wackelt, weil sie draußen bohren und hämmern, dann reißen auch die Haarwurzeln der Bäume. Interessiert aber niemanden. Und im Winter kommt das Salz dazu. Wenn Schnee fällt, kann man doch aber Sand streuen. Es heißt, der Sand sei zu teuer. Jahrhunderte hat man Sand gestreut, jetzt ist Salz dran, und das Salz tötet die Bäume. Sand ist zu teuer, aber die Bäume sind uns nicht teuer. Wir entbehren sie nicht. Um mit Brecht zu reden, es gibt zu wenig Entbehrung.

Wenn Sie etwas weitergeben könnten an diese Generation der Gleichgültigen, was wäre es?

Wir leben einerseits in ewig fortlaufender Zeit, in der stets Neues, Unerwartetes geschieht, und andererseits leben wir in der ewigen Wiederkehr des Gleichen. Man darf das nicht zu einem Gegensatz machen. Wenn ich ein Vermächtnis an die nächste Generation hätte, dann dies: Nutzt das, was im Jahreskreis passiert; lebt bewusst die ewige Wiederkehr des Gleichen. Tut es euch an, im November Brahms' »Requiem« zu hören und nicht im Mai. Im Mai ist was anderes dran. Zeit ist Zyklus. Du bist ein armer Hund und die Krone der Schöpfung. Du hast manchmal die Wahl, und manchmal geschieht einfach nur Schicksal. Es gibt Verantwortung und Geworfensein. Es gibt unverdientes Glück, und es gibt verdientes Glück. Diese Spannung durchzuhalten und zu durchleben, das ist es. Diese Welt geht nicht schlechthin am Menschen kaputt, sondern daran, dass die Mehrheit der Menschen unter ihren Möglichkeiten bleibt. Aber auch daran, dass jeder mehr und mehr darauf geeicht ist, sich in Möglichkeiten beweisen zu sollen, die gar nicht die seinen sind. Du musst die letzte Hundertstelsekunde packen, und du schaffst es nur mit Doping. Jeder, der in dieser Gesellschaft irgendwie nach oben kommt, muss sehr, sehr aufpassen, dass er noch atmen kann. Das ist krank, das ist lebensgefährlich.

Günter Gaus sagte, es gebe keinen Frieden, es gebe nur die Atempausen zwischen Katastrophe und Katastrophe.

Nein! Wir werden zwar nie die Visionen erfüllt sehen, die wir erträumen, aber selbst dort, wo wir zurückgeschlagen werden, könnten wir doch trotzdem einen Schritt weitergekommen sein. Das ist die Hoffnung. Aber für eines der Hauptprobleme der Demokratie und des ihr zugehörigen Widerstandes halte ich das Fehlen eines langen Atems. Die Zeit rast, die

Menschen rasen, alle Kultur ist eine Kultur des Ereignisses – zu dem unbedingt gehört, einen Anschluss zu knüpfen, nämlich zum nächsten Ereignis. Aber längerfristige Probleme brauchen zu deren Lösung längerfristiges Engagement. Längerfristiges Engagement jedoch ist nicht lusterfüllt, sondern unglaublich mühsam. Dazu gehören Durststrecken, also ein Bedarf an täglichem Niederlage-Training. Mitunter wird einen das Gefühl der Sinnlosigkeit überkommen, der Zweifel wird nagen, und du sagst dir dann: Während andere ins Theater oder gut essen gehen, rennst du fortwährend und ohne messbaren Erfolg auf Aktionstagen oder anderen thematischen Veranstaltungen zu Beförderung und Wahrung der Demokratie herum. Es ist verflucht schwer, sich nicht von einer Sintflut-Mentalität anstecken zu lassen, deren einziger Trost darin besteht, dass die Sintflut vielleicht nur ganz, ganz langsam kommt. Oder du sagst dir, ich habe mich Jahrzehnte mit gemüht, ich habe die Ohnmacht durchgestanden bis in letzte Fasern meiner Kraft – nun sind die Jüngeren dran. Aber ich kann so nicht denken. Mir tut sie weh, diese häufig anzutreffende Kurzlebigkeit der Zivilcourage.

Hat Friedfertigkeit nicht auch etwas Beschauliches, über das die jeweils Mächtigen heimlich lachen? Der Protest ändert nichts, er tut nicht wirklich weh. So erfüllen wir der Herrschenden singendes, klingendes Träumchen vom Protest: Innenstädte, Tagungsorte der Großen werden nicht besetzt, sondern regelrecht durch die Buntheit des friedlichen Widerstandes verschönert.

Gewalttätiger Protest delegitimiert, er führt nur zu noch größerer Härte des Staates. Das eben ist der Preis der Friedfertigkeit: Sie verlängert und verzögert die Veränderungsprozesse. Politischer Protest muss zur List des Spektakels greifen, aber er ist doch auch Lust am farbenkräftigen Leben. Durch meine Beschäftigung mit Albert Schweitzer bin ich auf einen Gedanken gestoßen, der mich neuerdings regelrecht verfolgt. Es geht darum, den Impuls zur Veränderung der Dinge, etwa beim Schutz der Natur, nach wie vor aus dem Staunen über das Wunderbare, aus der Dankbarkeit heraus zu beziehen, nicht primär aus der Sorge. Nicht, weil etwas gefährdet ist, sondern weil etwas so schön ist, kann der Verlust nicht tatenlos hingenommen werden. Das Aufbringen von Gegenkraft darf uns nicht die Sinne dafür töten, warum wir sie in uns aufrufen, diese Kraft. Ich rede einer Umkehr der Empfindungen das Wort, dem Überschwang, der Grundbegeisterung, etwas nicht fassen zu können und deshalb Sorge zu tragen, dass es nicht angegriffen, zerstört wird. Zuerst Loblieder singen.

Man sieht heute nur wenige, im besten Sinne aufgeregte, kämpfende Menschen.

Ach, hören Sie auf. Ich hatte mich doch auch damit abgefunden, dass sich die Mauer nie öffnen würde. Trotzdem habe ich nicht nur das Kreuz geschlagen über allem und jedem – wie etwa der mir damals nahe Dichter Uwe Grüning, der seine wunderbaren Gedichte schrieb und sich ansonsten regelmäßig zu den Raketentruppen zum NVA-Reservistendienst einziehen ließ. Er hat mich ausgelacht, dass ich überhaupt noch was gegen das System zu tun versuchte, aber im Gegensatz zu ihm bin ich vor lauter Resignation und Abgeklärtheit nicht bei den Erzkonservativen gelandet. Na, mein lieber Uwe, da hast du zu viel verschluckt von dem, was nicht gut tat. Uwe Grüning, der begnadete Poet, dessen großartigem Essay ich zum Beispiel die Bekanntschaft mit Robert Walser verdanke. Hier, in seinem Buch »Moorrauch«, 1985: »Unvollkommen ist das Kind nur in den Augen der Erwachsenen, die kaum erwarten können, dass es wachse und werde. Ursprünglich ruht es in seiner Welt; seine innere Natur treibt es, sich zu entfalten, und die Erwachsenen zwingen ihn mit dem Recht der Stärkeren ihre Sicht auf. So vollzieht jeder Mensch die Kindheit im Garten Eden, den Sündenfall und die Vertreibung ins eigene, oft bedrohliche Leben. Aber wie oft ist es ein schmerzliches Paradies und nicht mit unbescholtenen Augen zu sehen. Eine glückliche Kindheit zu haben, ist noch immer ein Vorrecht.« Solche starken Sätze. Jetzt also ein Rechtskonservativer.

Grüning, lange Jahre in Ilmenau lebend: soviel ich weiß, nur CDU-Mitglied. Übertreiben Sie da nicht?

Jedenfalls ist das, was ich politisch von ihm höre, Einsicht in einen Realismus, der mir vorkommt, als sei er sehr stark dem Unabänderlichen verhaftet. Oder dem neuen Zeitgeist. Nein, meine Sache ist das nicht. Ich habe einen Beruf, in dem ich die kritische Analyse der Welt und die Perspektiven für diese Welt mit meinen geringen Möglichkeiten eines verändernden Einflusses zu verbinden suche. Und sei diese Einflussmöglichkeit noch so klein: Ich will daraus Lebensmaximen machen und Lebenskraft gewinnen.

Das ist das Religiöse?

Ich glaube, zu den großen Lebens- und Glaubensweisheiten gehört, nicht nachzulassen mit Dankbarkeit. Vor dem Leid und der Bitte. Das nicht als Floskel, sondern als tägliches Beglücktsein. Hast du nicht ein wunderbares Lächeln gesehen, vorhin auf der Straße? Oder schauen Sie mal, dieses samtene Rot dort am Himmel? Noch einmal: Schrecklich, wie krank die Bäume draußen vor meinem Fenster sind, aber: Über diesen Bäumen aber dieses tiefe samtene Himmelrot! Oder das Fünfte Klavierkonzert von Beethoven, in der Version von Alfred Brendel. Du hörst das, und kannst gleichsam zusehen, wie du dich wieder aufrichtest. Auch wenn du das alles schon morgen verlieren solltest – was doch bleibt, inmitten aller Bitternis und Niedergeschlagenheit: Das Schöne ist dir widerfahren!

Was heutzutage Menschen mehr und mehr fasziniert, ist der Buddhismus.

Ich fände schwerlich Zugang zu einer Religion, die mitten in der Welt der Welt doch entsagt und darin Glück findet – wenn ich es etwas salopp sagen darf. Dazu bin ich zu sehr auf Einmischung aus. Mir fehlt jene Gelassenheit, die man gleichsam nur über den Wassern hat.

Glaube muss einem einleuchten – so, wie mir beim Denken ein Licht aufgeht?

Es ist nicht eine Frage von rational oder irrational, es geht einfach darum, ob sich mir die Erschütterung mitteilt, die andere vor mir erlebt haben; es geht also darum, ob ich mich einer bestimmten fremden Erfahrung öffnen kann, oder ob sie mir verschlossen bleibt, ganz einfach verschlossen bleibt. In den Freikirchen zum Beispiel heißt es, jeder müsse ein Erweckungserlebnis vorweisen können. Davon sehen wir ab, weil das eine Form von Heilsweg ist, den man sich selber organisiert – wenn ich ein Erweckungsserlebnis brauche, dann gehe ich daran, es zu suchen. Das kann etwas Erzwungenes haben. Richtig daran ist freilich, dass ich irgendwann diese besondere persönliche Verbindlichkeit spüren muss, die mit dem Glauben zusammenhängt, dieses Begehren nach dem Berufungserlebnis, das mir sagt: Ja, von nun an bin ich Christ. So, wie es die Propheten hatten, wie es Paulus hatte, wie es Petrus hatte, so, wie es die großen Heiligen in den Legenden hatten. Wenn diese Wahrheit des Berufungserlebnisses dann allerdings methodisiert wird, gerät auch sie zu einem Zwang. Wenn zum Beispiel ein Erwachsener sich taufen lassen will und sich fortwährend mit der Frage quält, wann es wohl so weit sei und wann der günstigste Moment heranreife, dann wird es nie dazu kommen. Er muss es an sich geschehen lassen, er muss sagen, ja, jetzt, ich armer, elendiger, sündiger Mensch – ich bin der Gewürdigte, wohlan! Glaube ist eine gelingende innerste Beziehung. Nicht: »Ich glaube an …«, nicht: »Ich glaube, dass …«. Besser wäre: »Ich glaube ihm.« Glaube als ein Grundvertrauen verlangt den Dativ, nicht den Akkusativ. Ich glaube dem Mann mit der offenen Hand, dem Mann mit der offenen Wunde.

Da wir den Glauben an diese Kraft, die außer uns existiert, naturgemäß ganz hoch binden, und da unsere Verbindung zu dieser Kraft existenzsteigernd ist, liegt im Glauben stets die Gefahr, dass er, in Verbindung mit politischen Interessen, zum religiösen Fanatismus wird.

Glaube ist unterschiedlich füllbar, also auch missbrauchbar. Daher kann ich jeden Menschen gut verstehen, der in religiöser Hinsicht mahnt, die Temperaturen doch immer ein wenig abkühlen zu lassen. Andererseits aber sage ich aus meiner Erfahrung und Geschichtskenntnis heraus, Menschen können letztlich nicht ohne, ja, sagen wir ruhig existenzsteigernde Mittel leben, die den Zweifel besiegen (nicht das Zweifeln!). Ohne Glauben lebten wir in eine Leere hinein, die im Übrigen auch wieder Einfallstor für Fundamentalismus sein könnte.

Ein Wort, das bei Ihnen oft vorkommt: Leere. Der Mensch rettet sich gern in die Masse, weil er zu schwach ist, sich allein in der Leere zu bewegen.

Es gibt nur eines: Ertrage, dass du ein gezeichnetes Ich bist!

Gezeichnet sein heißt?

Schuldig sein. Gebrandmarkt sein. Vom Leben gebeutelt sein. Aber nicht nur! Es heißt auch: mit einem besonderen Zeichen versehen sein, also nicht nur beladen, sondern auch ausgezeichnet sein – mit Einmaligkeit. Ob Rosen, ob Schnee, ob Meere – alles, was sich an Schönem auftut, es tut sich für dich auf. »Verlorenes Ich« heißt ein äußerst wahrhaftiges Gedicht von Gottfried Benn. Da heißt es am Schluss: »Die Welt zerdacht. Und Raum und Zeiten/ Und was die Menschheit wob und wog,/ Funktion nur von Unendlichkeiten,/ die Mythe log.// Woher, wohin –, nicht Nacht, nicht Morgen,/ kein Evoë, kein Requiem,/ du möchtest dir ein Stichwort borgen –/ allein bei wem?// Ach, als sich alle einer Mitte neigten/ Und auch die Denker nur den Gott gedacht,/ sie sich den Hirten und dem Lamm verzweigten,/ wenn aus dem Kelch das Blut sie rein gemacht,/ und alle rannen aus der einen Wunde,/ brachen das Brot, das jeglicher genoß –,/ oh ferne zwingende erfüllte Stunde,/ die einst auch das verlor'ne Ich umschloß.« Man möchte sich ein Stichwort borgen: Wunderbar! Und dann: »Ach, als sich alle einer Mitte neigten …« Das ist die Sehnsucht! Nach dem Ort, an dem das verlorene Ich zwar nicht aufgehoben, aber umschlossen wird, gewissermaßen von der Zuneigung der Umstehenden. Diese Grundsehnsucht ist im Menschen. Zum Sonntag Invokavit im Jahre 1522 hat Martin Luther die Wartburg verlassen und ist ohne Schutz des Kurfürsten nach Wittenberg geritten. Zuvor hatte er seinem Schutzherren geschrieben: »Ich stehe in höherem Schutz.« Ich wünsche uns jeden Tag, dass wir sagen können: »Ich stehe in höherem Schutz.« So bestehe ich meine Alltage, darf das Beschwerende abwerfen, kann neu anfangen und bekomme eine neue Chance. Ich bin ganz bewusst Protestant, weil ich, so lange ich lebe, an diesem Projekt festhalten will: dass Gemeinschaft und Ich-Werdung keine Gegensätze sind, sondern einander bedingen. Und in diesem Sinne bin ich Theologe, also jemand, der sich solche Fragen zum Lebensthema machte, und zwar so, dass ich anderen Menschen, mit Texten und mit feiernder Liturgie, von diesen Geheimnissen unserer Existenz etwas zu vermitteln versuche. Immer im Wissen, dass ich selber ein Suchender bleibe, in letzten Dingen selber nur ein Ahnender bin. Insofern bin ich kein Priester, kein Ehrwürden, der in Sicherheiten ruht, sondern ein protestantischer Wühler, der in seiner kirchlichen Bindung auf alte, Ruhe ausstrahlende Formen zurückgreift – und der doch gleichzeitig weiß: Es genügt nicht, was ich sage, und ich genüge selber auch nicht. Manchmal aber gibt es dieses Glück des Genügens doch – wenn ich nach einem Gottesdienst fühle, Menschen dadurch, dass ich ihnen gut zuredete, aus ihrem Alleinsein und anderer innerer Not herausgerissen zu haben. Wir leben nicht nur vom guten Essen, sondern auch vom guten Zureden. Es ist ein schönes deutsches Wort: gut zureden. Am nächsten sind dem Geheimnis von Gutzureden die Hebammen.

Wann hat Ihnen ein Gutzureden Kraft gegeben?

Spontan denke ich an die 10. Klasse. Ich wurde in Geschichte geprüft. Der Lehrer, Herr Domogalski, war kein Lehrer, er war Funktionär, also hatte er keine Ahnung, stand aber trotzdem vor der Klasse und erzählte dauernd irgendwelches wirres Zeug. Nun aber, während der Prüfung bei einem anderen

Geschichtslehrer, kam es darauf an, etwas zu wissen. Ich wurde nach der Novemberrevolution gefragt und brachte alles durcheinander. Ich patzte total. Jedenfalls hat mir diese Prüfung die Chance verdorben, die 10. Klasse mit »Sehr gut« abzuschließen. Und dann kam der Chemielehrer, Herr Fischer, er gratulierte zum Abschlusszeugnis und sagte: Friedrich, Sie Idiot! Das war ein kräftiger Zuspruch, wirklich. Ich wusste: Was er sagte, war nicht das, was er meinte. Er gab mir fest die Hand und hatte mit seiner Bemerkung sein Bedauern ausdrücken wollen. Mensch, du hattest das Zeug dazu, du hättest es denen zeigen können: So einen habt ihr nicht zur Oberschule gelassen! Das sagte er mir, durch die Blume quasi. Aber was hätte ich mit »Eins« machen sollen, sie nutzte mir nichts … Später hat mir auch mal meine wunderbare Freundin Renate gut zugeredet. Ich stand vor der Frage, ob ich überhaupt mein zweites Examen machen sollte. Mir hatte die Vorbereitungszeit gefehlt. Ich war mit so vielen anderen Dingen beschäftigt gewesen. Politische Dinge spielten eine Rolle, unser erstes Kind war gerade geboren. Ich dachte, wenn du jetzt ein zweites Examen machst, kannst du nur durchfallen. Renate redete mir gut zu: Geh da einfach rein, vertraue, du darfst doch jetzt nicht durchfallen, und du wirst nicht durchfallen. Ich ging rein in die Prüfung – und ich wurde tatsächlich nur das gefragt, was ich wusste. Ein Wunder.

Was ist das, ein Gebet? Man sagt: ein Gespräch mit Gott. Muss man das erst lernen, mit Gott zu sprechen?

Es gibt im Psalm 19 eine sehr schöne Beschreibung für das, was Gebet ist: das Gespräch meines Herzens vor dir, Herr. Das Gespräch meines Herzens vor dir, das muss man nicht lernen, das kann man. Das kann jeder. Das Gespräch meines Herzens vor dir, Herr, das heißt: Ich lasse etwas zu Wort kommen, möglichst so, dass ich nicht nur murmle oder nur still vor mich hin denke, nein: laut! So kommt das Wort auf dem Umweg des Gesprochenen wieder auf mich zurück. Beim Gebet möge man spüren: Du bist nicht nur ganz bei dir, du bist auch woanders: bei Troste. Beten ist eine sehr, sehr individuelle Angelegenheit. Was ausgesprochen wird, ist nicht alltäglich, aber es hat doch viel mit Alltäglichem zu tun. Oh, was für ein Morgen!, das kann jeder sagen. Das ist der Morgen dieses Tages, das ist der Morgen deines Lebens, das ist der Morgen der Welt. Oh, was für ein Morgen! Das erzählt, es gab ein Gestern. Das erzählt von einer gut durchschlafenen Nacht, vom Glück des Aufstehens und Kaffeetrinkens, vom Genuss, unter der Sonne und am Leben zu sein. Diese eine Hand voll Wasser morgens im Gesicht.

Ingeborg Bachmann: »Nichts Schöneres unter der Sonne, als unter der Sonne zu sein.«

Es geht immer wieder und unverwandt um diese Grundhaltung, dem Leben ganz und gar zu vertrauen – und das zur Sprache zu bringen. Wispernd, flüdternd, bettelnd, dankend, fragend, protestierend, bangend, erzählend, presiend. Man braucht für das Gebet also keine religiös zugeordneten Stichworte zu bemühen, aber freilich: Man kann auch dies. Ich sage: Gott ist gnädig, barmherzig und von großer Güte. Auch die Gebetssprache hat im Übrigen ihren Ort. Man spricht im Hochamt anders als zu Hause vorm offenen Fenster. Man sollte kein privatisiertes Gebet in eine gotische Kirche verlegen. Zum Gebet gehört die Ehrfurcht vor dem Wort und seinem jeweiligen Ort. Diese Ehrfurcht vor der Sprache verhindert das Abdriften des Gebets in die Formel. Bei Sprache müssen wir uns den Umstand bewahren, dass sie uns überkommt, sonst ist sie nur noch Vokabular. Im Vokabular findet kein Gebet statt, kein Gespräch meines Herzens vor dir.

Bei Peter Handke steht: »Was wir alle brauchen, ist das Zuschauen … dass uns also jemand zuschaut auf eine umfassende Weise, wie man sich vielleicht von Gott vorstellt, nicht?, dass Gott eigentlich durch das Zuschauen … dass das seine einzige Macht ist, denke ich mir manchmal so als Gedankenspiel: die einzige Macht Gottes ist, dass er uns zuschaut – und wenn wir uns gewärtig machen, dass Gott uns umfassend zuschaut, wären wir alle total besänftigt … Ich denke mir manchmal, diese Wendung zu Gott ist, dass man innerlich sich angeschaut sieht. Dass man sich gesehen sieht. Dass man sich von einem alles verstehenden, aber nicht allmächtigen, also von einem alles verstehenden Wesen gesehen sieht – und im Handumdrehen oder im Blickaufschlagen wird etwas anders mit dir.«

Gott ist die geniale Idee, dass es etwas gibt, das alles umfasst – aber das durch nichts wirklich sagbar ist. Nur all das, was sagbar ist, ist von uns beherrschbar. Der gestirnte Himmel über mir, die Ordnung der Welt, und das moralische Gesetz in mir – dies beides bringt mich zum fortwährenden Staunen. Eine kleine Geschichte ist für mich zur Schlüsselgeschichte geworden. Kommt einer zum Rabbi und sagt: Ich gebe dir einen Gulden, wenn du mir sagst, wo Gott ist. Und da sagt der Rabbi einfach: Ich gebe dir zwei Gulden, wenn du mir sagst, wo er nicht ist. Was der Psalm 104 besingt, ist eines der größten poetischen Zeugnisse der Menschheit, mit viel naturwissenschaftlicher Weisheit drin. Es heißt, dass das Brot des Menschen Herz stärke, dass sein Antlitz schön werde vom Öl, und der Wein erfreue ihn. Brot, Öl und Wein – also Notwendigkeit, Schönheit, Genuss.

Es gilt, sich kein Bild von Gott zu machen. Das ist, profan ausgedrückt, das Gebot, die eigene Vorstellungskraft, die eigene Fantasie in Schach zu halten. Gelingt es Ihnen durchgängig?

Das weiß ich nicht. Ich bilde es mir ein. Aber wahrscheinlich gelingt es mir nicht. Denn es ist schon wahr: Vieles von dem, was wir Gott nennen, sind Projektionen, die mit unserem besonderen Lebensgeschick, unserer Bedürfnisstruktur, unserer Psyche, unserer charakterlichen Konstitution zusammenhängen. Gott ist dann die spezifische Art eines Menschen, mit seinen eigenen Ängsten, Hoffnungen, mit biographischen Brüchen und Schuldbedrängungen umzugehen. Und so ist für manche, die sehr, sehr streng aufwachsen, Gott natürlich – oder besser: unnatürlich – ein sehr, sehr Strenger. Solche Menschen können zu Gott nicht vertrauensvoll und angstfrei Vater sagen, denn bei dem Wort Vater klingt ja sofort all das mit, was ihnen an väterlicher Härte und Züchtigung widerfuhr. So entstehen die unterschiedlichen Bilder von Gott, und weil Sie nach dem Beten fragten: Auch jedes Gebet ist mitbestimmt vom sehr subjektiven Widerfahrnis von Welt … das Widerfahrnis, auch so ein Wort, das verloren geht. Dass mir etwas widerfährt – das sagt doch keiner mehr. Ist aber ein wunderbarer Ausdruck. Jeder Mensch, dem es gelingt, alles, was ihn bewegt, in einer für ihn authentischen Form zur Sprache zu bringen, ein Mensch, der Sensorien behält für das, was in dieser Welt geschieht, was seinen Lieben geschieht, was seinem Nachbarn geschieht, was der leidenden Kreatur passiert – ein solcher Mensch wird auf eine Weise beten, die unverwechselbar ist. Das Wort »beten« ist im Grunde ein kümmerlicher Sammelbegriff für die Expressivität, derer ein Mensch fähig ist. Du kannst singen und tanzen und jauchzen und murren und wimmern und stottern, und du kannst geschliffen reden und ein Gedicht von Hermann Hesse oder von Friedrich Hölderlin sagen. Das alles kann Beten sein. Du kannst malen und komponieren und dichten. Das alles kann Beten sein. Ein betender Mensch ist einer, der seine Ausdruckskraft offenbart., coram Deo – vor Gott. Der in dem, was er ist, die Möglichkeit einer Veränderung entdeckt, aber sich zugleich auch zu sich selber bekennt. Selbstvergewisserung und Veränderung, Weltbetrachtung und Weltreibung, das muss zusammenkommen. Das Gebet ist Jauchzen und Schreien, ist Hoffen und Verzweifeln. Und insofern ist ein betender Mensch ein glücklicher Mensch: einer, dem es allein schon durch Ausdruck besser geht. Jedenfalls merke ich für mich: Zeiten, in denen ich das Beten unterlasse, da unterlasse ich weit mehr: mich.

Wie lesen Sie? Was lesen Sie? Immer wieder die Bibel?

Ich lese mal ganze Abschnitte nach, mal lese ich ausgesprochen Gesuchtes, mal nur Gefundenes. Und ich habe mir angewöhnt, jeden Morgen auch ein Gedicht zu lesen. Die Goethesche Anweisung: jeden Tag wenigstens ein schönes Liedlein singen oder einen schönen Vers lesen.

Sind Sie ein Nachtmensch?

Ich gehe sehr spät schlafen und hoffe nur, dass ich morgens nicht zu früh aufwache. Inzwischen habe ich es mir zur Regel gemacht, nach dem Frühstück erst das zu erledigen, worauf es, im Sinne der Tagesanforderungen, wirklich ankommt. Ich habe erst spät mitbekommen, dass ich eigentlich kein Nachtmensch bin, sondern ein Morgenmensch. Ich habe mir inzwischen auch angewöhnt, das Unangenehme an zu erledigenden Arbeiten als Zweites zu machen – weil ich merkte, wenn ich das nicht erledige, liegt es zu lange auf der Seele und behindert mich bei allem anderen. Also: erst das Wichtige, dann das Unangenehme, dann das, was die Routine fordert.

Lesen Sie frühmorgens Zeitung?

Nein, ich höre in der Frühe die Nachrichten, ich will da noch nicht Zeitung lesen. Die nehme ich mir später vor. Wenn ich früh Zeitung lese, werde ich sofort wieder zu einem Gedanken hingeführt, der zum Text treibt, zur Reflexion. Das führt nur wieder dazu, mich von den Tagesaufgaben abzulenken.

War Schreiben schon immer Ihr Wunsch?

Ich hatte nie prononciert daran gedacht, etwas zu veröffentlichen, und das auch noch mit der Hoffnung, das Notierte fände Leser. Inzwischen ist es schön, sich morgens hinzusetzen und über ein Thema zu sinnen, es so zu gestalten, dass es möglicherweise für mich und andere Menschen eindrücklich bleibt. »Eindrücklich werden«, das ist auch ein schönes Wort. Ein Lieblingswort übrigens von Richard von Weizsäcker.

Glauben Sie, ein abenteuerliches Leben zu führen? Was ist für Sie Abenteuer?

Zuallererst denke ich da an dieses traurige nichtabenteuerliche Leben, das wir tagein, tagaus führen müssen – wo bleibt das Abenteuer, denkt man sich, das ist doch kein Leben! Ich verstehe, dass viele auf ein sogenanntes Abenteuer aus sind. Eiger-Nordwand, Atlantik, Wüste Gobi – erklettern, durchqueren, überstehen, das sind die Ersatz-Aktionen. Ich sehe das Abenteuer heutzutage nicht im totalen Ausleben oder Erleben. Das elend Fragmentarische unserer Existenz überwinden wir nicht. Das wissen diese Abenteurer sicher auch. Aber sie rennen weiter. So wie die in »Dantes Hölle« rennen, so rennen die Menschen heutzutage überall. Nicht nur die passionierten Läufer, auch alle anderen … es muss ja gar nicht rennen sein, äußerlich, es ist ein innerlicher Lauf, »es läuft und läuft und läuft«. Aber abenteuerlich ist doch etwas ganz anderes: Abenteuerlich ist ein weiter Atem. Nichts Abenteuerlicheres als die Ruhe. Das ist so was Seltenes; jeder weiß das von sich. Mensch!, jetzt bin ich einmal ruhig! Welch ein Abenteuer …

Waren Sie des ewigen Papierwälzens nie überdrüssig? Wollten Sie nie hinaus in die Welt?

Ich wäre gern mal mit einem Segelschiff gefahren, am liebsten in der Südsee. Aber im Grunde war ich stets ziemlich bodenständig; mir reichte die Vorstellung, mit einem Paddelboot auf Main und Rhein zu fahren, mich da treiben zu lassen.

Der Westtraum in der DDR.

Ich sah nicht ein, warum ich nicht nach Lübeck durfte. Oder an der Nordsee zu erleben, was Gezeiten sind. Die DDR konnte Landkarten drucken, auf denen der Westen eine Leerstelle war, aber sie konnte mein Bewusstsein nicht neu herstellen.

Martin Walser schrieb schon Ende der siebziger Jahre gegen die unnatürliche deutsche Spaltung, er weigere sich, »an der Liquidierung von Geschichte teilzunehmen«.

Ich ließ mein Bewusstsein nie auf nur ein einziges Deutschland dressieren.

Hätten Sie gern in einer anderen Zeit gelebt?

Nein. Das wäre ungerecht gegenüber den Verhältnissen, in denen wir leben. Jede frühere Zeit mag Schönheiten und Vorteile gehabt haben – aber jede Zeit war grausamer als die jetzige. Ich habe freilich einen schlimmen Gedanken: Ich lebe nicht nur in der richtigen Zeit, ich sterbe auch zur rechten Zeit. Ich wage mir nicht vorzustellen, wie die Welt in fünfzig weiteren Jahren des Raubbaus an ihr aussieht. Und ich muss es mir nicht vorstellen. Das sage ich, obwohl ich gleichzeitig gegen diesen furchtbaren Weltzustand wachsender Entfremdung ankämpfe.

Nicht neugierig, wie es sein wird?

Ehrlich gesagt: Nein. Ich weiß doch, was kommt.

Das ist erneut ein Urteil gegen die Welt unserer Enkel.

Dies ist das Dilemma.

Gelingt Ihnen das Älterwerden?

Ja, aber nur dann, wenn ich nicht merke, wie das Alter kommt. Ich denke oft an einen Lieblingssatz meiner Mutter, von ihr nicht nur heiter und bedenkenlos hingeworfen, sondern mit einem Hauch von Vorahnung in der Stimme: »Kinder, wie die Zeit vergeht!« Furchtbar wahr. Ich habe gegenüber anderen Leuten ein großes Glück. Ich trinke ausreichend meinen Wein, und meine Leberwerte sind gut. Mein Vater hatte in meinem Alter schon Zucker. Alle dachten, das kriege ich als Erbe mit. Meine Herzprobleme haben sich gelegt. Meine Magenprobleme kommen in Phasen immer mal wieder. Vor genau fünfundzwanzig Jahren stand ich unter Krebsverdacht, ich war innerlich aufs Sterben gefasst, ich hatte mich bereitet, und ich hatte damals das Gefühl, dass mir das Abschiednehmen gelänge. Ich hätte in Frieden gehen können. Als sich der Verdacht als falsch erwies, war ich natürlich glücklich, und was ich jetzt sage, kann wahrscheinlich nur missverstanden werden: Ich war auch ein wenig enttäuscht. Und zwar aus einem ganz einfachen Grunde: Ich weiß nun nicht mehr, ob mir dieser innere Abschiedsfrieden, sollte er nötig sein, noch einmal gelingt. Ich hatte da etwas Existenzielles gewissermaßen durchgearbeitet, was man nicht beliebig wiederholen kann.

Können Sie sich noch an den Tag erinnern, da Sie das mit vermeintlichen Krebserkrankung erfuhren?

Der Tag war sofort Bilanz, und die Bilanz war wunderbar.

Also kein Tag, an dem sofort alles hinfällig zu werden schien?

Nein. Im Gegenteil.

Wieder: der Tod.

Es wechseln die Stimmungen beim Reden über dieses Thema.

In unseren ersten Gesprächen waren Sie beim Stoff des Todes gelassen bis bedrückt, auch ratlos.

Jetzt zum Beispiel bin ich wütend.

Was heißt das?

Im Klartext: Eigentlich ist der Tod eine große Frechheit.

In einem Brief haben Sie mir geschrieben: »Mich bewegt die Frage: Wieso wir in unserer Lebensspanne so viel an Erfahrung und Wissen in unserer jeweiligen Einmaligkeit ansammeln und dieses Leben dann in einem einfachen Verfallsakt verschwindet und wir nicht mehr wissen, wo er oder sie sind und was das alles sollte und wohin das alles führen wird. Es wird mir immer verständlicher, warum Goethe ein so gespanntes Nicht-Verhältnis zum Tode hatte, zum Tod überhaupt, zum Tod seiner Lieben und zu seinem eigenen Sterben.«

Es ist doch nicht zu fassen, dass die Natur mit großer Anstrengung den Menschen hervorbringt, um ihn dann durch einen rein physiochemischen Akt zu erledigen. Schon aus diesem Grunde kann es gar nicht sein, dass vom Menschen nichts bleibt. Das kann nicht sein, wirklich nicht. Was wir leben, kommt nach unserem Tode nicht direkt einem anderen Menschen zugute, aber es bleibt aufgehoben. Davon bin ich völlig überzeugt. Eine Herzensgüte und Klugheit, wie sie solch ein großartiger Mensch wie Lew Kopelew gelebt hat, die kann nicht spurlos vergehen.

Sie haben Angst vor dem Tod.

Na klar. Aber an manchen Tagen sage ich mir gelassener als früher: Die Strecke ist relativ kurz, in der ich noch Herr aller meiner Sinne bin und noch ein sicheres Gleichgewicht auf dem Fahrrad habe. Ich bin mir unsicher, ob ich diese Leichtigkeit, loslassen zu können, noch einmal so gut aufbringen werde. Das kann man vorher nie sagen.

Wie wird der Tod sein?

Heine! »Wo wird einst des Wandermüden letzte Ruhestätte sein, unter Palmen in dem Süden, unter Linden an dem Rhein. Werd ich wo in einer Wüste eingescharrt von fremder Hand oder ruh ich an der Küste eines Meers in dem Sand. Immerhin, mich wird umgeben Gottes Himmel, dort wie hier, das Totenlampen schweben nachts die Sterne über mir.« Und Paulus geht mir immer neu nach: Leben wir so leben wir dem Herrn. Sterben wir, so sterben wir dem Herrn. Darum, ob wir leben oder sterben, so sind wir des Herrn

Ich weiß: Die erste Erfahrung eines möglicherweise nahen Todes hatten Sie als Kind.

Es war am 15. März 1957, ich war dreizehn. Mein Freund und ich sind aufs Gerüst geklettert, das um den Kirchturm gebaut war. Ich stand auf einem Balken, unter mir war alles luftig und frei. Wir schauten nach Taubennestern, eine Taube kam angeflattert, ich streckte mich, wollte hingreifen, die Bohle kippte, ich verlor die Balance. Ich schlug nach zwanzig Metern unten auf und lebte. Mein Glück war, dass ich durchrauschte und dann ein Geländer durchstieß. Ich hatte keinerlei innere Verletzungen. Man vermutete lediglich eine leichte Gehirnerschütterung, ich musste vier Wochen zu Hause im Bett liegen.

Würden Sie lieber Abschied nehmen oder schlagartig sterben wollen?

Ich bin froh, dass ich das nicht beantworten muss. Beim Tod kann ich nicht anfragen, er ist der Herr des Verfahrens. Wenn Sie mich zwingen würden, dennoch eine Antwort zu geben, so wählte ich die Sekunde, in der alles blitzartig geschieht. Das bewusste Erleben einer Sterbensdauer würde mir die Not einer Kraft zur Verabschiedung auferlegen, die ja, für sich genommen, zusätzlich Leben nimmt. Da können wir reden, was wir wollen, das Wissen um einen herannahenden Tod macht einsam, verwandelt alles in Absurdität. Ich habe einen Freund gehabt, den Rolf Hanusch, er hatte, bevor er starb, eine Woche Zeit, um sich von allen zu verabschieden und alles zu regeln. Er hat tatsächlich die Kraft dazu gehabt. Rolf starb an Leukämie. Nein, ich weiß wirklich nicht, ob ich diese Woche haben will.

Einmal wäre Ihr Sohn beinahe ertrunken.

Das war die schlimmste Erfahrung. Es war im Herbst. Martin, eineinhalb, saß angeschnallt im Kinderwagen, Uta, meine Tochter, war auch mit. Es war ein Sportwagen, der sozusagen schon in dritter Generation benutzt wurde, eine Gabe von Freunden, denn wir konnten uns tatsächlich keinen Sportwagen leisten. Übrigens hat unser noch älterer Kinderwagen genau in dem Moment, da wir bei den Freunden den neuen gebrauchten holten, die Grätsche gemacht. Wir hoben Uta aus dem alten Karren, um sie umzusetzen, da krachte der alte zusammen. Nun also saß Martin in diesem neuen alten Wagen, bei dem die Bremsen nicht mehr richtig funktionierten. Wir kamen an die Saale-Böschung, Uta wollte Steinchen ins Wasser werfen. Die Böschung war ziemlich steil. Ich hatte Angst, das Mädchen würde zu nahe an diese abschüssige Stelle herantreten und unterm Schwung des Wurfs womöglich abrutschen. Also ließ ich den Wagen stehen und bin zu Uta, um sie festzuhalten. In dem Moment beugte sich mein Sohn unglücklich nach vorn, und der Wagen jagte die Böschung runter. Der Rest ist eine Sache von Zehntelsekunden gewesen. Bis zum Bauch stand ich plötzlich im kalten Wasser und kriegte den Wagengriff gerade noch zu fassen. Das Kissen war schon untergetaucht, ich zog den Jungen aus der Brühe, ihm blutete die Nase. Hätte er nicht fest angeschnallt im Wagen gesessen, wäre er von der Strömung fortgerissen worden. Oben an der Böschung standen Jungs, die ich um Hilfe rief. Ich fürchtete, in dem Morast wegzusacken, und dann hätte das Unglück seinen Fortgang genommen. Ich habe die Tochter auf die Schulter genommen und bin nach Hause gerannt, mit dem wassermatschtriefenden Martin, in dem nassen Kinderwagen. Unterwegs merkte ich, dass ich offenbar niemandem auffiel; niemand fragte, ob er mir helfen könne. Zu Hause badete ich den Jungen, zunächst hatte ich Angst, er könne sich beim Wasserschlucken vergiftet haben, die Saale war eine Kloake. Martin hatte ein wenig Durchfall und erhöhte Temperatur. Meiner Frau habe ich nichts erzählt, ich stand ohnehin unter dem dauernden, sicher auch berechtigten Vorwurf, mich nicht genügend um die Kinder zu kümmern. Ich wollte meiner Frau gewissermaßen nicht auch noch dieses Saalewasser auf die Mühlen geben … Das schreckliche Erlebnis ist mir lange als Albtraum geblieben. Aber ich träumte nicht das, was geschehen war, ich träumte das Schlimmstmögliche, was hätte geschehen können. Als gäbe es einen Fluch des Ausgleichs, erlebte ich 1993 auch mit meiner Tochter Uta Untergangsnähe – einen Nordsee-Sturm, der uns ebenfalls an Grenzen brachte. Wir wollten von einer Insel zur anderen, und zwischen den Halligen sah man das Unwetter hochziehen. Schon kamen die Schiffe zurück, die zu Rundfahrten ausgelaufen waren. Unser

Kapitän aber fuhr weiter. Die nächste Insel würden wir gewiss erreichen, und weiter wollten wir nicht. Im Boot waren er, der Inselpfarrer und meine Tochter und ich. Es verging nur kurze Zeit, und der Sturm spielte mit uns wie die Katze mit der Maus. Der blass gewordene Bootsführer sagte nur tonlos, so etwas habe auch er noch nicht erlebt. Nach jeder Welle hingen wir in der Luft, die Schwerkraft schien aufgehoben – und plötzlich waren wir auf Grund gelaufen. Wir saßen fest, in der Ebbe. Der Kiel des Bootes hatte sich tief in den Sand gegraben. Hoffentlich kommt nicht neuerlich Wind, sagte der Käpt'n, denn wenn das Boot dann umgestoßen würde, sei alles aus. Wir hatten Glück. Und nun, nach den Wasserdramen, kann ich auch noch erzählen, wie es mir in der Luft erging. Wir, eine Gruppe ehemaliger Bürgerrechtler, flogen mit dem Bundespräsidenten Roman Herzog nach Frankreich, zu Diskussionen über Demokratie und Gewaltenteilung. Für einen Staatsempfang hatte ich mir extra einen Smoking kaufen müssen. In Erinnerung ist mir dieser Flug aber deshalb geblieben, weil während der Rücktour anderthalb Stunden Todesstille herrschte. Herzog hatte uns in seine Kabine gebeten, und plötzlich hingen wir quasi mit dem Kopf an der Decke, denn der Pilot hatte die Maschine blitzartig fallen lassen. Die Scheibe in der Pilotenkabine war gesprungen, und jeder konnte sich ausmalen, was passieren würde, wenn sie dem Außendruck nachgeben und platzen würde. Paris gab dem deutschen Bundespräsidenten keine Landeerlaubnis, das muss man sich mal vorstellen. Das sei zu gefährlich. Also: weiterfliegen und hoffen. Ganz tief flogen wir bis Köln-Bonn. Solche neunzig Minuten vergisst man nicht. Man hatte die Zeitbombe regelrecht ticken hören. Da wird einem die Liedzeile bewusster denn je: In wie viel Not hat nicht der gnädige Gott Flügel über dir gebreitet … 1980 war ich Mitglied einer Delegation nach Kanada, wir besuchten die Partnerkirche. Ich flog das erste Mal, es ging über Warschau nach Montreal. Wenn dieses Flugzeug der Aeroflot in Turbulenzen geriet, wackelte und knirschte alles. Wir kamen gut an. Zehn Tage später stürzte exakt diese Maschine ab. Materialermüdung, hieß es.

Wo möchten Sie begraben sein?

Auf einem Dorffriedhof. Vielleicht in der Altmark. Wo ich herkomme.

In einem Essay von Ihnen kommen zwei Tiere vor, der »Morgengeier« und die »Hoffnungstaube«. Ein Auszug wird unserem Buch vorangestellt sein. Es heißt da: »Morgens aber kommt nicht die Hoffnungstaube, sondern der Morgengeier«. Wieso diese Reihenfolge? Demnach ist Hoffnung nicht der erste Gedanke, nicht das erste Fühlen im beginnenden Tag?

Ich fände es natürlich schöner, wenn sie mich morgens besuchen würde. Aber nein, ich wache am Morgen auf mit allem, was ich an Dunklem gespeichert habe, was an Dunklem in mir ist. Sofort kommt die Vorahnung der großen Differenz, die auch wieder diesen neuen Tag bestimmen wird, die Differenz zwischen dem, was ich mir vornehme, und dem, was ich schaffe. Ich werde am Abend wieder wissen: Das war nicht toll, heute. Ich werde am Abend trotzdem auch sagen: Danke, lieber Gott, ich lebe immer noch, und jetzt lass mich ruhig schlafen, ich habe, so gut ich konnte, etwas versucht.

War das schon immer so, mit dem Morgengeier?

Nein. Das hat etwas mit unverarbeiteten Kindheitsträumen zu tun. Wahrscheinlich mit jenem Schock, als meine Mutter von den Russen überfallen wurde. Meine Eltern wollten damals irgendwas tun gegen meine Angstträume, aber wo wollte man denn nach 1945 in einem altmärkischen Dorf einen Psychologen finden? Ich habe, glaube ich, drei Angsttraumen. So etwas steckt in jedem Menschen, als Disposition, bei manchem verstärkt und bei manchem verliert sich das. Ein Trauma von mir ist das Erstickungstrauma, das man ja seit seiner Geburt haben kann, also die Klaustrophobie. Beim Versteckspiel in einem großen Heuschober, in einer überdachten Scheune ohne Seitenwände, verlor ich die Orientierung. Ich fand nicht mehr hinaus. Wir hatten uns Gänge gebaut, und je tiefer man ins

Heu kroch, desto stärker wirkte es als Schallschutz – man hörte irgendwann mein Rufen nicht mehr. Ich war elf. Mehrere Stunden hockte ich in diesem Labyrinth. Die Stunden wurden zur Ewigkeit. Ich wühlte mich, auf der Suche nach dem Ausgang, nur immer tiefer ins Weg- und Lichtlose …

Aber nach dem Morgengeier kommt dann doch die Morgentaube!

Ja, die Lust am Leben lässt sich nicht tilgen. Nicht umsonst liebe ich das Gedicht »Vergnügungen« von Brecht: Wunderbar, wenn man das Fenster frühmorgens aufstößt; der erste Blick hinaus – da ist das Glück des Lebens doch unwiderruflich da. Wenn ich das Fenster in den Hinterhof öffne, ist die Taube im wirklichen Sinn des Wortes da, die Taube Noahs. Hier gurren die Tauben morgens aufreizend laut.

Sie wurden von den Russen überfallen?

Anfang 1946 lebte meine Mutter zusammen mit meiner Patentante in jenem erwähnten einsamen Gehöft, es war ein Pfarrhaus mit Scheune, drum herum Garten und Park. Meine Mutter wartete auf ihren Mann. Durch seine Verwundung, einen Nierenschuss, ist mir mein Vater erhalten geblieben. Er war ins Lazarett gekommen, war dann nicht wieder in Russland eingesetzt worden, sondern »nur« in Frankreich, dort geriet er in besagte US-amerikanische Gefangenschaft. So viel ich darüber noch weiß, und ich möchte das auch bloß andeutungsweise erzählen, sind die beiden Frauen eines Tages von Russen überfallen worden. Dieses Ereignis hat meine Mutter immer begleitet, sie hat es indes verständlicherweise tabuisiert. Mich hat es auf andere Weise ein Leben lang mitgenommen. Ich muss in jenen Minuten ungeheuerlich geschrien haben, auch ein Zweijähriger kann bereits erfassen, dass ein Gewaltakt geschieht. Meine Mutter hat geschrien, und ich habe geschrien. Da haben die Soldaten, vor den Augen meiner Mutter, mir eine Maschinenpistole vor den Kopf gehalten. Zwei schreiende Menschen, das hielten diese Männer nicht aus, das reizte bis aufs Blut, sie drohten die Nerven zu verlieren. Die wollten sich den Schrei vom Leibe halten. Wahrscheinlich verdanke ich der Tatsache, dass meine Mutter sofort aufhörte zu schreien, mein Leben, denn sofort hörte auch ich auf zu brüllen. Diese Frau wurde ganz still, und das bedeutete die Aufgabe aller Gegenwehr. Schreien ist Kraft, meine Mutter gab diese Kraft auf. Da stand ihr kleiner Sohn, die Waffe am Kopf. Sie hat mir daraus nie einen Vorwurf gemacht, mir nie so etwas wie ein Schuldgefühl aufgeladen. Aber auch mir ist diese Stunde zum Trauma geworden, es beherrschte meine Nächte, ich hatte als Kind jahrelang Schlafstörungen und schrie nachts. Immer wenn abends das Licht ausging, senkte sich etwas Dunkles, Großes, Schweres auf mich herab. Die MPi, die sich meiner Stirn näherte? Ich hatte sogar ein Wort dafür, als ich es meinen Eltern angstvoll, bedrückt erzählte. Es war die »Hicke«. Wie gesagt, damals gab es keinen Psychologen, zu dem man hätte gehen können. Meine Mutter hat mit mir auch als Erwachsene nie über jenen Tag gesprochen, mein Vater ebenfalls nicht. Das ist so stehen geblieben als dunkles Geschehen. Der Vorfall wurde in der Familie aber auch niemals gegen die Russen instrumentalisiert. Es war damals ein Schreckenstag, und er wurde gleichsam im Bewusstsein versenkt. Mein Vater war einen Monat später, im Mai 1946, nach Hause zurückgekehrt.

Ist Verdrängung eine Lebenshilfe?

Natürlich. Ich halte viel davon, dass wir nicht alles, was wir wissen und fühlen, allen sagen. Es ist gut, dass wir manches ganz bei uns behalten, unseretwegen und um der anderen willen. Ich bin auch der Überzeugung, dass wir alle mit gelungenen oder auch weniger gelungenen Verdrängungen leben. Und nicht immer und überall sollten wir graben und wühlen. Man darf nicht fahrlässig das offenlegen, was ein Mensch erfolgreich verdrängt hat. Man darf es nur dann, wenn berechtigte, begründete Zuversicht besteht, dass die Wunden, die man aufreißt, auch wieder heilen können. Ich habe später als Dozent am Seminar für Theologenausbildung gemerkt, wie Leute mit psychologischer Halbbildung in der furchtbaren Lage waren,

Menschenseelen aufzureißen, und dann ließen sie die blutenden Herzen hilflos, gleichgültig, kalt zurück. Das halte ich beinahe für verbrecherisch. Man muss jedem die Freiheit für die Entscheidung lassen, was er in sich verschließt – es sei denn, bestimmte Dinge haben schädigenden Einfluss auf das gesellschaftliche oder soziale Verhalten, so, dass es besser wäre, die Verdrängung zu bearbeiten. Es gibt Leiden, über die man auch als Opfer nicht reden will, und es gibt Täter, die über ihre Taten auch nicht reden – weil sie fürchten müssen, ihre Scham würde ihnen niemand abnehmen. Es gehört zu den Säulen des Christlichen, dass wir nicht diejenigen sind, die nach Gutdünken Gnade zusprechen, sondern von einer Gnade reden, die nicht von uns kommt, und die auch schwer belasteten Menschen ein neues Leben ermöglicht.

Herr Pfarrer, was empfinden Sie beim Glockenläuten?

Inzwischen ist es leider Tatsache, dass ich zu wenig auf Glocken höre. Denn ich weiß, dass die meisten Glocken, die heute läuten, nicht von einem Menschen in Schwingung versetzt werden, sondern durch Tastendruck. Die Welt ist auch im Glockenturm mechanisch geworden. Das versetzt mir einen Schlag. Denn ich bin großgeworden als Läutejunge, ich war zunächst das kleine Kind bei den alten Männern, die die Glocken läuteten. Ich fühle noch den Strick in meinen Händen, den man nach oben rutschen lässt, um ihm dann im entscheidenden Moment kräftig nach unten zu ziehen. Der Klang und der Mensch, das gehört für mich zusammen. Die moderne Technik hat den Klang vom Menschen entfremdet. Deshalb bin ich jedes Mal wie verwirrt, glücklich verwirrt, wenn ich in einer Kirche noch den Strick sehe. Ich kann dann nicht anders, ich muss läuten. Wunderbar, so einen Klang in die Welt zu setzen. Schon oft habe ich darüber nachgedacht, warum mir das Glockenläuten so in die Seele geht, warum es mich so selig macht. Vielleicht ist es damit zu vergleichen, dass die Stolle, die meine Schwester knetet und die sie mir zu Weihnachten schenkt, viel besser schmeckt als alle berühmten und originalen Dresdner Stollen. Sie sehen: reine Gefühlssache, die sich aller Logik entzieht. Als mein Vater beerdigt wurde, 1995, da hat die große Glocke in Werben geläutet. Er selbst hatte sie vierzig Jahre vorher bestellt, in Apolda, wo die Glocken gegossen wurden. Mit großer Mühe organisierte er eine Sammlung, für vier Glocken. Als er sie bestellte, hatte er das Geld noch gar nicht beisammen, nur das Versprechen der Leute hatte er, Monat für Monat etwas zu spenden. Als die große Glocke dann anlässlich des Todes von meinem Vater geläutet wurde, war das etwas sehr Bewegendes. Ich war es, der sie läutete … Das Schönste, wenn ich an Glocken denke, ist die Gloriosa in Erfurt, ich habe sie als Vierzehnjähriger gehört. Unvergesslich. Und dann natürlich die Glocken, die das neue Jahr einläuten. Silvester ist für mich zwar längst entwertet durch diese blödsinnige Böllerei, aber als ich jahrelang den Jahreswechsel bei meiner Schwester Renate Timm verbrachte, durfte ich öfter noch um Mitternacht in »ihrer« Kirche läuten. In Herzberg. Sie ist Krankenschwester gewesen, hat dann Theologie studiert, sie war hier in der Mark bis 2010 Pastorin. Zu Silvester das neue Jahr einläuten! Der Klang genau um zwölf – dass der dann auf die Sekunde genau kommt, dass man das exakt hinkriegt, es ist ein Abenteuer. Eine Beglückung aus Kraft und Klang. Hinterher kann man wirklich nur noch Sekt trinken. Du läutest eine ewig schöne, schön ewige Viertelstunde lang. Dieses Nachtläuten zu Silvester gehört zu den glücklichen Momenten meines Lebens, auch, weil meine Geschwister oben auf dem Kirchturm Trompete bliesen, in Werben, in die Nacht hinein, wenige Minuten bevor die Knallerei alle anderen Geräusche und Töne gierig verschluckt.

Reisen Sie gern?

Ich bin weniger ein Reisender, ich bin eher ein Wiederkehrender. So, wie ich gern zurückkomme auf die ewig gleichen Dinge des Lebens. Mein Bedürfnis, mehr zu sehen, ist nicht sehr ausgeprägt. Ich will wiedersehen, will Wiederbegegnung. Ich will noch mal in den Magdeburger Dom gehen, noch mal, und unaufhörlich, diese oder jene Musik hören. Meine Neugier hat nicht nachgelassen, aber ich möchte mir meine mir wichtigen

Eindrücke nicht fortwährend von irgendwas Neuem überblenden lassen. Ich muss nicht mehr alles kennenlernen wollen.

In einem Reisegedicht von Hans Magnus Enzensberger heißt es: »Es war kalt in Bogotá./ Alle Restaurants hatten Ruhetag/ in Minndelheim an der Mindel./ Auf Fidji strömender Regen./ Helsinki war ausgebucht./ In Turin streikte die Müllabfuhr./ Überall Straßensperren/ in Bujambara. Die Stille/ über den Dächern von Péc/ war der Panik nahe./ Noch am ehesten auszuhalten/ war es unter dem Birnbaum/ zuhause.«

Ich möchte mich gern wieder hinreißen lassen zu einem schönen Fontane-Gedicht, zu einem Essay von Thomas Mann, zu den großen Streichquartetten von Beethoven. Ich muss nicht wegfahren. Hier, ich kann Ihnen da auch mit einer Gedichtzeile antworten, von Gottfried Benn: »Ach, vergeblich das Fahren!/ Spät erst erfahren Sie sich;/ bleiben und stille bewahren/ das sich umgrenzende Ich.«

Aber gibt es den Wunsch, eine nächste Lebensstrecke vielleicht mit neuem Ziel abzustecken?

Unbedingt. Ich möchte gern aufnehmender werden, möchte nicht mehr unter dem Druck sein, dauernd abgeben zu müssen. Es wird abzuwarten sein, ob mir das gelingt – nach einem Leben fortwährender Aktion.

Besagter fortwährender Öffentlichkeit.

Eigentlich habe ich ja gar nicht Öffentlichkeit als Beruf. Ich bin Vertreter einer Kleingruppe. Es geht im Gottesdienst schließlich nicht darum, dass ich selber eine große Rolle spiele, sondern ob ich vermittelnd genug sein kann, zwischen Text und zuhörendem Mensch. Manchmal erwächst meine Anerkennungssucht aus Unsicherheit. Das passiert, wenn ein Mensch sich mit einer Arbeit anderen Menschen aussetzt, es entsteht eine Leerstelle in einem, man hat sich verausgabt und sehnt sich nach Rückkopplung.

Sie sind, alles in allem, ein glücklich Arbeitender.

Eine Sorge habe ich freilich schon: dass ich doch in vielem zu exzessiv gelebt habe und lebe und zu wenig intensiv. Es ist mir eine schwer zu beherrschende Kunst geworden, mich ganz auf eine Sache zu konzentrieren. Zur Zeit lese ich Voltaires »Candide«. Um mich nicht bei Nebengedanken zu ertappen, fing ich an, laut zu lesen. Eine faszinierende Erfahrung: Du bist gefangen, nicht ablenkbar.

Wie lernen Sie loslassen von besagter Extensität des Arbeitens?

Das lerne ich, wenn ich Bach'sche Klaviermusik höre. Das lerne ich, wenn ich Rose Ausländer lese. Das lerne ich, wenn ich im Fluss schwimme. Das lerne ich, wenn ich einen Brief an einen mir lieben Menschen schreibe.

Sie stehen in der Gefahr, als jemand zu gelten, dem man nicht helfen muss.

Wenn man stark wirkt auf andere, denken die, der braucht weder Hilfe, noch Trost, noch Ruhe. Es gibt Leute, die halten mich für mutig, die denken, die Texte fließen mir nur so aus der Feder. Die ahnen nichts von meinen Aufwänden, von meiner Verzweiflung, von der Mühe, mich zu überwinden. Vielleicht besteht mein einziger Mut darin, mich zu blamieren. Ich gebe mit meinen Fragen, die Text werden, doch nur zu, dass ich unsicher bin, dass ich nichts weiß, dass ich suche. Ich hatte in diesem Punkt immer mehr Mut als Vaterlandsliebe. Sie wissen doch: Ich habe gelernt, meine Angst ein bisschen zu beschwatzen.

Wenn Sie sich manchmal im Fernsehen erblicken, was denken Sie?

Ich denke: Was ist das für ein komischer Kerl? Möchte ich mit dem was zu tun haben? Ich musste mich damit abfinden, dass ich eitel wirke. Dahinter steckt ebenfalls meine Unsicherheit. Es tut freilich weh, wenn Leute denken, ich sei sogar krankhaft eitel. Was an dieser Wahrnehmung sicherlich richtig ist: Ich versuche meine Arbeit so gut wie möglich zu tun. Ich gestehe da eine gewisse Besessenheit. Ich nehme mir einfach die Freiheit, mehr zu tun, als mir zusteht, und ich lasse mich dabei nicht irritieren. Denn mir muss niemand sagen, was ich wirklich kann und leiste. Wenn ich einen Essay von Stefan Zweig lese, dann sagt die eine Stimme in mir: Schreib bloß keine Zeile mehr! Die andere Stimme wirft leise ein: Friedrich, due bist du, kannst das Deine, du bist zwar nicht Stefan Zweig, aber schreib getrost weiter! Ich bekenne mich zur Anmaßung inmitten meiner Unzulänglichkeit.

Spüren Sie, älter werdend, wie Sie doch von Milde überwältigt werden?

Unverwandt ergreift mich nach wie vor Zorn über den Zustand der Welt, aber ich habe ein Alter erreicht, in dem Verständnis stärker durchdringt als früher. Ich sage mir, und mitunter ärgere ich mich darüber: Nimm den Menschen nicht übel, dass sie so sind, wie sie sind, dass sie unter ihren Möglichkeiten bleiben, dass sie den Schmerz über blinde Gefolgschaften verdrängen, dass sie so selten mehr wissen wollen, als sie brauchen, um hinterher sagen zu können: Das habe ich nicht gewusst. Man wird weicher mit den Jahren, aber noch weigere ich mich, das auch noch Lebensweisheit zu nennen.

Sie haben in einer Bibelarbeit zu Genesis 1, 26 – 2,3, vor einigen Jahren, gesagt: »Jeder ist ganz Einer. Jeder hat teil an allem« und dabei aufgezählt, woran gleichsam Ihr Gemüt Anteil hat. Es ist eine Liste dessen, was Ihnen Welt und Leben schön macht. Darf ich Sie zum Schluss bitten, diese Reihung vorzulesen? Es ist eine Anregung, sich jene Wunder zu vergegenwärtigen, die das eigene Leben berühren. Früher waren solche Listen-Spiele ein heiteres Wesen von Familienabenden …

Das Cello-Atmen Pablo Casals.
Der Schwarze Humor Georg Kreislers.
Das wohltemperierte Klavier Glenn Goulds.
Die »Schnauze mit Herz« der Regine Hildebrandt.

»Der geschenkte Gaul« der Hildegard Knef.
Der Buena Vista Social Club des Wim Wenders.
Der Scharfsinn Platons und Kants, Hegels und Marxens, Jonas' und Chargaffs.
Die Briefe Václav Havels an Olga.
Das Muttermal der Perestroika.
Der Menschenrechtskampf des Sergej Kowaljow.
Die Herzensgüte Bischof Tutus.
Der »Mensch« in Herbert Grönemeyers Trauer.
Die gewagte Liebe Paulas – eine schöne Legende.
Die Gebrüder Humboldt, Grimm, von Weizsäcker.
Der traurig-fröhliche Gesang Hanns-Dieter Hüschs an der Hammond-Orgel.
Die Stimme Gandhis, die Stimme Kings, die Stimme Willy Brandts.
Die Idealmaße des Leonardo da Vinci und das Lächeln seiner Mona Lisa.
E = mc2 mit herausgestreckter Zunge und leuchtenden Augen.
Die Grenzüberschreitungen Uri Avnerys und Sumaya Farhat Nassers.
Die Beharrlichkeit, die Sisyphusarbeit für den Globus eines Klaus Töpfer in Nairobi.
Das Versöhnungscharisma Nelson Mandelas.
»Der Gott der kleinen Dinge« Arundhati Roys.
Die Gespräche zwischen den Bauern von Solentiname und Ernesto Cardenal.
Die Sanftmut der Pietà des Michelangelo.
Die Briefe der Käthe Kollwitz.
Das Lächeln des Dalai Lama.
Die Courage der Friedens-Nobelpreisträgerin San Sun Kyi in Birma.

Dann, der gesegnete, der schöpferische Mensch mit Ebenbildqualitäten:
Eine Fuge von Bach.
Ein Streichquartett von Beethoven.
Ein Song von Joan Baez.
Ein Porträt von Rembrandt.

Ein Gedicht von Heine.
Ein Roman von Dostojewski.
Ein Film von Jacques Cousteau.
Eine Reportage von Gerd Ruge.
Ein Altar von Tilman Riemenschneider.
Eine Backsteinkathedrale der Hochgotik.
Eine Formel von Newton, ein Lehrsatz von Pythagoras, eine Entdeckung von Galilei.
Ein Impfstoff gegen die Seuche.
Eine Brücke über den Grenzfluss.
Eine neue Brücke für Mostar.
Die Philharmonie von Scharoun.
Das Museum von Libeskind.
Die Vereinigten Staaten, das Vereinigte Europa, die Vereinten Nationen.

Und der schöpferische Mensch:
Die CD und der PC.
Die mobile Gesellschaft und das mobile Telefon.
Die Menschenrechts-Charta und der gemeinsame Markt.
Die Bundesgartenschau und das Abendkleid.
Das Springreiterturnier und der Eiskunstlauf.
Das Porträtfoto und der dreidimensionale Film.
Das Altstadtkonzept und die Kläranlage.
Die Nierentransplantation und die Zahnprothese.
Die Segelregatta und die Friedensfahrt.
Das Grundgesetz und die Straßenverkehrsordnung.
Das Sommerblumenbeet und das Weizenfeld.
Der Weinberg und der Karpfenteich.
Das Theaterspektakel und das Spektakel-Parlament.
Das Mathematik-Lehrbuch und der Tiefdruck-Bildband.
Der Rollstuhl und der Herzschrittmacher.
Das Wasserstoff-Auto und das Tourenrad.
Die Taktstraße und das Internet.
Der Backofen, der Hochofen, die Sauna.

Im Tiefdruckbildband, den Sie erwähnten, klingt des unentwegten Schreibers Dank an Gutenbergs Erfindung mit.

Da fällt mir der schönste Druckfehler im ND ein! Es war am 21. Juni 1989, da hieß es über die Arbeit der Bezirkstage: »Doch gleich, um welche für die weitere Gestaltung der entwickelten sozialistischen Gesellschaft bedeutende Komplexe es sich auch handeln mag, es wird in jedem Fall umfassend, demokritisch, im engen Kontakt mit den Bürgern vorbereitet.« Dies sollte bald für kurze gute Zeit kommen, schon im Herbst des gleichen Jahres: der demo-kritische Sozialismus.

Sie sind also, alles in allem, ein Hoffender geblieben.

Wir brauchen die ganz große Hoffnung – die uns Mut gibt, an das zu glauben, was wir aus eigenen Kräften doch nie erreichen werden.

Ich möchte Sie noch einmal fragen: Was ist für Sie Glück?

Meine Enkelkinder haben immer schon von weitem gerufen: Großvater, was hast du uns mitgebracht? Irgendwann habe ich diese Routine des materiellen Erwartens durchbrochen, ich habe nichts mehr mitgebracht. Eines Tages aber kam die Frage: Großvater, erzählst du uns heute wieder eine Geschichte? Das ist Glück: Du kommst zu den Kindern und sie wünschen sich etwas, das nur du hast und was kein Kaufhaus zu bieten hat. Eigenes Leben im Erzählten.

Erzählen Sie den Kindern biblische Geschichten?

Auch. Aber mehr Eigenes.

Sie erfinden?

Ich mache eine Mischung. Im Wesentlichen erzähle ich, was ich erlebt habe, und das schmücke ich aus. Das ist freilich gefährlich – weil die Kinder sich alles merken. Und wenn ich dann eine Geschichte erneut erzähle und lasse irgendwas weg oder erzähle es anders, dann sagen sie, aber neulich hast du das so und so erzählt. Das Wort ist und bleibt Glatteis.

Friedrich Schorlemmer

STATT EINES NACHWORTES. DIE PRÄPARIERTE ZEIT UND DIE BLUMENUHR

In der präparierten Zeit leben wir, in einer Zeit, in der alles nach dem physikalischen Zeitmaß gemessen wird und andere Zeitmaße kaum eine Rolle spielen: die qualifizierte Zeit und die Langeweile, das unfassliche Augen-Blicks-Glück, das geduldige Warten, das unmerkliche Wachsen. Die Zeit eines langsamen Satzes in einer Symphonie. Alles hat auch eine physikalische Zeit, aber unser Leben darf sich nicht unter das Diktat der physikalischen Zeit bringen. Wir sind im Joch der Zeit, die wir messen, und wir sind in den Strudel der Zeit gerissen, in der Beschleunigung alles ist. Und da finde ich eine Blumenuhr in einem Tabellenbuch zur Ökologie. Eine Blumenuhr. Schauen Sie einmal. Irgendwie ist so eine Liste komisch, aber auch wunderbar.

BLUMENUHR
(Zeiten des Öffnens und Schließens der Blüten)
Wiesenbocksbart, 2–3 Uhr, 9–10 Uhr
Dreifarbige Winde, 3-4 Uhr
Natterkopfartiges Wurmkraut, 4–5 Uhr
Knolliger Löwenzahn, 4–5 Uhr, 15–16 Uhr
Wilde Zichorie, 4–5 Uhr, 11–12 Uhr!
Sanddistel, 4–5 Uhr, 11–12 Uhr
Braunrote Taglilie, 5–6 Uhr, 20–21 Uhr,
Gewöhnlicher Löwenzahn, 5–6 Uhr, 9 Uhr
Tingitanische Gänsedistel, 5–6 Uhr, 10 Uhr
Purpurroter Hasenlattich, 5–6 Uhr
Wiesenferkelkraut, 6–7 Uhr, 17 Uhr
Kriechendes Habichtskraut, 6–7 Uhr, 13–15 Uhr

Ackergänsedistel, 6–7 Uhr, 11–12 Uhr
Weiße Seerose, 6–7 Uhr, 18 Uhr
Gelbe Teichrose, 6–7 Uhr
Ringelblume, 6–7 Uhr
Herbstlöwenzahn, 7–8 Uhr, 19–20 Uhr

Bloß eine Tabelle, aber es ist ein Wunder. Zeit für die Wunder behalten, für die ganz alltäglichen Wunder. Zeit nicht nur wahrnehmen im Urlaub, sondern jeden Tag. Aber wer kann das schon mitten im Gewühl dieser Hektik, dieser Lautstärke, in dieser Stückzahllogik, in dieser Welt, in der der schnellstmögliche Menschen- und Warenaustausch über jedes Naturargument hinausgeht und darüber hinwegfährt. Wir beschleunigen uns und wissen kaum noch, wofür. Oder wissen Sie es?

BIBLIOGRAPHIE FRIEDRICH SCHORLEMMER (Auswahl)

Träume und Alpträume – Einmischungen 1982–1990 (Berlin, 1990)
Bis alle Mauern fallen – Texte aus einem verschwundenen Land (Berlin, 1991)
Versöhnung in der Wahrheit – Nachschläge und Vorschläge eines Ostdeutschen (München, 1992)
Worte öffnen Fäuste – Die Rückkehr in ein schwieriges Vaterland (München, 1992)
Freiheit als Einsicht – Bausteine für die Einheit (München, 1993)
Es ist nicht umsonst – Predigten und Reden 1983–1993 (Leipzig, 1993)
Zu seinem Wort stehen (München, 1994)
Was ich denke. Hrsg. von Horst Herrmann (München, 1995)
Eisige Zeiten – Ein Pamphlet (Berlin, 1996)
Einschärfungen – Zum Menschsein heute (Freiburg, 1996)
Selig sind die Verlierer – Gespräche mit Meinhard Schmidt-Degenhard (Zürich, 1996)
Die Wende in Wittenberg (Wittenberg, 1997)
Absturz in die Freiheit – Was uns die Demokratie abverlangt (Berlin, 2000)
Nicht vom Brot allein – Leben in einer verletzbaren Welt (Berlin, 2002)
Den Frieden riskieren – Sätze und Grundsätze, Pamphlete und Predigten, Reden und Einsprüche aus zwanzig Jahren (Stuttgart, 2003)
Hier stehe ich – Martin Luther (Berlin, 2003)
Die Bibel für Eilige (Berlin, 2003)
Einander achten, aufeinander achten – Zur Toleranz und Zukunft der Utopie (Jena, 2004)
In der Freiheit bestehen. Ansprachen (Berlin, 2004)
Woran du dein Herz hängst … Politisches Handeln und christlicher Glaube (Freiburg, 2006)
Lass es gut sein – Ratschläge für ein gelingendes Leben (Berlin, 2007)
Künstler und der liebe Gott – Autoren und die Religion (Berlin, 2007)
Die Weite des Denkens und die Nähe zu den Verlorenen. Einlassungen auf Texte des Evangelisten Lukas (Stuttgart, 2007)
Lebenswege – Friedrich Schorlemmer im Gespräch (Herausgeber, Halle/Saale, seit 1998, acht Bände)
Was protestantisch ist. Große Texte aus 500 Jahren (Herausgeber, Freiburg, 2008)
Wohl dem, der Heimat hat (Berlin, 2009)
Die Wahrheit zu zweit (Halle/Saale, 2010)
BildnachweisDa wird auch dein Herz sein – Engagiertes Christsein (Freiburg, 2011)

Bildnachweis: Privatarchiv Friedrich Schorlemmer, außer Seite X, XI (Burkhard Lange), Seite XII (Werner Gabriel), Seite VII oben und IX oben (Armin Schubert)

ISBN 978-3-360-02122-9

Umschlag: MediaService GmbH unter Verwendung eines Fotos von picture-alliance/dpa/elsner
Druck und Bindung: CPI Moravia Books GmbH

Ein Verlagsverzeichnis schicken wir Ihnen gern:
Das Neue Berlin Verlagsgesellschaft mbH
Neue Grünstr. 18, 10179 Berlin
Tel. 01805/30 99 99 (0,14 Euro/Min.)

Die Bücher des Verlags Das Neue Berlin
erscheinen in der Eulenspiegel Verlagsgruppe
www.das-neue-berlin.de